BUCHNERS KOLLEG GESCHICHTE

W0388853

DIE DEUTSCHE FRAGE NACH 1945

Von Jürgen Weber

C. C. Buchners Verlag · Bamberg

Buchners Kolleg Geschichte

Die Deutsche Frage nach 1945
Von Jürgen Weber

Bildnachweis: Bundesarchiv, Koblenz (2); Deutsche Presse-Agentur, München (1); Keystone, Hamburg (1); Presse- und Informationsamt der Bundesregierung, Bonn (2); Preußischer Kulturbesitz, Berlin (1); Süddeutscher Verlag, München (13); Verlagsarchiv (2).

1. Auflage 1 [9] 1999
Die letzte Zahl bedeutet das Jahr dieses Druckes.
Bis auf geringfügige Berichtigungen und Klarstellungen unveränderter Nachdruck 1991.

© C. C. Buchners Verlag, Bamberg 1986. Das Werk und seine Teile sind urheberrechtlich geschützt. Jede Verwertung in anderen als den gesetzlich zugelassenen Fällen bedarf der vorherigen schriftlichen Einwilligung des Verlages.

Karten: Reinhard Rüger, Bischberg
Umschlaggestaltung: Rotraut Susanne Berner, München
Satz und Druck: Fränkischer Tag GmbH & Co. KG, Bamberg
Bindearbeiten: H. Stürtz AG, Würzburg

ISBN 3 7661 **4634** 3

Inhaltsverzeichnis

Deutschland in der Stunde Null

Ende des Schreckens – einer ungewissen Zukunft entgegen: Deutsche Soldaten in den ersten Maitagen 1945 auf dem Weg durchs Münchner Karlstor in die Gefangenschaft.

Die Folgen des Krieges

Kriegsopfer

Der „totale Krieg", den *Hitlers* Propagandaminister *Goebbels* 1943 erklärt hatte, führte zu einer in der deutschen Geschichte einmaligen militärischen und politischen Katastrophe und endete am 8. Mai 1945 in der totalen Niederlage des Deutschen Reiches. Die hegemoniale, auf Weltherrschaft abzielende Lebensraumpolitik des NS-Regimes, seine nationale Unterdrückungs- und Ausbeutungspolitik und sein rassisches Ausrottungsprogramm in Ost- und Mitteleuropa hatten den deutschen Namen diskreditiert. In einer ungeheueren Kraftanstrengung bezwangen die Vereinigten Staaten von Amerika, die Sowjetunion und Großbritannien das totalitäre Regime Hitlers. Das Ergebnis war eine beispiellose Verwüstung weiter Teile Europas und ein Trümmerfeld in Deutschland.

Der zweite Weltkrieg, von Hitler entfesselt, kostete über 50 Millionen Soldaten und Zivilisten das Leben. Die Deutschen selbst mußten 1945 die blutigste Bilanz ihrer jüngeren Geschichte ziehen. Die meisten Verluste an Menschenleben hatte die Sowjetunion zu beklagen.

Tote des 2. Weltkriegs

Sowjetunion:	20,6 Mio.	(darunter 7 Mio. Zivilisten)	Japan:	1,8
			Jugoslawien:	1,7
Deutschland:	7,3	(darunter 0,5 Mio. Zivilisten und 2,8 Mio. Vertreibungsopfer)	Frankreich:	0,6
			Großbritannien:	0,388
			Tschechoslowakei:	0,375
Polen:	5,0	(darunter 4,8 Mio. Zivilisten)	Italien:	0,33
			USA:	0,259

Millionen von Verwundeten, von Witwen und Waisen gehörten ebenso zu den Kriegsopfern wie die Deutschen aus dem Osten, die nach Beendigung des Krieges auf der Flucht und durch Vertreibung ihr Leben verloren. 11 Millionen deutsche Soldaten waren in Gefangenschaft geraten. Die Westmächte entließen die meisten von ihnen bald nach Kriegsende, andere wurden für Aufräumungsarbeiten und zur Arbeit in Bergwerken, in der Landwirtschaft nach Frankreich, Belgien, England gebracht. Die letzten Kriegsgefangenen der Westmächte kamen 1948 aus Frankreich zurück. Von den 3 Millionen Gefangenen in sowjetischer Hand verloren über 1 Million ihr Leben. Erst 1956 wurden die letzten Gefangenen aus sowjetischen Lagern entlassen.

Obdachlosigkeit in zerstörten Städten

Am Ende des Krieges war ein großer Teil des Wohnraums, vor allem in den Städten, zerstört. 131 Städte waren durch den alliierten Luftkrieg geschädigt worden. Am schrecklichsten traf ein amerikanisch-britischer Luftangriff das mit Flüchtlingen überfüllte Dresden am 13. Februar 1945. Mindestens 35 000 Menschen kamen dabei um. Die Zentren vieler Städte, wie Köln und Nürnberg, bestanden nur noch aus Trümmern. Die großen Städte waren nahezu entvölkert, weil sich die Menschen vor den Luftangriffen durch die Flucht aufs Land zu schützen suchten. So hausten in dem schwer getroffenen Köln bei Kriegsende von ursprünglich 770 000 Einwohnern noch ganze 40 000 in den Trümmern. In München waren von 257 000 Wohnungen 82 000 zerstört und nur 25 000 unbeschädigt geblieben (▷ M 1). Alles in allem wurden 3,6 Millionen Wohnungen zerstört; 18 Prozent aller vorhandenen Wohnungen waren total zerstört; 27 Prozent waren teilweise beschädigt.
7,5 Millionen Menschen waren obdachlos. Die Wohnungsnot wurde noch dadurch verschärft, daß Millionen von Flüchtlingen in die zerstörten Städte strömten und die Besatzungsmächte Wohnraum für ihren Bedarf requirierten.

Keller, Dachböden, Ställe, stillgelegte Fabriken, primitive Baracken wurden zu Notunterkünften umgestaltet. Auf engstem Raum, häufig ohne ausreichende Heizung und unter schlechten hygienischen Bedingungen mußten Flüchtlinge und Obdachlose zusammenleben. 1946 standen nach amtlichen Statistiken jedem Deutschen in der amerikanischen Zone 7,6 qm Wohnraum zu, in der britischen Zone gar nur 6,2 qm. (Zum Vergleich: Heute verfügt jeder Bundesbürger im statistischen Durchschnitt über 31 qm.) In den zerstörten Großstädten war die Lage häufig wesentlich ungünstiger. Der Wiederaufbau von Wohn- und Arbeitsstätten, Reparaturen der beschädigten Wohnungen waren die vordringlichsten Aufgaben, doch scheiterten sie häufig am Mangel geeigneter Materialien.

Zerstörte Verkehrswege

Hinzu kam die Zerstörung des Transport- und Verkehrssystems (▷ M 3). Fast alle Eisenbahnbrücken über Rhein, Weser und Main waren zerstört. Viele Flüsse waren unpassierbar geworden, Straßen und Schienen mußten wieder befahrbar gemacht werden. Das schwer getroffene Transportsystem erwies sich als der kritische Punkt beim wirtschaftlichen Aufbau Deutschlands.
Kohle und Benzin waren knapp, die zerstörten Transportmittel konnten nicht rasch ersetzt werden, und so genügte ein frostiger Winter, um das notdürftig wieder in Gang gesetzte Transportsystem zum Kollaps zu bringen. Das geschah dann auch in dem besonders harten Winter 1946/47, als sogar die meisten Flüsse in Deutschland zufroren.
Auch viele Industrieanlagen waren, wenn auch in sehr unterschiedlichem Maße, zerstört. Insgesamt war die Industriekapazität durch Kriegszerstörungen etwa auf den Stand von 1936 zurückgefallen. Doch der Krieg hatte die Substanz der deutschen Wirtschaft keineswegs vernichtet, da die heftigsten Bombenangriffe sich weniger gegen Industrieanlagen als gegen Eisenbahnen, Brücken und Wohnungen gerichtet hatten.
Zum eigentlichen Problem für den wirtschaftlichen Wiederaufbau wurden daher die von den Alliierten festgesetzten Demontagen – also der Abbau von Fabrikanlagen –, die zahlreichen Kontrollauflagen und Produktionsverbote sowie vor allem die willkürliche Zerschneidung des deutschen Wirtschaftsraumes durch die im Sommer 1945 festgelegten Zonengrenzen der vier Besatzungsgebiete.

Zusammenbruch und Befreiung

Unmittelbar nach Beendigung der Kriegshandlungen schien es so, als wollte die Geschichte eine Pause machen. Alles Leben war zum Stillstand gekommen. Familien waren zerrissen, Frauen suchten ihre Männer, Eltern ihre Kinder, Ausgebombte ein Dach über dem Kopf, viele waren auf der Flucht.

Der Zusammenbruch des staatlichen und gesellschaftlichen Lebens war zugleich auch die Stunde der Befreiung von einer menschenverachtenden Gewaltherrschaft, einem Regime, zu dem sich zu diesem Zeitpunkt niemand mehr bekennen mochte. Millionen von Menschen fühlten sich von einem Alpdruck befreit, Millionen andere wußten nicht, wie es weitergehen sollte, fürchteten für ihre und ihrer Familien Zukunft das Schlimmste. Erleichterung und Bedrückung, Apathie und ein Hochgefühl der Freiheit – „Wir sind noch einmal davongekommen", „Jetzt gilt es die Ärmel hochzukrempeln", „Das Schlimmste haben wir hinter uns" – vermischten sich zu jenem die Jahre nach 1945 so kennzeichnenden Lebensgefühl, das mit dem Begriff der „Stunde Null" umschrieben wurde. Dabei ist die immer wieder zitierte Stunde Null kein historisches Faktum in dem Sinn, daß 1945 ein totaler Neubeginn auf allen gesellschaftlichen Ebenen eingesetzt hätte. Aber diese Metapher[1]) erfaßt dennoch sehr gut die verbreitete Stimmungslage der damaligen Zeitgenossen, von denen die meisten fest entschlossen waren, die Fehler der Vergangenheit nicht zu wiederholen.

M 1 München im Frühjahr 1945

Das Ausmaß der Zerstörung Münchens schildert der aus der Emigration in der Schweiz zurückgekehrte bayerische Politiker Wilhelm Hoegner. Er war bis 1933 Reichstagsabgeordneter der SPD, mußte vor Hitler nach Österreich und dann in die Schweiz fliehen. Im Herbst 1945 wurde er von den Amerikanern zum bayerischen Ministerpräsidenten ernannt.

In der Innenstadt, Schwabing und Sendling, in Giesing und Neuhausen lagen ganze Stadtviertel in Trümmern oder waren doch ausgebrannt. Nur die Ludwigskirche war noch benutzbar, die meisten anderen Kirchen waren schwer beschädigt, darunter auch das Schiff der Frauenkirche. In Schutt lag das alte Rathaus, das neue war zum größten Teil erhalten geblieben. [. . .]
Überall ragten Schutthaufen, stehengebliebene Vorder- oder Rückmauern von Häusern auf. Das ausgegrabene Pompeji schien mir im Vergleich zu München gut erhalten zu sein. Öffentliche Verkehrsmittel gab es nicht mehr, keine Straßenbahn, keine Eisenbahn fuhr, man mußte alle Strecken zu Fuß zurücklegen. [. . .]
Handel und Wandel waren tot. Die einfachsten Gegenstände des täglichen Bedarfs, wie Zündhölzer oder Reißnägel waren nicht zu haben. Kaffee und Tee waren verschwunden, Fleisch gab es kaum, dafür aber täglich einen viertel Liter Milch, 600 g Brot in der Woche und fünf Eier im Monat. Die Gasversorgung war unterbrochen, das Essen mußte man am Feuerherd kochen, das Frühstück an der elektrischen Lichtleitung.

Wilhelm Hoegner, Der schwierige Außenseiter, München 1959, S. 190 f.

1. *Welche Probleme waren für die Menschen vordringlich?*
2. *Welche Schwierigkeiten werden Ihrer Meinung nach bei der Behebung dieser Probleme aufgetreten sein?*
3. *Suchen Sie nach weiteren Situationsbeschreibungen aus der unmittelbaren Nachkriegszeit Ihrer Heimat (Zeitungen/Stadtgeschichte).*

---
[1]) bildhafte Umschreibung

Appell an die Münchner Schuljugend

M 2

Dr. Karl Scharnagl war 1933 von den Nationalsozialisten aus dem Amt gejagt und am 4. Mai 1945 von den Amerikanern wieder als Oberbürgermeister von München eingesetzt worden.

JUGEND!

Arbeite mit beim Wiederaufbau!

Aufruf an die Münchener Schuljugend zu freiwilliger Mitarbeit bei der Schutträumung

Zu Beginn der Großaktion zur Räumung des Stadtgebietes von Trümmern und Ruinen ruft der Münchener Stadtrat die Jugend auf zur Mitarbeit. Noch liegen auf den Grünflächen unserer Stadt große Schuttmengen, noch sind die Parks und Anlagen, die der Erholung dienen sollten, durchzogen von Splitterschutzgräben. Diese Erinnerungen an eine versunkene Epoche müssen beseitigt werden, um München wieder zu einer gesunden und sauberen Stadt zu machen.

Wir wenden uns daher heute an Euch, Schüler der höheren Schulen!

Aus dem Schutt unserer Stadt wollen wir ein neues München erbauen für Euch. Einen Weg wollen wir suchen in eine bessere Zukunft, die Euch gehören soll. In langwieriger, schwerer Arbeit werden wir Euch die Pfade ebnen, aber von Euch und Eurer Liebe zur Heimat fordern wir, daß Ihr mit all Euren Kräften bereit seid zur Mitarbeit. *Rührt Eure jungen Hände, ergreift Pickel und Schaufel und zieht an Euren studienfreien Nachmittagen unter der Leitung Eurer Lehrer hinaus. Ihr* sollt die Grünanlagen unserer Stadt wieder sauber und schön machen, die Gräben und Bunker einebnen und neue Beete anlegen. Arbeiter und Angestellte der Stadtgartendirektion werden Euch die nötigen Anleitungen geben.

Jeder Schule und jeder Klasse wird ein abgegrenztes Gebiet zur Bearbeitung zugewiesen. In einem *Wettbewerb* soll entschieden werden, welche Gruppe die besten Leistungen vollbracht hat. Wir rechnen mit einer regelmäßigen Mitarbeit von wöchentlich 6 Stunden bis zum Ende des laufenden Schuljahres; dafür erhaltet Ihr als Anerkennung vom Oberbürgermeister ein Sparbuch mit einem angemessenen Betrag überreicht.

Eure Lehrer werden Euch klassenweise zur Mitarbeit aufrufen, von der Schule werden die Meldungen geschlossen an das Referat für den Wiederaufbau der Stadt München weitergeleitet, von dort wird der Einsatz gelenkt. *Jeder von Euch muß seine Ehre daransetzen, seine Pflicht für den Wiederaufbau seiner Heimatstadt freudig zu tun. Keiner bleibe zurück!*

***München*, den 11. April 1946.**

Der Oberbürgermeister
der Landeshauptstadt München:
gez. *Dr. Scharnagl.*

Richard Bauer, Ruinen-Jahre. Bilder aus dem zerstörten München 1945–1949, München 1983, S. 10 f.

1. *Warum richtete der Münchner Oberbürgermeister diesen Aufruf an die Jugend?*
2. *Wie stellen Sie sich die damalige Lage in den Schulen vor?*
3. *War der Aufruf in dieser Form Ihrer Meinung nach geeignet, die Schüler für das geplante Vorhaben zu interessieren? Nehmen Sie kritisch dazu Stellung.*

M 3 Die Zerstörung des Transportwesens

Im Juni 1945 unternahm der britische Staatssekretär Kirkpatrick eine Informationsreise durch die britische und amerikanische Zone. In seinem Bericht an Außenminister Eden war u. a. zu lesen:

Es ist ein seltsames Gefühl, in ein Deutschland zurückzukehren, in dem Verbindungswege einfach aufgehört haben zu bestehen. Die wichtigsten Bahnhöfe liegen in Trümmern, und die Zufahrtsstraßen, die früher von Menschen wimmelten, sind verlassen. Man sieht höchst selten einen Zug, und für Zivilisten steht kein Schienentransport zur Verfügung. Infolge der Zerstörung von Brücken gibt es keinen inländischen Transport auf dem Wasser. Der Militärverkehr hat das Vorrecht auf den Landstraßen mit Ausnahme von einigen deutschen Autos und Lastwagen, die eine Genehmigung von der Militärregierung haben. Die Zivilbevölkerung reist entweder zu Fuß oder mit Fahrrädern, von denen es überall wimmelt. Übrigens erscheinen deutsche Fahrräder einem Menschen elegant, der an die Gebrauchsmodelle gewöhnt ist, mit denen die britische Bevölkerung sich begnügen muß. Schließlich gibt es keine Post und keinen Fernschreiber. Ich kann mir nicht vorstellen, wie unter diesen Umständen verstreute deutsche Familien in der Stadt Nachricht voneinander bekommen oder hoffen können, wiederzusammengeführt zu werden, es sei denn, daß sie es fertigbringen, durch eine Art von Buschtrommel oder durch irgendeinen Instinkt nach Hause zurückzukehren, sich in der Nähe ihrer früheren Wohnung zu treffen.

Manfred Overesch, Deutschland 1945–1949. Vorgeschichte und Gründung der Bundesrepublik, Königstein/Düsseldorf 1979, S. 185 f.

1. *Beschreiben Sie die Folgen, die sich aus der Zerstörung der Transportmittel und -verbindungen ergaben.*
2. *Diskutieren Sie die daraus resultierenden Probleme für das private und öffentliche Leben.*

Der 8. Mai – ein unbequemer Gedenktag

Der Erlanger Historiker Michael Stürmer beschäftigt sich in einem Zeitungsartikel mit der Bedeutung der deutschen Kapitulation des Jahres 1945 für unsere Gegenwart.

Wie steht der 8. Mai 1945 in der deutschen und europäischen Geschichte? Der Dreißigjährige Krieg war ein Schrecken ohne Ende gewesen, der Spanische Erbfolgekrieg eine Geißel der Völker, der Siebenjährige Krieg hatte Mitteleuropa heimgesucht, die Französische Revolution brachte 25 Jahre Krieg und Bürgerkrieg, und der Erste Weltkrieg begrub die liberale Kultur des 19. Jahrhunderts unter sich. Jedesmal hatten die Menschen geglaubt, schlimmer könne es nicht mehr kommen. Warum war das Ende 1945 schlimmer?
Als amerikanische und sowjetische Panzerspitzen in Torgau an der Elbe einander begegneten, bedeutete dies das Ende der deutschen Diktatur mit ihrer Verführung und ihren Verbrechen, darin eingeschlossen der Mord an Juden, Polen und Russen. Nach dem Willen des Diktators sollte der Untergang zuletzt auch die Deutschen, weil sie nicht siegten, ereilen. Dieser Tag bedeutete nach menschlichem Ermessen und nach den Beschlüssen der alliierten Kriegskonferenzen indessen auch das Ende des deutschen Nationalstaats, seit Bismarck für die Hegemonie zu klein und für das Gleichgewicht zu groß. Die Weltmächte

setzten dem europäischen Bürgerkrieg ein Ende, der 1914 begonnen und halbe Siege und halbe Friedensbeschlüsse gebracht hatte. Auf unlösbare Weise war so mit dem Ende des deutschen Nationalstaats auch der Abschluß jenes langen Kapitels Weltgeschichte verbunden, das Europa seit dem Zeitalter der Entdeckungen geschrieben hatte.

Der 8. Mai ist eine deutsche Zäsur und, mehr noch als der 30. Januar[1]), auch eine der Weltgeschichte. Europa hatte sich ausgekämpft. Münster und Osnabrück 1648, Utrecht 1713, Hubertusburg 1763, Wien 1814[2]) – jedes Mal waren es die europäischen Mächte gewesen, die die europäischen Kriege beendeten. Und jedes Mal hatten sie, wie nebenbei, ein neues Weltsystem entworfen: 1648 das deutsche Gleichgewicht, 1713 das System der europäischen *balance of power*, 1763 war Rußland hinzugetreten, und 1814 *a world restored* (Henry Kissinger), die alte Welt wiederhergestellt worden aus dem Geist der Antirevolution, der Legitimität und des vernünftigen Ausgleichs. Nichts davon 1945: Das Schicksal der Europäer war in die Hand der Weltmächte gegeben, und am meisten das der Deutschen. [. . .]

„*The war to end all wars*" konnte nicht, wie die alteuropäischen Kriege, im Kompromiß Europas enden. Die künftige Mächteordnung würde global sein. *One World* oder bi-polare Konfrontation. Europa war Verfügungsmasse, wie in Teheran und Jalta, oder der Preis des Sieges im kalten Krieg, wie seitdem. Deutschland lag in der Mitte: Keine der Weltmächte wollte um Deutschland den nächsten Krieg führen, und die Deutschen waren dankbar dafür. Die Teilung aber blieb.

Was folgt aus alledem für die Gedanken, die sich auf den 8. Mai richten? Es ist nicht einzusehen, warum die Deutschen sich gemischte Gefühle versagen sollten. Für die Befreiung von Erniedrigung und Schrecken der Diktatur gilt es bis heute, dankbar zu sein. Diese Befreiung hatte auch der deutsche Widerstand gewollt, doch unter Bewahrung Deutschlands und mit Blick auf die künftige Einigung Europas. Daß der Krieg zu Ende war, bedeutete Aufatmen; aber man muß fragen, wie weit es der Krieg Hitlers gewesen war, und wie weit der Krieg der Deutschen. Und man soll nicht vergessen, daß für viele der Krieg in Gefangenschaft und Zwangsarbeit weiterging – und daß, als die Kapitulation der Wehrmacht unterschrieben wurde, die Deutschen längst aus ihrer Heimat östlich der Oder und der Lausitzer Neiße vertrieben wurden mit Feuer und Schwert. Zwei Millionen Menschen gingen damals zugrunde, irgendwo am Straßenrand im Massengrab.

Aber nicht nur Trauer und Bitternis, Aufatmen und Dankbarkeit prägen die Erinnerung an diesen Tag, auch die Einsicht in die Chance der Deutschen, eine zivilisierte politische Ordnung zu entwickeln an der Seite des Westens. Sie kam früher als erwartet, weil im beginnenden kalten Krieg ohne das Land zwischen Elbe und Rhein westeuropäische Sicherheit vor Stalin nicht möglich war. Aber es bleibt auch daran zu erinnern, daß die Deutschen im Gewahrsam der Sowjetunion seit 40 Jahren nicht aufhören, den 2. Weltkrieg zu verlieren.

Die Zeit, 25. 1. 1985, S. 4

1. *Inwiefern war der 8. Mai 1945 eine Chance für Deutschland?*
2. *Welche Bedeutung hat dieses Datum für Sie persönlich?*

---

[1]) Machtergreifung Hitlers 1933

[2]) Friedensschlüsse nach europäischen Kriegen

Gebietsverluste

Die Entwicklung im Osten

Nachhaltig geschädigt wurde die deutsche Wirtschaft durch die Gebietsverluste im Osten des ehemaligen Deutschen Reiches, auf die sich die Alliierten geeinigt hatten. Bereits auf der *Konferenz von Jalta* (4.–11. 2. 1945) hatten der amerikanische Präsident *Roosevelt* und der britische Premierminister *Churchill* dem Drängen des sowjetischen Parteichefs *Stalin* nach einer Westverschiebung Polens zu Lasten Deutschlands im Prinzip zugestimmt. Die östlichen Teile Polens sollten der Sowjetunion zugeschlagen werden, als neue polnische Ostgrenze galt die *Curzon-Linie*[1]), die im wesentlichen der polnischen Teilungslinie des Hitler-Stalin-Paktes von 1939 entsprach. Dafür sollten auf Kosten Deutschlands Ostpreußen, Danzig, Oberschlesien und ein Teil Pommerns einem zukünftigen nach Westen verlagerten polnischen Staat eingegliedert werden. Über die Einzelheiten des Verlaufs der polnischen Westgrenze konnte man sich allerdings in Jalta nicht einigen. Stalin verlangte einen Grenzverlauf entlang von Oder und Neiße, während Roosevelt und Churchill die Oder-Linie vor Augen hatten.

Eine endgültige Entscheidung sollte auf einer späteren Friedenskonferenz getroffen werden. Doch die Sowjetunion schuf ohne Rücksicht auf diese Abmachung vollendete Tatsachen, verleibte sich selbst den nördlichen Teil Ostpreußens einschließlich Königsbergs und des Memellandes ein und übergab der polnischen Regierung die Verwaltung der Gebiete bis zu Oder und Neiße (siehe Karte auf Seite 26).

Die Proteste der Westmächte machten auf Stalin keinen Eindruck. Auf der *Potsdamer Gipfelkonferenz* im Sommer 1945 stimmten die USA und Großbritannien schließlich der sowjetischen Annexion zu und akzeptierten auch die Westverschiebung Polens bis zur Oder-Neiße-Linie – allerdings mit der Maßgabe, daß eine endgültige Grenzregelung erst in einem Friedensvertrag festgelegt würde (▷ M 1). Dieser Vorbehalt wurde praktisch dadurch entwertet, daß die beiden Westmächte zugleich der Vertreibung der deutschen Bewohner aus den bisherigen Ostgebieten des Deutschen Reiches, aus Polen, der Tschechoslowakei und Ungarn zustimmten. Rechtlich blieb dieser Vorbehalt jedoch bestehen und wurde von den beiden angelsächsischen Mächten schließlich auch bereits 1947 im Verlauf der Außenministerkonferenz in Moskau herangezogen, um eine Revision dieser Grenze zu fordern, was wesentlich zum Scheitern der Konferenz beitrug.

Die Entwicklung im Westen

Was den Westen des ehemaligen Deutschen Reiches betraf, so wollte die französische Regierung dort ähnliche territoriale Veränderungen zu Lasten

---

[1]) 1920 als Demarkationslinie zwischen Polen und der Sowjetunion vom britischen Außenminister *Curzon* vorgeschlagener Grenzverlauf, der nach 1939 zur Grundlage für die sowjetischen Gebietsansprüche an Polen wurde.

Deutschlands vornehmen, wie dies im Osten geschehen war. Absolute Sicherheit vor Deutschland durch dessen territoriale und ökonomische Schwächung blieb jahrelang die Devise der französischen Außenpolitik. Schon 1944 hatte der Chef der provisorischen französischen Regierung in London, *Charles de Gaulle*, daher sowjetischen Wünschen nach Gebietsabtretungen im Osten des Deutschen Reiches zugestimmt. Seine Vorstellungen von einer definitiven Abtrennung des Rheinlandes und Westfalens einschließlich des Ruhrgebietes konnte de Gaulle gegen den Widerstand Großbritanniens und der USA allerdings nicht durchsetzen.

Zunächst erfolgreich war die französische Regierung jedoch hinsichtlich des Saargebietes mit seinen wichtigen Bergwerken. Das Saargebiet wurde einer eigenen französischen, von der französischen Besatzungszone getrennten Verwaltung unterstellt. Trotz erheblicher Bedenken stimmten Großbritannien und die Vereinigten Staaten 1948 schließlich der wirtschaftlichen Einbeziehung der Saar in den französischen Wirtschaftsraum zu, während der politische Status dieses Gebietes noch offen blieb. Insgesamt lief die französische Politik auf die Abtrennung des Saargebietes von Deutschland und dessen Anschluß an Frankreich hinaus – eine Politik, die die deutsch-französischen Beziehungen, aber auch die seit 1950 von Amerika gewünschte Einbeziehung Westdeutschlands in ein westliches Verteidigungsbündnis aufs schwerste belasten sollte.

Potsdamer Konferenz (17. Juli – 2. August 1945) **M 1**

Gemäß der amtlichen Verlautbarung (Kommuniqué) über die Potsdamer Konferenz vom 2. August 1945 einigten sich die drei Mächte in der umstrittenen Grenzfrage Polens und hinsichtlich der sowjetischen Annexionen auf folgende Formulierungen:

VI. Stadt Königsberg und das anliegende Gebiet.

Die Konferenz prüfte einen Vorschlag der Sowjetregierung, daß vorbehaltlich der endgültigen Bestimmung der territorialen Fragen bei der Friedensregelung derjenige Abschnitt der Westgrenze der Union der Sozialistischen Sowjetrepubliken, der an die Ostsee grenzt, von einem Punkt an der östlichen Küste der Danziger Bucht in östlicher Richtung nördlich von Braunsberg–Goldap und von da zu dem Schnittpunkt der Grenzen Litauens, der Polnischen Republik und Ostpreußens verlaufen soll.

Die Konferenz hat grundsätzlich dem Vorschlag der Sowjetregierung hinsichtlich der endgültigen Übergabe der Stadt Königsberg und des anliegenden Gebietes an die Sowjetunion gemäß der obigen Beschreibung zugestimmt, wobei der genaue Grenzverlauf einer sachverständigen Prüfung zu unterwerfen ist.

Der Präsident der USA und der britische Premierminister haben erklärt, daß sie den Vorschlag der Konferenz bei der bevorstehenden Friedensregelung unterstützen werden.

IX. Polen.

[. . .] Bezüglich der Westgrenze Polens wurde folgendes Abkommen erzielt: In Übereinstimmung mit dem bei der Krim-Konferenz[1]) erzielten Abkommen

[1]) Konferenz von Jalta

haben die Häupter der drei Regierungen die Meinung der Polnischen Provisorischen Regierung der Nationalen Einheit hinsichtlich des Territoriums im Norden und Westen geprüft, das Polen erhalten soll. Der Präsident des Nationalen Polens und die Mitglieder der Polnischen Provisorischen Regierung der Nationalen Einheit sind auf der Konferenz empfangen worden und haben ihre Auffassungen in vollem Umfange vorgelegt. Die Häupter der drei Regierungen bekräftigen ihre Auffassung, daß die endgültige Festlegung der Westgrenze Polens bis zu der Friedenskonferenz zurückgestellt werden soll.
Die Häupter der drei Regierungen stimmen darin überein, daß bis zur endgültigen Festlegung der Westgrenze Polens die früher deutschen Gebiete östlich der Linie, die von der Ostsee unmittelbar westlich von Swinemünde und von dort die Oder entlang bis zur Einmündung der westlichen Neiße und die westliche Neiße entlang bis zur tschechoslowakischen Grenze verläuft, einschließlich des Teiles Ostpreußens, der nicht unter die Verwaltung der Union der Sozialistischen Sowjetrepubliken in Übereinstimmung mit den auf dieser Konferenz erzielten Vereinbarungen gestellt wird und einschließlich des Gebietes der früheren Freien Stadt Danzig, unter die Verwaltung des polnischen Staates kommen und in dieser Hinsicht nicht als Teil der sowjetischen Besatzungszone in Deutschland betrachtet werden sollen.

Herbert Michaelis (Hrsg.) u. a., Ursachen und Folgen. Vom deutschen Zusammenbruch 1918 und 1945 bis zur staatlichen Neuordnung in der Gegenwart, Band 23, Berlin o. J., S. 486 f.

1. *Welche Entscheidungen wurden verbindlich getroffen?*
2. *Warum wurden endgültige Festlegungen teilweise vermieden?*

Flucht und Vertreibung

Völkerwanderung

Eine der einschneidendsten Folgen des Krieges war die ungeheuere Bevölkerungsverschiebung im damaligen Deutschland. In jenem Frühjahr des Jahres 1945 zogen Millionen von Menschen umher und bevölkerten die Straßen. Es war eine regelrechte Völkerwanderung von (noch im Krieg aufs Land) Evakuierten, entlassenen Soldaten und Arbeitern ausgelagerter Rüstungsbetriebe. Sie alle machten sich auf den Weg zurück in ihre Wohngebiete, suchten ihre Angehörigen. Angesichts der Zerstörungen in den meisten Städten sahen sich die Behörden noch jahrelang mit der Frage der Unterbringung der Evakuierten konfrontiert.
Zur gleichen Zeit befanden sich in Deutschland etwa 8 bis 10 Millionen ausländische Kriegsgefangene und Zwangsarbeiter, sogenannte *„Displaced Persons“ (DP’s)*. Diese Zwangsverschleppten strebten nach Hause; ihre Versorgung, Unterbringung und Repatriierung schufen ebenfalls schwierigste organisatorische Probleme. Racheakte, Übergriffe und Gewalttaten gegenüber Deutschen waren an der Tagesordnung. Innerhalb weniger Monate konnten die meisten Menschen in ihre Heimatländer in West- und Osteuropa zurück-

geführt werden. Rund eine Million Personen, vor allem aus Osteuropa und der Sowjetunion, blieben in Deutschland.

Flüchtlingsstrom und Flüchtlingsschicksal

Ein riesiger Flüchtlingsstrom aus dem Osten Deutschlands ergoß sich in die sowjetische, vor allem aber in die amerikanische und britische Besatzungszone. Für Millionen von Menschen wurden Flucht und Vertreibung, der Verlust der Heimat sowie ihres Besitzes zum bitteren Schicksal.

Das schlimme Vorbild für die spätere grausame Vertreibung so vieler Menschen aus ihrer angestammten Heimat lieferten nach 1919 die Republik Polen und 1939/41 der Nationalsozialismus. Aus den durch den Versailler Vertrag an Polen gefallenen ehemaligen deutschen Ostgebieten wurden über eine Million Deutsche ausgewiesen oder durch eine systematische antideutsche Politik zur Auswanderung gezwungen. Es kam auch zu blutigen Übergriffen. Unter Hitler wurden bis zum Frühjahr 1941 rund 800 000 Polen von ihren Höfen verjagt, um Platz zu machen für mehrere 100 000 Volksdeutsche aus den baltischen und ostmitteleuropäischen Staaten, die hier angesiedelt wurden. Viele Polen wurden als Zwangsarbeiter nach Deutschland deportiert. Die vom „Reichskommissar für die Festigung des deutschen Volkstums", *Heinrich Himmler*, im „Generalplan Ost" 1942 gebilligte Massenumsiedlung von 40 bis 50 Millionen Menschen aus Polen, der Tschechoslowakei, Weißrußland und der Ukraine nach Sibirien zur „Sicherstellung deutschen Lebensraums" sollte nach dem Sieg über die Sowjetunion in Angriff genommen werden.

Als nach der Kriegswende die Rote Armee die deutschen Grenzen im Osten überrannte, mußte die dortige Bevölkerung für die Unterdrückungs- und Vernichtungspolitik des NS-Regimes bitter büßen. Keine der an den Deutschen begangene Grausamkeit kann durch jene Politik des NS-Regimes entschuldigt werden. Doch sie kann den Haß erklären, der in der Folgezeit den Deutschen im Osten entgegenschlug.

Zunächst flohen Anfang 1945 Millionen Deutscher aus den Ostgebieten vor der anrückenden Roten Armee. Zahllose Deutsche wurden getötet, mißhandelt, Frauen vergewaltigt. In allen Gebieten jenseits von Oder und Neiße wurde geraubt und sinnlos zerstört. Auf den alliierten Kriegskonferenzen, insbesondere in Jalta, hatten die Westmächte zwar prinzipiell einer Umsiedlung der deutschen Bevölkerung aus dem Osten zugestimmt, allerdings sollten die genauen Prozeduren erst noch gemeinsam festgelegt werden. Aber bereits bei Kriegsende wurde die deutsche Bevölkerung in Ostbrandenburg, Ostpommern, Niederschlesien und Danzig mit brutalen Methoden vertrieben. Auf der Potsdamer Konferenz (▷ M 1) trafen die Sowjetunion, Großbritannien und die Vereinigten Staaten zwar eine Vereinbarung zur „ordnungsgemäßen Überführung der deutschen Bevölkerung" aus Polen, der Tschechoslowakei und Ungarn. Doch zunächst blieb der Rachegedanke vorherrschendes Motiv für die gewaltsame und verlustreiche Vertreibung (▷ M 2), die erst etwa ab 1947 in eine geordnete Umsiedlung der deutschen Bevölkerung mündete.

Bereits Ende 1945 waren 2,5 Millionen Flüchtlinge in den Westzonen gezählt worden. Die meisten Vertriebenen kamen im Jahr 1946 in das besetzte Deutschland, wo am 1. April 1947 bereits 10 Millionen und Ende 1948 schließlich 12 Millionen Heimatvertriebene registriert wurden. Auf der Flucht und in Folge der Vertreibung hatten schätzungsweise 2,8 Millionen Menschen ihr Leben verloren.

Die Flüchtlinge und Vertriebenen besaßen nur noch das, was sie auf dem Leib trugen oder mit eigener Kraft mitschleppen konnten. Für die Aufnahmegebiete in der sowjetischen, vor allem aber der britischen und amerikanischen Besatzungszone (die französische Besatzungsmacht weigerte sich bis 1948, Flüchtlinge aufzunehmen) bedeutete dieser Zustrom von Menschen, die natürlich auch „ihre hungrigen Mägen“ mitbrachten, wie dies Churchill einmal ausgedrückt hatte, eine ungeheuere Verschärfung der an und für sich schon katastrophalen Ernährungs- und Wohnsituation. Daß ganze Familien in einem einzigen Zimmer und Hunderttausende in Massenquartieren hausen mußten, war die Regel. In den Hauptaufnahmeländern Bayern, Niedersachsen und Schleswig-Holstein lebten Ende 1948 noch 357 000 Vertriebene in Massenquartieren. Zur materiellen Not kam hinzu, daß die Einheimischen ihre vertriebenen Landsleute selten mit offenen Armen empfingen, mußten sie doch selbst Wohnraum abgeben, enger zusammenrücken, das wenige, was sie zum Essen hatten, teilen (▷ M 3). Die deutschen und die Besatzungsbehörden unternahmen alle Anstrengungen, um durch eine bessere Verteilung der Flüchtlinge und Vertriebenen die Probleme zu mildern. So kam es alsbald zu einer Binnenwanderung dieser Menschen innerhalb Deutschlands (▷ M 4).

Rückblickend läßt sich feststellen, daß der Zustrom jener Millionen Menschen in das zerstörte Deutschland der Besatzungszonen zwar einige Jahre zur Verschärfung der allgemeinen Not beitrug. Doch zugleich kamen hier Millionen von Menschen in den Westen, die zum Überleben entschlossen waren, die arbeiten wollten und als in aller Regel gut ausgebildete Arbeitskräfte einen ganz wichtigen Teil zu dem alsbaldigen Wiederaufbau und dem später in aller Welt gerühmten „Wirtschaftswunder“ beitrugen.

Menschen auf der Flucht vor der Roten Armee in Ostpreußen Anfang 1945. Hunderttausende verloren im Chaos der Flucht ihr Leben.

Die Vertriebenenfrage auf der Potsdamer Konferenz

M 1

XIII. Ordnungsmäßige Überführung deutscher Bevölkerungsteile.
Die Konferenz erzielte folgendes Abkommen über die Ausweisung Deutscher aus Polen, der Tschechoslowakei und Ungarn:
Die drei Regierungen haben die Frage unter allen Gesichtspunkten beraten und erkennen an, daß die Überführung der deutschen Bevölkerung oder Bestandteile derselben, die in Polen, der Tschechoslowakei und Ungarn zurückgeblieben sind, nach Deutschland durchgeführt werden muß. Sie stimmen darin überein, daß jede derartige Überführung, die stattfinden wird, in ordnungsgemäßer und humaner Weise erfolgen soll. Da der Zustrom einer großen Zahl Deutscher nach Deutschland die Lasten vergrößern würde, die bereits auf den Besatzungsbehörden ruhen, halten sie es für wünschenswert, daß der Alliierte Kontrollrat[1]) in Deutschland zunächst das Problem unter besonderer Berücksichtigung der Frage einer gerechten Verteilung dieser Deutschen auf die einzelnen Besatzungszonen prüfen soll. Sie beauftragen demgemäß ihre jeweiligen Vertreter beim Kontrollrat, ihren Regierungen sobald wie möglich über den Umfang zu berichten, in dem derartige Personen schon aus Polen, der Tschechoslowakei und Ungarn nach Deutschland gekommen sind, und eine Schätzung über Zeitpunkt und Ausmaß vorzulegen, zu dem die weiteren Überführungen durchgeführt werden könnten, wobei die gegenwärtige Lage in Deutschland zu berücksichtigen ist. Die Tschechoslowakische Regierung, die Polnische Provisorische Regierung und der Alliierte Kontrollrat in Ungarn werden gleichzeitig von obigem in Kenntnis gesetzt und ersucht werden, inzwischen weitere Ausweisungen der deutschen Bevölkerung einzustellen, bis die betroffenen Regierungen die Berichte ihrer Vertreter an den Kontrollausschuß geprüft haben.

Herbert Michaelis (Hrsg.) u. a., Ursachen und Folgen. Vom deutschen Zusammenbruch 1918 und 1945 bis zur staatlichen Neuordnung in der Gegenwart, Band 23, Berlin o. J., S. 491

Vertreibung aus Oberschlesien

M 2

Ein Pfarrer beschreibt die Vertreibung von Männern, Frauen und Kindern aus dem oberschlesischen Leobschütz im September 1945.

Am 26. September 1945, frühmorgens gegen 5.00 Uhr, begann die Razzia gegen die Deutschen. Die polnische Miliz drang in die Häuser ein und jagte alle Deutschen auf die Straße. Die wenigsten hatten noch Zeit und Gelegenheit, etwas von ihren wenigen Habseligkeiten mitzunehmen. Man trieb alle auf dem Ring zusammen und schaffte sie von dort teils in Lastautos, teils zu Fuß in das Lager von Marschke und Zilger. Seit sechs Wochen befand sich dort die Bevölkerung von Schlegenberg in diesem Lager. Während der ganzen Nacht mußten die Männer ungeschützt im Regen stehen. Am folgenden Tage wurde die Belegschaft des Lagers vom Stadtkommandanten und der polnischen Miliz in bezug auf die Arbeitsfähigkeit der Einzelnen ausgesondert: Frauen mit Kindern, junge Mädchen, Frauen ohne Kinder, arbeitsunfähige Männer. Die Parole hieß: Frauen mit Kindern und alte Leute kommen ins Reich, arbeitsfähige Männer, Frauen ohne Kinder und junge Mädchen bleiben hier zur Arbeit. Es waren gegen 3000 Menschen in dem Lager zusammengepfercht.

[1]) siehe Seite 27

Am 27. September 1945 gegen 5.00 Uhr nachmittags wurden die für den Abtransport bestimmten Personen zur Bahn gebracht. Unter ihnen befand sich auch der Franziskanerpater Ludwig Bogdanski, der ehemalige Guardian[1]) des Franziskanerklosters Leobschütz. Als Transportleiter war Kantor Borsutzki aus Leobschütz bestimmt. Nachdem man 70 bis 80 Personen wie Vieh in einem Wagen zusammengepfercht hatte, begann die Fahrt gegen 8.00 Uhr abends. Die polnische Miliz war dem Transport als Bewachung beigegeben. Niemand wußte, wohin die Fahrt geht. Am 28. September 1945 kam der Transport in Neiße O/S an und wurde vier Tage auf einem toten Gleis stehen gelassen. Da keine Lebensmittel mitgenommen waren, sich auch sonst niemand um die Verpflegung kümmerte, schrien die Menschen vor Hunger nach Brot. Aber keiner gab es ihnen. Soweit die Wagen von der polnischen Miliz geöffnet wurden, konnten die hungernden Menschen heraus und suchten sich Rüben und Kartoffeln auf den nächstliegenden Feldern. Dabei wurden viele, besonders alte Frauen, von der polnischen Miliz mit Gummiknüppeln geschlagen. Pater Ludwig begrub in den Wällen der Festung Neiße die ersten sieben Toten. Sie waren buchstäblich verhungert.
Weiter ging die Fahrt. In der Nacht drang die polnische Miliz in die Wagen ein, nahm den Frauen die Handtaschen ab, durchwühlte sie, stahlen, was ihnen gefiel; den Männern wurde das Geld abgenommen. Immer wieder wurde versucht, Frauen aus den Wagen herauszuziehen, um sie zu vergewaltigen. [. . .]
Auf jeder Haltestelle wurden die Toten ausgeladen und an den Bahndämmen, in Schanzlöchern oder auf dem freien Feld beerdigt. Kurz vor Görlitz wurden die Heimatvertriebenen von Russen und der polnischen Miliz noch einmal gründlichst ausgeplündert. In Löbau/Sachsen, der ersten deutschen Grenzstation, wo der Transport am 10. Oktober 1945 anlangte, gab es von deutscher Verwaltung die erste Verpflegung. Pro Kopf ein Viertel Brot mit Quark und eine Mehlsuppe. Vom Löbau wurde der Transport nach Zittau-Sachsen und von dort nach dem Lager Niederoderwitz weitergeleitet.
Auf der 15tägigen Fahrt starben 88 Menschen am Hungertod und durch Erschöpfung. Weitere 280 Personen starben an den Folgen der Ausweisung wenige Wochen später in Zittau und Niederoderwitz.

Bundesministerium für Vertriebene (Hrsg.), Dokumentation der Vertreibung der Deutschen aus Ost-Mitteleuropa, Band I/2, bearbeitet von Theodor Schieder (1954), Neudruck München 1984, S. 708 f.

1. *Zeigen Sie anhand der Texte M 1 und M 2, daß eine zentrale Festlegung der Potsdamer Konferenz in der Vertriebenenfrage nicht beachtet wurde.*
2. *Wie erklärt sich die Brutalität, mit der die Vertreibung der Deutschen durchgeführt wurde?*

M 3 Umquartierung aus Flüchtlingslagern

Aus dem Bericht eines Wohnungseinweisers in Bielefeld im Jahr 1946:

Die Flüchtlinge finden heute oftmals einen fast oder ganz leeren Raum vor. Daß sie auf dem Fußboden schlafen müssen, ihre geringe Habe nirgends unterbringen können, nehmen sie mit Bitternis hin. Aber womit sich kaum jemand abfinden kann ist, daß man ihm nicht einmal das Kochen gestatten will. Gesetzt den Fall, es ist keine Küchenbenutzung vorgesehen, so wäre es den-

[1]) Klostervorsteher

noch eine moralische Pflicht des Vermieters, den Flüchtling die Zubereitung seiner kärglichen Mahlzeiten in der Küche vornehmen zu lassen, wenigstens so lange, bis ein eigener Herd zur Verfügung steht. Was soll der Flüchtling denn tun? Kein Ofen, kein Herd, kein Brennmaterial. In die Volksküche gehen? Vielleicht mit einem Säugling auf dem Arm von der Sonderburgerstraße bis in die Stadt marschieren? Der Einweiser dringt auf Mitbenutzung der Küche. Man läßt sich im Moment darauf ein, und kurze Zeit später sitzen die Flüchtlinge in der 55er-Kaserne und bitten um Umquartierung, weil sie vom Vermieter wieder aus der Küche verwiesen worden sind. Der Vermieter sagt dazu: Der Flüchtling verbraucht zuviel Gas und was der Dinge mehr sind.

Christoph Kleßmann, Die doppelte Staatsgründung. Deutsche Geschichte 1945–1955, Göttingen 1982, S. 358 f.

1. *Warum waren die Flüchtlinge und Vertriebenen die Ärmsten der Armen im besetzten Deutschland?*
2. *Welche Probleme gab es zwischen Einheimischen und Flüchtlingen?*

M 4

Stammbevölkerung und Flüchtlingsstrom im besetzten Deutschland (Stand 1. April 1947)

Zone	Bevölkerung 1939 Mill.	Zuwanderung in 1000 aus: den Ostgebieten	dem Ausland	den Westzonen	der russ. Zone einschl. Berlin	Zuwanderung in 1000	Abwanderung in 1000	Wanderungssaldo Mill.	Wanderungssaldo v. H. Bev. 1939
Britische	19,8	2926	267	102	626	3921	251	+ 3,67	+ 18
Amerikanische	14,2	802	2102	218	260	3382	132	+ 3,25	+ 23
Französische	6,1	30	20	50	15	115	96	+ 0,02	+ 0,3
Russische (einschl. Berlin)	19,5	2762	1187	109	–	4058	901	+ 3,16	+ 16
	59,6	6520	3576	–	–	–	–	+ 10,1	+ 17

Christoph Kleßmann, a. a. O., S. 355

1. *Erläutern Sie anhand der Tabelle die Bevölkerungsverschiebung in Deutschland nach 1945. Wie verteilte sich der Flüchtlingsstrom?*
2. *Welche wirtschaftlichen und sozialen Folgen (kurzfristige und langfristige) hatte die Durchmischung der Bevölkerung in den Besatzungszonen?*

M 5

Herkunftsgebiete von Aussiedlern[1]) in den Jahren 1950–1984

Polen	750 062	UdSSR	93 901
Rumänien	163 987	Jugoslawien	87 380
Tschechoslowakei	95 649	Ungarn	14 563

Bundesausgleichsamt, Mitteilung vom 27. 9. 1985

1. *Gibt es in Ihrer näheren oder weiteren Umgebung Aussiedler? Versuchen Sie, etwas über ihr Schicksal in Erfahrung zu bringen.*

[1]) Menschen, die im Zuge einer Familienzusammenführung ausreisen durften.

Hunger und die wirtschaftliche Lage

Versorgungskrise

Ein weiteres Kennzeichen der ersten Nachkriegsjahre in Deutschland war die völlig unzureichende Lebensmittelversorgung der Bevölkerung, die zeitweilig katastrophale Ausmaße annahm. Dabei war die Bevölkerung an die Zwangsbewirtschaftung von Waren aller Art, insbesondere Lebensmittel, durchaus gewöhnt: Lebensmittelkarten und Bezugsscheine gab es schon die ganzen Kriegsjahre über. Während jedoch in der Vorkriegszeit der durchschnittliche Kalorienverbrauch einer Person bei über 3000 Kalorien täglich lag und er auch kurz vor Kriegsende noch über 2000 Kalorien betrug, sank wenige Monate später die in Kalorien gemessene Menge an verfügbaren Nahrungsmitteln, die jedem einzelnen zugeteilt werden konnte, dramatisch ab.
Mitte 1946 betrug die amtlich festgesetzte Kalorienmenge in der amerikanischen Besatzungszone 1330, in der russischen 1083, der britischen 1050 und in der französischen 900 Kalorien. Für einen „Normalverbraucher" (im Gegensatz zu Schwerarbeitern im Bergbau, die zusätzliche Rationen erhielten) in der britischen Besatzungszone hieß dies, daß er täglich mit zwei Scheiben Brot, etwas Margarine, einem Löffel Milchsuppe und zwei Kartoffeln auskommen mußte.

Heimkehr von einer erfolgreichen Hamsterfahrt im Herbst 1945 in Berlin.

Die Kriegsfolgen hatten einen Teufelskreis für die Versorgung der Bevölkerung mit Nahrungsmitteln in Gang gesetzt. Deutschland hatte durch die Gebietsabtrennungen ein Viertel seiner landwirtschaftlichen Nutzfläche verloren, aber es mußte in etwa die gleiche Bevölkerungszahl wie zuvor ernährt werden. Kriegseinwirkungen, fehlende Maschinen und Düngemittel bewirkten schlechte Ernten, und schließlich konnten die vorhandenen Lebensmittel wegen der Zerstörungen im Transportsystem nicht richtig verteilt werden. Aber die Menschen litten nicht nur an Hunger, es fehlte auch an Brennstoffen (▷ M 2), an Kleidung, Hausrat.
Der extrem kalte Winter 1946/47, der zusätzlich den Transport von Lebensmitteln und Kohle über die Wasserstraßen zum Erliegen brachte, führte Deutschland an die Grenze einer Hungerkatastrophe (▷ M 3).

Der „schwarze Markt"

Ein Teil der produzierten Waren kam auch deshalb bei den Verbrauchern nicht an, weil die Hersteller sie für *Kompensationsgeschäfte* benötigten, um Ersatzteile, Rohstoffe oder andere Tauschgegenstände zu bekommen (▷ M 4, M 5). Die Folge der Knappheit der Waren und der bürokratischen Verfahren ihrer Zuteilung war ein florierender schwarzer Markt. Dort gab es alles, was das Herz begehrte, allerdings zu horrenden Preisen. Für ein Pfund Butter mußte ein Facharbeiter einen Monatslohn bezahlen, etwa 250,– Reichsmark. Ein Pfund Kaffee kostete das Doppelte. Zwar war der Tauschhandel oder der Verkauf auf dem schwarzen Markt streng verboten, doch auch häufige Razzien konnten nichts daran ändern, daß sich in jener Zeit Schieber und Schwarzmarkthändler an der allgemeinen Not bereicherten.
Hamsterfahrten aufs Land gehörten zum Alltag, weil nur so die kärgliche Nahrungsmittelzuteilung ein wenig aufgebessert werden konnte. Wer Zigaretten hatte, war fein heraus: Mit Zigaretten konnte man alles kaufen, was es für wertlose Reichsmark nicht gab. Die Zigarettenwährung war in jenen Jahren die heimliche Währung Deutschlands.
Hungermärsche und Hungerstreiks von Arbeitern, insbesondere im Ruhrgebiet, gab es bis ins Jahr 1948 hinein. Ohne die Einfuhr von Nahrungsmitteln und Kohle durch die Besatzungsmächte wäre die Situation noch schlimmer geworden. Das war auch der Grund dafür, daß die ursprünglich auf Niederhaltung der deutschen Volkswirtschaft bedachte amerikanische Deutschlandpolitik alsbald korrigiert werden mußte. Karitative Organisationen, vor allem in Amerika, versuchten durch Lebensmittelpakete, „*Care-Pakete*", die schlimmste Not zu mildern. Amerikanische und kanadische Bürger hatten am Ende für Westdeutschland Pakete in einem Gesamtwert von 346 Millionen Mark finanziert. In der britischen und amerikanischen Zone wurden auf Initiative des ehemaligen amerikanischen Präsidenten *Hoover* Hilfsmaßnahmen für Kinder organisiert, wozu vor allem eine generelle „Schulspeisung" zählte. So erhielten 3,5 Millionen Kinder täglich eine zusätzliche Mahlzeit.

Alltag im Ernährungsnotstand

Speyer a. Rh. Speyer, den 18. April 1948

An das
Landes-Ernährungsamt
Abteilung: Milch
Kaiserslautern

Betrifft: Verlust der Milchkarte für ein krankes Kind.

Zum ersten Mal habe ich eine Lebensmittelkarte verloren. Laut Rücksprache mit meinem Milchhändler soll ich mich an Sie wenden, was ich hiermit tue. Wir wohnen seit Okt. 1945 hier in Speyer, weil wir in Augsburg durch Plünderung alles verloren. Ich habe ein krankes Kind mit Rückgratverkrümmung und soll ihm zusetzen mit Fett, Milch und Zucker und nun habe ich nicht mal die Krankenmilch für ihn. Der Milchhändler gab mir nicht ½ l, weil ich ja die Karte verloren oder verlegt habe, ich hoffte seit Anfang des Monats immer noch dieselbe zu finden, jedoch ohne Erfolg.

Nun habe ich die große Bitte an Sie, mir 15 l Milch zu ersetzen, ich tue meine Pflicht für das kranke Kind, dessen Vater fast seit 4 Jahren vermißt ist.

Ich wäre Ihnen von Herzen dankbar.

Uwe Uffelmann, Wirtschaft und Gesellschaft in der Gründungsphase der Bundesrepublik Deutschland. Informationen und Materialien für die Sekundarstufe II, Band 4.2, Dortmund 1984, S. 13 f.

M 2 Die Kohlenkrise

An den Speyer, den 18. Februar 1946
Herrn Kommandanten
der Militärregierung
Speyer

Betrifft: Bitte des kommiss. Leiters des Gymnasiums um Versorgung mit Brennstoff.

Das Brennholz, über das unser Gymnasium verfügt, reicht noch für zwei Tage. Die Kohlenstelle Speyer verspricht uns zu helfen, sobald sie kann. Das Landesforstamt hat schon in der Vergangenheit Verständnis für unsere Lage gezeigt und ist auch jetzt bereit, auswärtige Holzhandlungen zu Lieferungen für uns aufzufordern. Der Zwang der Deblockade steht aber im Wege. Das Forstamt Speyer konnte in der vergangenen Woche wegen seiner zahlreichen anderen Verpflichtungen nicht auf unsere Wünsche eingehen und mußte uns auf die kommende Zeit vertrösten. So besteht die Gefahr, daß wir unsere 740 Schüler nach 2 Tagen gar nicht mehr oder nur in Abteilungen für ganz kurze Zeit unterrichten können. Das Schicksal der Gymnasiasten müßten die Besucher der Aufbauschule teilen, die nachmittags in unserem Haus weilen.

In dieser Not wage ich es Sie, Herr Kommandant, um Hilfe zu bitten.

Uwe Uffelmann, a. a. O., S. 13

1. *Wie versuchten die Behörden, den Mangel zu verwalten?*
2. *Sehen Sie andere (bessere) Möglichkeiten, dem Lebensmittelmangel wirksam zu begegnen? Diskutieren Sie im Kurs darüber.*
3. *Beschreiben Sie die Situation an den Schulen.*

M 3

Frankfurt 1946

Bericht über die wirtschaftliche Lage der Stadt durch den Oberbürgermeister:

Die durch den Rundfunk mitgeteilte erneute Herabsetzung der Brotration von 1500 auf 1000 Gramm [wöchentlich] vom Beginn der nächsten Versorgungsperiode ab hat die an sich schon bestehende außerordentliche Depression der Stimmung der Bevölkerung noch weiterhin gesteigert. Es wird vor allem darauf hingewiesen, daß erst vor kurzem General Clay[1]) in der Länderratssitzung die Hoffnung ausgedrückt habe, die tägliche Kalorienzahl in der amerikanischen Zone wenigstens auf 1275 halten zu können. Man weist darauf hin, daß die Brotration im Laufe von wenigen Monaten von 3000 auf 1000 Gramm heruntergesetzt worden ist, ohne daß durch andere Nahrungsmittel ein nennenswerter Ausgleich beschafft wurde. Die Zahl der Fälle mehrt sich, in denen infolge völliger körperlicher Erschöpfung erkrankte Personen nicht am Leben gehalten werden können, obwohl die Krankheit an sich keine bedenkliche ist. [...]

Da die nächsten Monate infolge des Zuströmens der Flüchtlinge eine scharfe Anspannung in der Lebensmittellage ergeben und gleichzeitig die Kartoffelbestände des Winters zur Neige gehen, sehen die Familien nur mit allergrößter Sorge auf die nächste Zeit bis zum Beginn der neuen Ernte. Es wirkt dies erneut in schwer schädigender Weise auf die Arbeitslust ebenso wie auf die Arbeitskraft. Es ist ständig festzustellen, daß jegliche Initiative bei der Bevölkerung erloschen ist, da der schwere Druck der von dem Kontrollrat angekündigten Industriebeschränkungen zu der derzeitigen Ernährungs- und Bekleidungslage hinzutritt und gleichzeitig mit der ungeheuerlichen Steuerbelastung eine Hoffnungslosigkeit für die Zukunft auslöst, die schwere Gefahren in sich birgt. Zu diesen Gefahren gehört auch die Radikalisierung eines großen Teils der Bevölkerung aus Not und Verzweiflung. Es ist unvermeidlich, daß kommunistische Tendenzen, die während des Winters sehr stark zurückgedrängt werden konnten, einen starken Auftrieb erhalten durch diese Gesamtlage. Daß alles dies in der großen Masse der Bevölkerung alsdann in völliger Verkennung der tatsächlichen Verhältnisse einfach der „Demokratie" als Schuld vorgeworfen wird, erschwert es für die Leiter der öffentlichen Verwaltungen außerordentlich, das Staatswesen neu aufzubauen. Man hört vielfach schon von ernsten Männern den Vorschlag, es solle die Leitung der öffentlichen Angelegenheiten den Besatzungsmächten überlassen werden, da sich deutsche Persönlichkeiten nicht mehr für diese Aufgabe zur Verfügung stellen könnten. Ein Zeichen der Auswirkung war z. B. die Schwierigkeit für die politischen Parteien, Kandidaten für die Stadtverordnetenwahl [...] zu finden.

Wolf-Arno Kropat, Hessen in der Stunde Null 1945/1947. Politik, Wirtschaft und Bildungswesen in Dokumenten, Wiesbaden 1979, S. 205 f.

1. *Warum mußten auch die Besatzungsbehörden daran interessiert sein, den Hunger zu bekämpfen und die allgemeinen Lebensumstände der deutschen Bevölkerung möglichst rasch zu verbessern?*
2. *Arbeiten Sie die Gefahren heraus, die nach Ansicht des Verfassers Not und Verzweiflung mit sich bringen. Beurteilen Sie die Gefahren, indem Sie sie mit früheren wirtschaftlich und politisch schwierigen Epochen vergleichen.*

---

[1]) stellvertretender Militärgouverneur der amerikanischen Besatzungszone

M 4 Schwarzmarktzeit

Bericht in der Hannoverschen Presse vom 18. 2. 1947:

dpd HAMBURG, 17. Februar.

Ein Schwarzhandelslager größten Ausmaßes in einem Hamburger Hotel wurde von der Kriminalpolizei ausgehoben. Millionenwerte wurden beschlagnahmt. Drei große Lastkraftwagen waren nötig, um die Schwarzhandelsware – Medikamente, wertvollste Schmuckstücke, goldene Uhren, Brillanten und Textilien, Lederwaren und ungeheure Mengen an Lebens- und Genußmitteln – abzutransportieren. Bisher wurden zehn Personen, darunter eine Frau, festgenommen. [. . .]

Die beschlagnahmten Lebensmittel werden der Allgemeinheit wieder zugeführt, während die Medikamente usw. den Krankenhäusern zur Verfügung gestellt werden.

Über 8,3 Millionen Mark Bargeld, Tausende von Devisen aller Länder, riesige Mengen von Lebens- und Arzneimitteln sowie Gebrauchsgegenstände jeder Art sind im Laufe des vergangenen Jahres von der Hamburger Polizei beschlagnahmt und sichergestellt worden. Zum Abtransport aller beschlagnahmten Artikel, die ein Gesamtgewicht von 2155 Tonnen haben, waren 144 Eisenbahnwaggons notwendig.

Von 5952 Paar Schnürsenkeln bis zu 586 sichergestellten Kühen, Schweinen und Schafen ist in einer Jahresbilanz der Hamburger Polizei alles vertreten. Über 43 000 Flaschen Spirituosen, Wein und Sekt, fast 6000 Kilogramm Bohnenkaffee und mehr als 130 000 Schachteln Streichhölzer. Außer 20 Lastkraftwagen konnten über 2½ Millionen Zigaretten, 2,42 Kilogramm Opium und Kokain sowie 2,2 Millionen Einheiten Penicillin sichergestellt werden. Insgesamt wurden nahezu 624 Tonnen Lebensmittel, 50 Tonnen Genußmittel, 384 Tonnen Gebrauchsgegenstände, wie Feuersteine, Waschpulver, Nähgarn, Schuhkrem, Teppiche usw., 8 Tonnen Tabakwaren sowie 72 Tonnen Textilien beschlagnahmt. Außerdem gelang es der Polizei, Bezugsmarken und Berechtigungsscheine für ungefähr 1020,6 Tonnen Lebensmittel-, Textil- und Rauchwaren einzuziehen.

Thomas Berger / Karl-Heinz Müller (Hrsg.), Lebenssituationen 1945–1948. Materialien zum Alltagsleben in den westlichen Besatzungszonen 1945–1948, Hannover 1983, S. 64 f.

M 5 Kompensationsgeschäfte und schwarzer Markt

Kompensationsgeschäfte betrieb man auf dem *schwarzen Markt.* Der Berliner „Telegraf" berichtete am 24. Juni 1947, was dabei passieren konnte: „Einem hungrigen Freunde wurde ein Pfund Butter für 320,– RM angeboten. Er nahm sie auf Kredit, weil er soviel Geld nicht hatte. Er wollte sie morgen bezahlen. Ein halbes Pfund bekam seine Frau. Mit dem Rest gingen wir ‚kompensieren': In einem Tabakladen gab es für das halbe Pfund 50 Zigaretten. Zehn Stück behielten wir für uns. Mit dem Rest gingen wir in eine Kneipe. Wir rauchten eine Zigarette, und das Geschäft war perfekt: Für die 40 Zigaretten erhielten wir eine Flasche Wein und eine Flasche Schnaps. Den Wein brachten wir nach Hause. Mit dem Schnaps fuhren wir aufs Land. Bald fand sich ein Bauer, der uns für den Schnaps zwei Pfund Butter eintauschte. Am nächsten Morgen brachte mein Freund dem ersten Butterlieferanten sein Pfund zurück, weil es zu teuer war. Unsere Kompensation hatte 1½ Pfund Butter, eine Flasche Wein, zehn Zigaretten und das Vergnügen eines steuerfreien Gewerbes eingebracht." [. . .] Kompensation, *„Zigarettenwährung"* und Wucherpreise bestimmten den Markt. Auf dem Kurfürstendamm in Berlin wurden alte Stiche, Edelmetalle und Meißner Porzellan angeboten. Max Frisch[1]) sah es und urteilte: „Alles unerschwinglich, wenn man mit Löhnen rechnet, aber billig, wenn man mit Zigaretten rechnet." Eine deutsche „Pilot" stand mit 7 RM im Kurs, eine amerikanische „Camel" mit 11,– RM. Wie an einer Börse notierte man auf dem schwarzen Markt von Frankfurt für 1 Pfd. Kaffee 350,– bis 380,– RM, für 1 Pfd. Butter 250,– RM, für 1 Pfd. Zucker 80,– RM. 1 Ei kostete 10,– RM, 1 kleine Tafel Schokolade 20,– bis 30,– RM, 1 Stück Seife 30,– RM. 1 Paar Damenstrümpfe wechselten für 200,– bis 250,– RM den Besitzer, für 1 Paar Schuhe mußte man 1000,– bis 1500,– RM bezahlen.

Manfred Overesch. Deutschland 1945–1949. Vorgeschichte und Gründung der Bundesrepublik, Königstein/Düsseldorf 1979, S. 97 f.

1. *Arbeiten Sie anhand der Materialien die Bedeutung des „schwarzen Marktes" für die Versorgung der Bevölkerung heraus.*
2. *Versuchen Sie zu erklären, unter welchen Umständen sich schwarze Märkte bilden.*
3. *Warum kann eine moderne Volkswirtschaft nicht auf der Basis des Tauschhandels funktionieren?*

Anfänge der Besatzungsherrschaft

Festlegung von Besatzungszonen

Schon während des Krieges hatten die Vereinigten Staaten, die Sowjetunion und Großbritannien vereinbart, Deutschland zum Zwecke der Besatzung in einzelne Zonen zu unterteilen. Auf der Grundlage von Vorschlägen der *Europäischen Beratenden Kommission (EAC)*, die in London seit Ende 1944 im Auftrag der „Großen Drei" tätig war, wurden die Grenzen festgelegt; erst nach der Kapitulation Deutschlands erhielt auch Frankreich aus der amerikanischen und britischen Verfügungsmasse eine eigene Besatzungszone zugewiesen.
Gleichwohl gingen die ursprünglichen alliierten Planungen davon aus, daß das besiegte Deutschland – was immer mit ihm im einzelnen geschehen sollte – gemeinsam von den vier Siegermächten verwaltet würde. Die Besatzungszonen waren also zunächst nur als rein militärische Untergliederungen eines der gemeinsamen alliierten Oberhoheit unterworfenen Deutschlands gedacht (▷ M 1). Gemäß diesen Vereinbarungen zogen sich Anfang Juli 1945 die in Mecklenburg, Thüringen und Sachsen stehenden amerikanischen und britischen Truppen zurück; die sowjetische Armee räumte im Gegenzug 12 der 20 Bezirke Berlins und übergab sie den drei Westalliierten; auch Berlin war nun nach dem Vorbild der Besatzungszonen in vier Sektoren unterteilt.

[1]) Schweizer Schriftsteller

Der Gedanke, Deutschland in Besatzungszonen aufzuteilen, geht auf britische Pläne aus dem Jahre 1943 zurück. Damals rechnete Churchill noch mit der Möglichkeit, daß die sowjetischen Armeen den größten Teil Deutschlands erobert haben würden, bevor die westlichen Alliierten den Rhein erreichten. In seinem Mißtrauen gegenüber sowjetischen Hegemonialbestrebungen sah sich Churchill in der Folgezeit durch die Entwicklungen in Ostmitteleuropa bestätigt. In letzter Minute, wenige Tage nach der Kapitulation, wollte er den neuen amerikanischen Präsidenten *Truman* dazu bewegen, die amerikanischen Truppen so lange in Mitteldeutschland zu belassen, bis Klarheit darüber herrsche, „wo wir mit Rußland stehen". Doch es blieb bei den ursprünglichen Abmachungen.

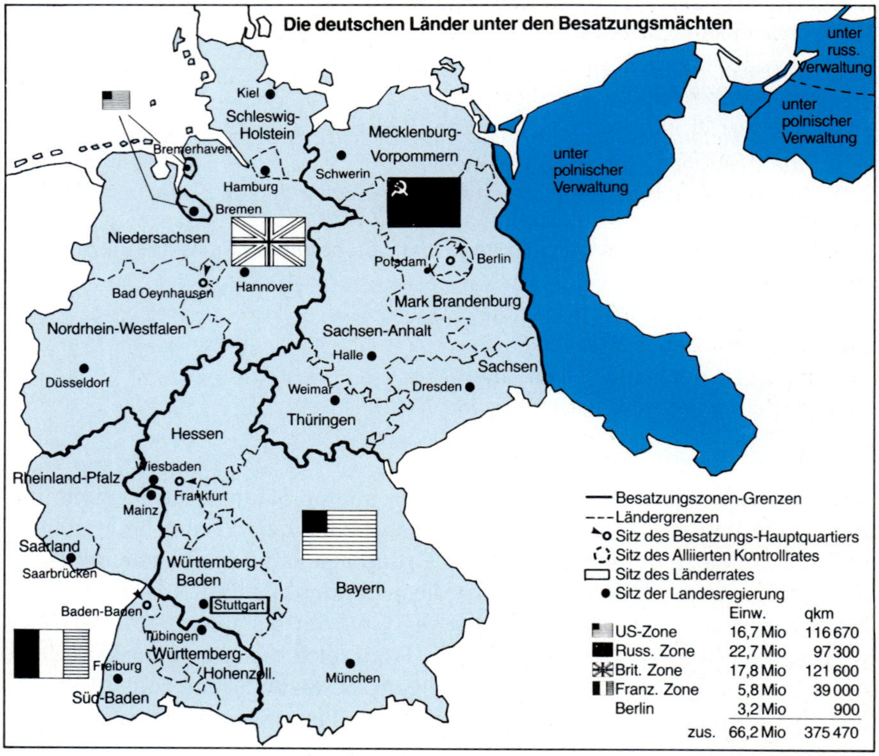

Die Herrschaft der Siegermächte in Ost und West

Die wirtschaftliche und politische Niederhaltung des besiegten Staates auf Jahre hinaus war das erklärte Ziel der Sieger (▷ M 2). Doch das öffentliche Leben in Deutschland war zusammengebrochen, die Schäden schlimmer, als man in Washington, London und Paris erwartet hatte. Pragmatisch, von den Gegebenheiten vor Ort geleitet, versuchten die Besatzungstruppen daher zunächst, die Verwaltung ihrer Gebiete in Gang zu bringen, damit die lebensnotwendigen Einrichtungen funktionieren konnten. Sie setzten Bürgermeister, Land-

räte und andere Verwaltungsfachleute ein, die unter der strengen Kontrolle der Besatzungsoffiziere tätig werden durften.
Die Amerikaner hatten sich auf diesen Tag vorbereitet und kamen mit sogenannten „Weißen Listen", in denen Personen verzeichnet waren, die bereits in der Weimarer Republik öffentliche Ämter innehatten und die als unbelastet bzw. als Nazigegner bekannt waren. Auch der örtliche Pfarrer wurde häufig konsultiert, bevor ein Bürgermeister eingesetzt wurde. So schnell wie damals jemand in sein Amt berufen wurde, konnte er allerdings auch wieder entlassen werden, wenn er das Mißfallen des zuständigen Besatzungsoffiziers erregt hatte.
Während die westlichen Besatzungstruppen zunächst viel improvisierten, um das Leben in halbwegs geordnete Bahnen zu lenken, ging die sowjetische Besatzungsmacht gezielter ans Werk. Schon Anfang Mai 1945 wurde eine Gruppe deutscher Exilkommunisten in die sowjetische Besatzungszone eingeflogen. An ihrer Spitze stand der ehemalige kommunistische Reichstagsabgeordnete *Walter Ulbricht*, der seit 1938 in Moskau gelebt hatte.
Die sowjetische Militärverwaltung folgte in aller Regel den Empfehlungen der „Gruppe Ulbricht". Bürgermeister und sonstige Verwaltungspersonen wurden eingesetzt, wobei die Kommunisten keinesfalls alle Ämter beanspruchten, sondern Sozialdemokraten, Zentrumsmitglieder sowie Liberale und Parteilose, die als Gegner des NS-Regimes bekannt waren, auswählten. Meist stellten die Kommunisten den stellvertretenden Bürgermeister, die Personaldezernenten und vor allem den Polizeichef. „Es muß demokratisch aussehen, aber wir müssen alles in der Hand haben", meinte Ulbricht. Früher als in den Westzonen erlaubte die sowjetische Besatzungsmacht auch die Neugründung „antifaschistischer Parteien" (10. Juni 1945).

Alliierter Kontrollrat

Im Sommer 1945 wurde das Besatzungsregime offiziell installiert, Deutschland in vier Besatzungszonen unterteilt. Mit ihrer *Berliner Erklärung vom 5. Juni 1945* (▷ M 3) übernahmen die vier Siegermächte die *oberste Regierungsgewalt in Deutschland* auf allen Ebenen, und zwar „einschließlich aller Befugnisse der deutschen Regierung, der Oberkommandos der Wehrmacht und Regierungen, Verwaltungen und Behörden der Länder, Städte und Gemeinden". In jeder Besatzungszone übte der militärische Oberbefehlshaber gleichzeitig das Amt des Militärgouverneurs aus, der allen deutschen Behörden Anweisungen erteilte.
In Berlin wurde der *Alliierte Kontrollrat* eingerichtet, in dem die Militärgouverneure gemeinsam alle Deutschland als Ganzes betreffenden Fragen regeln sollten. Der Kontrollrat hatte die Aufgabe, im Rahmen der Entscheidungen der Außenminister der vier Siegermächte tätig zu werden, und seine Gesetze sollten in den einzelnen Besatzungszonen von den zuständigen Militärregierungen vollzogen werden. Im Kontrollrat galt das Einstimmigkeitsprinzip, was zur Folge hatte, daß er durch das Veto einer einzelnen Besatzungsmacht lahmgelegt werden konnte. Frankreich – an einem politisch und ökonomisch

zerstückelten Deutschland interessiert – machte von seinem Vetorecht häufig Gebrauch. Praktisch verlagerte sich die wichtigste Entscheidungskompetenz auf die einzelnen Militärgouverneure in den Besatzungszonen, was rasch zu deren Auseinanderentwicklung führte. Für Berlin selbst wurde die *Alliierte Kommandantur* eingerichtet, in der die vier Stadtkommandanten für Berlin als Ganzes zuständig waren.

M 1

Besatzungsziele

Aus dem Kommuniqué über die Konferenz von Jalta vom 12. 2. 1945:

II. Besetzung und Kontrolle Deutschlands

Wir haben uns über eine gemeinsame Politik und Pläne zur zwangsweisen Durchführung der Forderungen der bedingungslosen Kapitulation geeinigt, die wir Nazi-Deutschland gemeinsam nach der endgültigen Zerschlagung des bewaffneten deutschen Widerstandes auferlegen werden. Diese Bedingungen werden erst dann bekanntgegeben, wenn die endgültige Niederwerfung Deutschlands erreicht ist. Dem vereinbarten Plan entsprechend, werden die Streitkräfte der drei Mächte separate Zonen in Deutschland besetzen. Eine koordinierte Verwaltung und Kontrolle ist nach diesem Plan durch eine Zentrale Kontrollkommission vorgesehen, die sich aus den Oberbefehlshabern der drei Mächte mit Sitz in Berlin zusammensetzt. Es wurde beschlossen, daß Frankreich, sofern es dies wünscht, von den drei Mächten eingeladen werden soll, eine Besatzungszone zu übernehmen und sich als viertes Mitglied an der Kontrollkommission zu beteiligen. Die Größe der französischen Zone wird von den vier interessierten Regierungen durch ihre Vertreter in der Europäischen Beratenden Kommission[1]) vereinbart.

Es ist unsere unbeugsame Absicht, den deutschen Militarismus und Nazismus zu vernichten und die Garantie dafür zu schaffen, daß Deutschland nie wieder in der Lage sein wird, den Weltfrieden zu brechen. Wir sind fest entschlossen, alle deutschen Streitkräfte zu entwaffnen und aufzulösen; den deutschen Generalstab, der wiederholt zum Wiedererstehen des deutschen Militarismus beigetragen hat, für alle Zeiten zu zerschlagen; alle militärischen Einrichtungen Deutschlands zu beseitigen oder zu zerstören; die gesamte deutsche Industrie, die zur Rüstungsproduktion verwendet werden könnte, zu liquidieren oder unter Kontrolle zu stellen; alle Kriegsverbrecher einer gerechten und schnellen Bestrafung zuzuführen sowie Entschädigung in Form von Naturalleistungen für die Zerstörung zu fordern, die von den Deutschen verursacht worden sind; die Nazi-Partei, die nazistischen Gesetze, Organisationen und Einrichtungen vom Erdboden zu tilgen; alle nazistischen und militärischen Einflüsse aus öffentlichen Einrichtungen, dem Kultur- und Wirtschaftsleben des deutschen Volkes zu entfernen und gemeinsam diejenigen anderen Maßnahmen in Deutschland zu ergreifen, die sich für den zukünftigen Frieden und die Sicherheit der ganzen Welt als notwendig erweisen. Es ist nicht unsere Absicht, das deutsche Volk zu vernichten. Nur dann, wenn Nazismus und Militarismus ausgerottet sind, besteht für das deutsche Volk die Hoffnung auf eine würdige Existenz und auf einen Platz in der Gemeinschaft der Nationen.

Klaus-Jörg Ruhl, Neubeginn und Restauration. Dokumente zur Vorgeschichte der Bundesrepublik Deutschland 1945–1949, München 1982, S. 50

[1]) siehe Seite 25

1. *Stellen Sie die wichtigsten Ziele heraus, auf die sich Churchill, Roosevelt und Stalin geeinigt hatten.*
2. *Welche Konsequenzen bedeutete die Verwirklichung dieser Ziele für die Besatzungspolitik und für die deutsche Bevölkerung?*

Deutschlandpolitik der USA

M 2

In der Direktive JCS 1067[1]) vom 26. April 1945 sind die Richtlinien der amerikanischen Regierung über ihre Besatzungspolitik in der US-Zone für General Dwight D. Eisenhower, den Militärgouverneur und Oberbefehlshaber der US-Streitkräfte, niedergelegt worden. Sie galten offiziell bis 1947.

Teil I: Allgemeine und politische Angelegenheiten

[. . .]

4. Grundlegende Ziele der Militärregierung in Deutschland

a. Es muß den Deutschen klargemacht werden, daß Deutschlands rücksichtslose Kriegsführung und der fanatische Widerstand der Nazis die deutsche Wirtschaft zerstört und Chaos und Leiden unvermeidlich gemacht haben, und daß sie nicht der Verantwortung für das entgehen können, was sie selbst auf sich geladen haben.

b. Deutschland wird nicht besetzt zum Zwecke seiner Befreiung, sondern als ein besiegter Feindstaat. Ihr Ziel ist nicht die Unterdrückung, sondern die Besetzung Deutschlands, um gewisse wichtige alliierte Absichten zu verwirklichen. Bei der Durchführung der Besetzung und Verwaltung müssen Sie gerecht, aber fest und unnahbar sein. Die Verbrüderung mit deutschen Beamten und der Bevölkerung werden Sie streng unterbinden.

c. Das Hauptziel der Alliierten ist es, Deutschland daran zu hindern, je wieder eine Bedrohung des Weltfriedens zu werden. Wichtige Schritte zur Erreichung dieses Zieles sind die Ausschaltung des Nazismus und des Militarismus in jeder Form, die sofortige Verhaftung der Kriegsverbrecher zum Zwecke der Bestrafung, die industrielle Abrüstung und Entmilitarisierung Deutschlands mit langfristiger Kontrolle des deutschen Kriegspotentials und die Vorbereitungen zu einem späteren Wiederaufbau des deutschen politischen Lebens auf demokratischer Grundlage.

d. Andere alliierte Ziele sind die Durchführung des Reparations- und Rückerstattungsprogramms, Nothilfe für die durch den Naziangriff verwüsteten Länder und die Betreuung und Rückführung der Kriegsgefangenen und Verschleppten der Mitgliedstaaten der Vereinten Nationen.

5. Wirtschaftskontrollen

[. . .]

b. Bei der Einführung und Durchführung der durch Sie oder den Kontrollrat vorgeschriebenen Kontrollmaßnahmen sollen die deutschen Behörden, soweit es praktisch durchführbar ist, angewiesen werden, die Durchführung dieser Kontrollen anzukündigen und zu übernehmen. Dadurch soll dem deutschen Volk klargemacht werden, daß die Verantwortung sowohl für die Durchführung dieser Kontrollen als auch für jegliches Versagen bei solcher Kontrolltätigkeit bei ihm selbst und bei den deutschen Behörden liegt. [. . .]

---

[1]) JCS: Joint Chief of Staff (Vereinter Generalstab der US-Streitkräfte)

Teil II: Wirtschaft

[...]

Deutscher Lebensstandard

21. Sie werden Schätzungen darüber anstellen, welche Zuschüsse notwendig sind, um Hungersnot, die Ausbreitung von Krankheiten und zivile Unruhen zu vermeiden, die die Besatzungsstreitkräfte gefährden könnten. Als Grundlage für diese Schätzungen soll ein Programm dienen, durch das die Deutschen selbst für ihre Versorgung aus eigener Arbeit und eigenen Hilfsquellen verantwortlich gemacht werden. Sie werden alle durchführbaren wirtschaftlichen und polizeilichen Maßnahmen ergreifen, um sicherzustellen, daß die deutschen Hilfsquellen voll ausgenutzt werden und der Verbrauch auf dem Mindestmaß gehalten wird, damit die Einfuhren streng begrenzt und Überschüsse für die Besatzungsstreitkräfte, verschleppte Personen und Kriegsgefangene der Vereinten Nationen sowie für Reparationszwecke verfügbar gemacht werden können. Sie werden nichts unternehmen, was geeignet wäre, den Mindestlebensstandard in Deutschland auf einem höheren Niveau zu erhalten als in irgendeinem benachbarten Mitgliedsstaat der Vereinten Nationen, und Sie werden geeignete Maßnahmen ergreifen, um sicherzustellen, daß der Mindestlebensstandard des deutschen Volkes nicht höher liegt als bei irgendeinem benachbarten Mitgliedsstaat der Vereinten Nationen, falls solche Maßnahmen dazu beitragen, den Standard in irgendeiner dieser Nationen zu heben.

Herbert Michaelis (Hrsg.) u. a., Ursachen und Folgen. Vom deutschen Zusammenbruch 1918 und 1945 bis zur staatlichen Neuordnung in der Gegenwart, Bd. 24. Berlin o. J., S. 25–45

1. *Woraus läßt sich ablesen, daß dieser Direktive die amerikanische Politik eines harten Friedens mit Deutschland zugrunde lag?*
2. *Welche Auswirkungen auf das Verhältnis zwischen den Siegern und den Besiegten mußten die Aussagen unter Punkt 4b haben?*
3. *Informieren Sie sich, welches in Washington von Teilen der Regierung Roosevelt vertretene Besatzungskonzept in Punkt 21 seinen Niederschlag gefunden hat.*
4. *Diskutieren Sie, warum diese Direktive nur kurze Zeit praktische Bedeutung haben konnte.*

M 3 Die Sieger in Deutschland

Mit den „Berliner Erklärungen der Siegermächte" vom 5. Juni 1945 wurde die staatsrechtliche Konsequenz aus der militärischen Kapitulation gezogen.

Die deutschen Streitkräfte zu Lande, zu Wasser und in der Luft sind vollständig geschlagen und haben bedingungslos kapituliert, und Deutschland, das für den Krieg verantwortlich ist, ist nicht mehr fähig, sich dem Willen der siegreichen Mächte zu widersetzen. Dadurch ist die bedingungslose Kapitulation Deutschlands erfolgt, und Deutschland unterwirft sich allen Forderungen, die ihm jetzt oder später auferlegt werden.

Es gibt in Deutschland keine zentrale Regierung oder Behörde, die fähig wäre, die Verantwortung für die Aufrechterhaltung der Ordnung, für die Verwaltung des Landes und für die Ausführung der Forderungen der siegreichen Mächte zu übernehmen.

Unter diesen Umständen ist es notwendig, unbeschadet späterer Beschlüsse, die hinsichtlich Deutschlands getroffen werden mögen, Vorkehrungen für die

Einstellung weiterer Feindseligkeiten seitens der deutschen Streitkräfte, für die Aufrechterhaltung der Ordnung in Deutschland und für die Verwaltung des Landes zu treffen und die sofortigen Forderungen zu verkünden, denen Deutschland nachzukommen verpflichtet ist. [. . .]
Die Regierungen des Vereinigten Königreichs[1]), der Vereinigten Staaten von Amerika, der Union der Sozialistischen Sowjet-Republiken und die Provisorische Regierung der Französischen Republik übernehmen hiermit die oberste Regierungsgewalt in Deutschland, einschließlich aller Befugnisse der deutschen Regierung, des Oberkommandos der Wehrmacht und der Regierungen, Verwaltungen oder Behörden der Länder, Städte und Gemeinden. Die Übernahme zu den vorstehend genannten Zwecken der besagten Regierungsgewalt und Befugnisse bewirkt nicht die Annektierung Deutschlands.
Die Regierungen des Vereinigten Königreichs, der Vereinigten Staaten von Amerika, der Union der Sozialistischen Sowjet-Republiken und die Provisorische Regierung der Französischen Republik werden später die Grenzen Deutschlands oder irgendeines Gebietes, das gegenwärtig einen Teil deutschen Gebietes bildet, festlegen.

Herbert Michaelis (Hrsg.) u. a., a. a. O., Bd. 23, S. 308 f.

1. *Zeigen Sie, daß die Siegermächte zum Zeitpunkt ihrer Berliner Erklärung noch von einer gemeinsamen Besatzungspolitik ausgingen.*
2. *Mit diesem Dokument sollte jeder Legendenbildung (siehe Dolchstoßlegende nach dem 1. Weltkrieg) der Boden entzogen werden. Erläutern Sie diese Zielsetzung.*

[1]) Großbritannien

Von der Kooperation zur Konfrontation

Die Großen Drei zu Beginn der Potsdamer Konferenz. Von rechts nach links: Partei- und Regierungschef Stalin, US-Präsident Harry Truman, Premierminister Churchill, an dessen Stelle nach dem Wahlsieg der Labour Party Clement Attlee trat.

Die Potsdamer Konferenz[1])

Trumans Optimismus – Churchills Mißtrauen

Nachdem die Vereinigten Staaten, die Sowjetunion, Großbritannien und Frankreich ihr gemeinsames militärisches Ziel – die Niederringung des deutschen Aggressors – erreicht hatten, wurde deutlich, auf welch brüchigem Fundament die Koalition der Siegermächte ruhte. Trotz jahrelanger Planungen und Verhandlungen hatte man kein gemeinsames Konzept gefunden, was mit Deutschland geschehen sollte.

[1]) Die Potsdamer Konferenz endete mit einem gemeinsamen Kommuniqué, nicht mit förmlichen Beschlüssen. Im allgemeinen Sprachgebrauch hat sich die ungenaue Bezeichnung „Abkommen" eingebürgert.

Zunächst gingen Präsident Roosevelt und, nach dessen Tod am 12. April 1945, auch sein Nachfolger Harry S. Truman von der Vorstellung einer gemeinsamen, von den Vereinigten Staaten und der Sowjetunion getragenen Weltfriedensordnung („one world") aus. In diesem Geist wurde am 26. Juni 1945 in San Francisco die *Satzung der Vereinten Nationen (UNO) beschlossen.* Auch Stalin sprach nach der deutschen Niederlage vom Völkerfrieden, der hinfort über Europa wehen würde.
Daran glaubte der britische Premierminister Churchill jedoch nicht. Obwohl er es war, der noch im Oktober 1944 bei einem Besuch in Moskau sich mit Stalin über die Aufteilung der Balkanländer in Einflußzonen geeinigt hatte (Rumänien sollte zu 90 Prozent, Bulgarien zu 75 Prozent dem sowjetischen Einflußbereich zugeschlagen werden; Griechenland zu 90 Prozent dem britischen; Jugoslawien und Ungarn je zur Hälfte dem sowjetischen und dem britischen), stand er inzwischen Stalins weiteren Absichten äußerst mißtrauisch gegenüber. Vor allem die sowjetische Politik der vollendeten Tatsachen in Polen, die im Gegensatz zu den Abmachungen von Jalta stand, veranlaßte ihn, Truman zu einer härteren Haltung gegenüber Stalin zu bewegen (▷ M 1). Inzwischen hatte die Rote Armee jedoch Fakten geschaffen, die, wie sich bald zeigen sollte, nicht mehr rückgängig zu machen waren.

Verhandlungsziele der Siegermächte

Die politischen, territorialen und ökonomischen Probleme, die der zweite Weltkrieg in Europa hinterlassen hatte, sollten auf der Potsdamer Konferenz gelöst werden, zu der sich die Regierungschefs der Vereinigten Staaten, Großbritanniens und der Sowjetunion mit ihren Ministern und Beraterstäben am 17. Juli 1945 im Schloß Cecilienhof einfanden. Die Gipfelkonferenz der „Großen Drei" dauerte bis zum 2. August 1945. Frankreich, obgleich Besatzungsmacht in Deutschland, wurde nicht hinzugezogen, was zur Folge hatte, daß der französische Regierungschef, General de Gaulle, sich von Anfang an nicht an die Potsdamer Abmachungen gebunden fühlte.
Stalin war der einzige am Verhandlungstisch, der auch schon bei den Kriegskonferenzen in Teheran und Jalta anwesend war. Truman, Roosevelts Vizepräsident, war neu im Amt und vor allem daran interessiert, die Sowjetunion zum Eintritt in den Krieg gegen Japan zu bewegen. Ohne klare deutschlandpolitische Konzeption ging er immer noch von einem tragfähigen sowjetisch-amerikanischen Einvernehmen zur Gestaltung der Nachkriegsordnung aus, zumal sich die Vereinigten Staaten seit der *erfolgreichen Zündung der ersten Atombombe* in Neu-Mexiko am 16. Juni 1945 der Sowjetunion militärisch stark überlegen fühlten.
Großbritannien hingegen war ein vom Krieg ausgeblutetes und hochverschuldetes Land, das seinen Großmachtstatus praktisch verloren hatte. Daher konnten weder Churchill noch der – nach dem Wahlsieg der Labour-Party am 28. Juli – an den Konferenztisch in Potsdam nachfolgende neue englische Premierminister *Clement Attlee* den Forderungen Stalins genügend Widerstand entgegensetzen.

Der sowjetische Regierungschef wiederum zeigte sich wenig kompromißbereit. Seine Hauptziele waren die Durchsetzung ausreichender *Reparationslieferungen* zum industriellen Wiederaufbau seines vom Krieg verwüsteten Landes sowie die *Sicherung der sowjetischen Westgrenze* durch die Schaffung eines Gürtels prokommunistischer, sowjetfreundlicher Staaten in Ostmitteleuropa. Verlauf und Ergebnis der Potsdamer Konferenz zeigen, daß die Interessengegensätze zwischen der Sowjetunion und den Westmächten nur noch durch auslegungsbedürftige Formelkompromisse zu überdecken waren. Die im Abschlußkommuniqué enthaltene Bekräftigung des gemeinsamen Willens zur Zusammenarbeit konnte nicht über die beginnende Spaltung Europas und Deutschlands hinwegtäuschen (▷ M 2).

Trotz aller Spannungen und der in der Grenzfrage Polens auch offen zu Tage tretenden Interessengegensätze zwischen der Sowjetunion und den beiden Westmächten plädierte niemand am Konferenztisch für eine milde Politik gegenüber Deutschland. Das Abschlußkommuniqué wurde am 2. August 1945 unterzeichnet.

Die politischen Grundsätze, die bei der Behandlung Deutschlands in der Anfangsperiode seiner Kontrolle gelten sollten, liefen im Kern auf eine Bestätigung der Abmachungen der Konferenz von Jalta hinaus: *Entwaffnung* und *Entmilitarisierung, Entnazifizierung, Demokratisierung* des politischen Lebens, *Dezentralisierung* der staatlichen Ordnung und der Wirtschaft sowie Wiederaufbau der *lokalen Selbstverwaltung* „nach demokratischen Grundsätzen". Die Ankündigung, daß Deutschland als eine wirtschaftliche Einheit zu betrachten sei, zeigt, daß man in Potsdam nicht von einer Zerstückelung Restdeutschlands ausging.

Reparationen – Streit und Kompromißlösung

Am heftigsten stritt man im Verlauf der Konferenz über die Frage der Reparationen, die Deutschland auferlegt werden sollten. Die Amerikaner und Briten wiesen Stalins schon von Jalta her bekannte Forderung nach Reparationen im Wert von 10 Milliarden Dollar strikt zurück. Reparationen in dieser Größenordnung hätten das wirtschaftliche Chaos nur verschärft und wären darauf hinausgelaufen, daß die USA durch Importe in die westlichen Zonen die deutschen Reparationen für die Sowjetunion bezahlt hätten. Denn trotz der geplanten strengen Besatzungspolitik wollten die Westmächte die Deutschen nicht verhungern lassen.

Es kam schließlich zu einem Kompromiß, bei dem die *Reparationsfrage* und die *polnische Grenzfrage* zu einem Paket geschnürt wurden. Man einigte sich darauf, daß jede Besatzungsmacht ihre Reparationsansprüche aus ihrer eigenen Zone befriedigen sollte. Der Sowjetunion wurden darüber hinaus 10 Prozent der westlichen Reparationen ohne Gegenleistung sowie 15 Prozent der westlichen Reparationen im Austausch gegen Nahrungsmittel, Kohle und andere Waren zugesagt. Die Reparationen sollten jedoch „dem deutschen Volke genügend Mittel belassen, um ohne eine Hilfe von außen zu existieren". Damit wurde deutlich, daß an Reparationen aus der laufenden Produktion nicht gedacht war. Die absolute Höhe der Reparationsleistungen sollte von den Außenministern zu einem späteren Zeitpunkt festgelegt werden. Stalin stimmte diesem amerikanischen Reparationsplan zu. Im Gegenzug erklärten sich die beiden Westmächte bereit, die Oder-Neiße-Linie als polnische Westgrenze „bis zur endgültigen Festlegung" durch einen Friedensvertrag anzuerkennen.

Die wirtschaftliche Spaltung Deutschlands

Mit diesem Kompromiß hatten die Westmächte sowjetische Forderungen nach Mitsprache im Ruhrgebiet abgeblockt. Gleichzeitig war jedoch Deutschland in ein westliches und ein östliches Reparationsgebiet geteilt worden, was im Widerspruch zu der ebenfalls beabsichtigten Behandlung Deutschlands als wirtschaftliche Einheit stand. „Durch die Abtrennung der Ostgebiete, die Aufteilung Deutschlands in zwei Reparationszonen und die unterschiedliche Handhabung der Reparationen durch die Besatzungsmächte wurde die wirtschaftliche Teilung Deutschlands und damit auch die politische Teilung präjudiziert."[1])

Ungeachtet des Übereinkommens von Potsdam entwickelte sich die Reparationsfrage wenig später zum Sprengstoff für die Beziehungen zwischen der Sowjetunion und den Westmächten. Erst Ende März 1946 einigte man sich im Alliierten Kontrollrat auf einen Industrieplan, in dem festgelegt wurde, welche Reparationsgüter die einzelnen Besatzungszonen zu liefern hatten. Die Sowjetunion weigerte sich jedoch, die in Potsdam vereinbarten Gegenleistungen aus ihrer Zone (vor allem Nahrungsmittel) für ihren Anteil an den in den Westzonen demontierten Industrieausrüstungen zu liefern. Die amerikanische Militärregierung stellte daraufhin im Mai 1946 ihre Lieferungen aus Demontagen an die Sowjetunion ein, eine Maßnahme, die damals als Sensation empfunden wurde.

Im Gegensatz zur offiziellen amerikanischen Politik, die Potsdam als einen Erfolg der Kriegsalliierten feierte, sprachen skeptischere Stimmen schon damals von einer „Politik des Wunschdenkens" *(George Kennan)*, die keine Zukunft habe (▷ M 3). In der Tat zeigten die ergebnislosen Verhandlungen des *Rates der Außenminister*, die bis Ende 1947 die Grundsätze von Potsdam in praktische Politik umsetzen sollten, daß die Anti-Hitler-Koalition zerbrochen war, die Spaltung Europas und Deutschlands voranschritt und der Ost-West-Gegensatz zum bestimmenden Moment der internationalen Beziehungen werden sollte.

---

[1]) Karl Dietrich Erdmann, Das Ende des Reiches und die Neubildung deutscher Staaten, München 1980, S. 66

M 1

Warnung vor sowjetischem Machtstreben in Europa

Telegramm des britischen Premierministers Winston S. Churchill an Präsident Truman vom 12. Mai 1945:

1. Ich bin tief besorgt um die europäische Lage [. . .].
2. [. . .] Ich habe immer für die Freundschaft mit den Russen gearbeitet, mache mir aber – genau wie Sie – große Sorgen wegen ihrer fälschlichen Auslegung der Entscheidungen von Jalta, ihrer Haltung gegenüber Polen, ihres überwältigenden Einflusses in den Balkanländern [. . .].
Wie wird die Lage in einem oder zwei Jahren aussehen, wenn die britischen und amerikanischen Armeen dahingeschmolzen sind und die französische Armee noch nicht in größerem Umfang gebildet worden ist, wenn wir möglicherweise eine Handvoll, größtenteils französischer Divisionen haben, und wenn sich Rußland möglicherweise entscheidet, zwei- oder dreihundert im aktiven Dienst zu behalten?
3. Längs der russischen Front ist ein Eiserner Vorhang niedergegangen. Wir wissen nicht, was dahinter vor sich geht. Es scheint wenig Zweifel daran zu geben, daß die gesamten Gebiete östlich der Linie Lübeck – Triest – Korfu bald vollständig in ihren Händen sein werden. Diesem muß das weitere, enorme Gebiet zugefügt werden, das von den amerikanischen Armeen zwischen Eisenach und der Elbe erobert worden ist und das, so nehme ich an, in ein paar Wochen von der russischen Macht besetzt sein wird, wenn die Amerikaner sich zurückziehen. [. . .]
5. Sicher ist es jetzt lebensnotwendig, mit Rußland zu einer Einigung zu gelangen oder festzustellen, wie wir zu Rußland stehen, ehe wir unsere Armeen tödlich schwächen oder uns in die Besatzungszonen zurückziehen. Dies kann nur durch ein persönliches Treffen geschehen.

Herbert Michaelis (Hrsg.) u. a., Ursachen und Folgen. Vom deutschen Zusammenbruch 1918 und 1945 bis zur staatlichen Neuordnung in der Gegenwart, Band 24, Berlin o. J., S. 397 f.

1. *Worüber zeigt sich Churchill besorgt?*
2. *Wie könnte Churchills Meinung zufolge eine Ausweitung der sowjetischen Einflußsphäre verhindert werden?*
3. *Aus welchen Gründen ging die amerikanische Regierung nicht auf Churchills Warnung ein? Beurteilen Sie diese Gründe.*
4. *Erläutern Sie den Ausdruck „Eiserner Vorhang".*

M 2

Die Sieger in Deutschland – Besatzungsziele

Aus der amtlichen Verlautbarung über die Berliner Konferenz der drei Mächte („Potsdamer Abkommen") vom 2. August 1945:

III. Über Deutschland.
Alliierte Armeen führen die Besetzung von ganz Deutschland durch, und das deutsche Volk fängt an, die furchtbaren Verbrechen zu büßen, die unter der Leitung derer, welche es zur Zeit ihrer Erfolge offen gebilligt hat und denen es blind gehorcht hat, begangen wurden. Auf der Konferenz wurde eine Übereinkunft erzielt über die politischen und wirtschaftlichen Grundsätze der gleichgeschalteten Politik der Alliierten in bezug auf das besiegte Deutschland in der Periode der alliierten Kontrolle. [. . .]

Es ist nicht die Absicht der Alliierten, das deutsche Volk zu vernichten oder zu versklaven. Die Alliierten wollen dem deutschen Volk die Möglichkeit geben, sich vorzubereiten, sein Leben auf einer demokratischen und friedlichen Grundlage von neuem wieder aufzubauen. Wenn die eigenen Anstrengungen des deutschen Volkes unablässig auf die Erreichung dieses Zieles gerichtet sein werden, wird es ihm möglich sein, zu gegebener Zeit einen Platz unter den freien und friedlichen Völkern der Welt einzunehmen. [. . .]

A. Politische Grundsätze
1. Entsprechend der Übereinkunft über das Kontrollsystem in Deutschland wird die höchste Regierungsgewalt in Deutschland durch die Oberkommandierenden der Streitkräfte der Sozialistischen Sowjetrepubliken, der Vereinigten Staaten von Amerika, des Vereinigten Königreichs und der Französischen Republik nach den Weisungen ihrer entsprechenden Regierungen ausgeübt und zwar von jedem in seiner Besatzungszone, sowie gemeinsam in ihrer Eigenschaft als Mitglieder des Kontrollrats in den Deutschland als Ganzes betreffenden Fragen ausgeübt.
2. Soweit dieses praktisch durchführbar ist, muß die Behandlung der deutschen Bevölkerung in ganz Deutschland gleich sein.
3. Die Ziele der Besetzung Deutschlands, durch welche der Kontrollrat sich leiten lassen soll, sind:
(I) Völlige Abrüstung und Entmilitarisierung Deutschlands und die Ausschaltung der gesamten deutschen Industrie, welche für eine Kriegsproduktion benutzt werden kann oder deren Überwachung. Zu diesem Zweck:
a) werden alle Land-, See- und Luftstreitkräfte Deutschlands, SS, SA, SD und Gestapo mit allen ihren Organisationen, Stäben und Ämtern, einschließlich des Generalstabes, des Offizierskorps, der Reservisten der Kriegsschulen, der Kriegervereine und aller anderen militärischen und halbmilitärischen Organisationen zusammen mit ihren Vereinen und Unterorganisationen, die den Interessen der Erhaltung der militärischen Tradition dienen, völlig und endgültig aufgelöst, um damit für immer der Wiedergeburt oder Reorganisation des deutschen Militarismus und Nazismus vorzubeugen;
b) müssen sich alle Waffen, Munition und Kriegsgeräte und alle Spezialmittel zu deren Herstellung in der Gewalt der Alliierten befinden oder vernichtet werden. Der Unterhaltung und Herstellung aller Flugzeuge und aller Waffen, Ausrüstung und Kriegsgerät wird vorgebeugt werden.
(II) Das deutsche Volk muß überzeugt werden, daß es eine totale militärische Niederlage erlitten hat, und daß es sich nicht der Verantwortung entziehen kann für das, was es auf sich geladen hat, daß seine eigene mitleidlose Kriegsführung und der fanatische Widerstand der Nazis die deutsche Wirtschaft zerstört und Chaos und Elend unvermeidlich gemacht haben.
(III) Die nationalsozialistische Partei mit ihren angeschlossenen Gliederungen und Unterorganisationen ist zu vernichten; [. . .]
(IV) Die endgültige Umgestaltung des deutschen politischen Lebens auf demokratischer Grundlage und eine eventuelle friedliche Mitarbeit Deutschlands am internationalen Leben sind vorzubereiten.
4. Alle nazistischen Gesetze [. . .] müssen abgeschafft werden.
5. Kriegsverbrecher und alle diejenigen, die an der Planung oder Verwirklichung der nazistischen Maßnahmen, die Greuel oder Kriegsverbrechen nach sich gezogen oder als Ergebnis gehabt hatten, teilgenommen haben, sind zu

verhaften und dem Gericht zu übergeben. Nazistische Parteiführer, einflußreiche Nazianhänger und die Leitung der nazistischen Ämter und Organisationen und alle anderen Personen, die für die Besetzung und ihre Ziele gefährlich sind, sind zu verhaften und zu internieren.
6. Alle Mitglieder der nazistischen Partei, welche mehr als nominell an ihrer Tätigkeit teilgenommen haben, und alle anderen Personen, die den alliierten Zielen feindlich gegenüberstehen, sind aus den öffentlichen oder halböffentlichen Ämtern und von den verantwortlichen Posten in wichtigen Privatunternehmungen zu entfernen. [. . .]
7. Das Erziehungswesen in Deutschland muß so überwacht werden, daß die nazistischen und militärischen Lehrsätze völlig entfernt werden und eine erfolgreiche Entwicklung der demokratischen Ideen möglich gemacht wird.
8. Das Gerichtswesen wird entsprechend den Grundsätzen der Demokratie und der Gerechtigkeit auf der Grundlage der Gesetzlichkeit und der Gleichheit aller Bürger vor dem Gesetz ohne Unterschied der Rasse, der Nationalität und der Religion reorganisiert werden.
9. Die Verwaltung Deutschlands muß in Richtung auf eine Dezentralisation der politischen Struktur und der Entwicklung einer örtlichen Selbstverantwortung durchgeführt werden. Zu diesem Zwecke:
(I) Die lokale Selbstverwaltung wird in ganz Deutschland nach demokratischen Grundsätzen [. . .] wiederhergestellt.
(II) In ganz Deutschland sind alle demokratischen politischen Parteien zu erlauben und zu fördern [. . .].
(IV) Bis auf weiteres wird keine zentrale deutsche Regierung errichtet werden. Jedoch werden einige wichtige zentrale deutsche Verwaltungsabteilungen errichtet werden, an deren Spitze Staatssekretäre stehen, und zwar auf den Gebieten des Finanzwesens, des Transportwesens, des Verkehrswesens, des Außenhandels und der Industrie. Diese Abteilungen werden unter der Leitung des Kontrollrates tätig sein.
10. Unter Berücksichtigung der Notwendigkeit zur Erhaltung der militärischen Sicherheit wird die Freiheit der Rede, der Presse und der Religion gewährt. Die religiösen Einrichtungen sollen respektiert werden. Die Schaffung Freier Gewerkschaften, gleichfalls unter Berücksichtigung der Notwendigkeit zur Erhaltung der militärischen Sicherheit, wird gestattet werden.

B. Wirtschaftliche Grundsätze
11. Mit dem Ziele der Vernichtung des deutschen Kriegspotentials ist die Produktion von Waffen, Kriegsausrüstung und Kriegsmitteln, ebenso die Herstellung aller Typen von Flugzeugen und Seeschiffen zu verbieten und zu unterbinden. Die Herstellung von Metallen und Chemikalien, der Maschinenbau und die Herstellung anderer Gegenstände, die unmittelbar für die Kriegswirtschaft notwendig sind, ist streng zu überwachen und zu beschränken, entsprechend dem genehmigten Stand der friedlichen Nachkriegsbedürfnisse Deutschlands [. . .].
12. In praktisch kürzester Frist ist das deutsche Wirtschaftsleben zu dezentralisieren mit dem Ziel der Vernichtung der bestehenden übermäßigen Konzentration der Wirtschaftskraft, [. . .].
13. Bei der Organisation des deutschen Wirtschaftslebens ist das Hauptgewicht auf die Entwicklung der Landwirtschaft und der Friedensindustrie für den inneren Bedarf (Verbrauch) zu richten.

14. Während der Besatzungszeit ist Deutschland als eine wirtschaftliche Einheit zu betrachten. [. . .]

15. Es ist eine alliierte Kontrolle über das deutsche Wirtschaftsleben zu errichten, jedoch nur in den Grenzen, die notwendig sind:

[. . .]

c) zur Sicherung – in der Reihenfolge, die der Kontrollrat festsetzt – einer gleichmäßigen Verteilung der wesentlichsten Waren unter den verschiedenen Zonen, um ein ausgeglichenes Wirtschaftsleben in ganz Deutschland zu schaffen und die Einfuhrnotwendigkeit einzuschränken. [. . .]

16. Zur Einführung und Unterstützung der wirtschaftlichen Kontrolle, die durch den Kontrollrat errichtet worden ist, ist ein deutscher Verwaltungsapparat zu schaffen. [. . .] So ist dem deutschen Volke klarzumachen, daß die Verantwortung für diese Verwaltung und deren Versagen auf ihm ruhen wird.

[. . .]

19. Die Bezahlung der Reparationen soll dem deutschen Volke genügend Mittel belassen, um ohne eine Hilfe von außen zu existieren. [. . .]

IV. Reparationen aus Deutschland

[. . .]

3. Die Reparationsansprüche der Vereinigten Staaten, des Vereinigten Königreiches und der anderen zu Reparationsforderungen berechtigten Länder werden aus den westlichen Zonen und den entsprechenden deutschen Auslandsguthaben befriedigt werden.

4. In Ergänzung der Reparationen, die die UdSSR aus ihrer eigenen Besatzungszone erhält, wird die UdSSR zusätzlich aus den westlichen Zonen erhalten:

a) 15 % derjenigen verwaltungsfähigen und vollständigen industriellen Ausrüstungen, vor allem der metallurgischen, chemischen und Maschinen erzeugenden Industrien, soweit sie für die deutsche Friedenswirtschaft unnötig und aus den westlichen Zonen Deutschlands zu entnehmen sind, im Austausch für einen entsprechenden Wert an Nahrungsmitteln, Kohle, Kali, Pottasche, Zink, Holz, Tonprodukten, Petroleumprodukten und solchen anderen Waren, nach Vereinbarung,

b) 10 % derjenigen industriellen Ausrüstung, die für die deutsche Friedenswirtschaft unnötig ist und aus den westlichen Zonen zu entnehmen und auf Reparationskonto an die Sowjetregierung zu übertragen ist ohne Bezahlung oder Gegenleistung irgendwelcher Art.

Herbert Michaelis (Hrsg.) u. a., a.a.O., Bd. 23, S. 447 ff.

1. *Arbeiten Sie die zentralen Prinzipien der im Potsdamer Abkommen vereinbarten gemeinsamen Besatzungspolitik heraus. Inwiefern stimmen diese Prinzipien mit den politischen Grundsätzen der Anti-Hitler-Koalition überein?*
2. *Erläutern und beurteilen Sie die Maßnahmen, die auf die Beseitigung von Militarismus und Nazismus in Deutschland zielen.*
3. *In welchen Formulierungen der „Politischen Grundsätze" ist der zukünftige Streit über unterschiedliche Interpretation angelegt? Begründen Sie Ihre Meinung.*
4. *Auf welche Form der Zusammenarbeit einigten sich die drei Besatzungsmächte, um die „wirtschaftliche Einheit" Deutschlands zu wahren?*
5. *Weisen Sie nach, daß es den Siegern auch um die Ausschaltung Deutschlands als wirtschaftlicher Konkurrent am Weltmarkt ging.*
6. *Welche Vorschriften wurden zur Regelung der Reparationsfrage gefunden?*

M 3 Potsdam – eine Illusion

Skeptisch beurteilte der amerikanische Geschäftsträger in Moskau, George F. Kennan, das Ergebnis der Potsdamer Konferenz. Im Sommer 1945 verfaßte er eine Stellungnahme, über die er in seinen Erinnerungen berichtet.

„Die Idee, Deutschland gemeinsam mit den Russen regieren zu wollen, ist ein Wahn. Ein ebensolcher Wahn ist es, zu glauben, die Russen und wir könnten uns eines schönen Tages höflich zurückziehen, und aus dem Vakuum werde ein gesundes und friedliches, stabiles und freundliches Deutschland steigen. Wir haben keine andere Wahl, als unseren Teil von Deutschland – den Teil, für den wir und die Briten die Verantwortung übernommen haben – zu einer Form von Unabhängigkeit zu führen, die so befriedigend, so gesichert, so überlegen ist, daß der Osten sie nicht gefährden kann. Das ist eine gewaltige Aufgabe für Amerikaner. Aber sie läßt sich nicht umgehen; und hierüber, nicht über undurchführbare Pläne für eine gemeinsame Militärregierung, sollten wir uns Gedanken machen.

Zugegeben, daß das Zerstückelung bedeutet. Aber die Zerstückelung ist bereits Tatsache, wegen der Oder-Neiße-Linie. Ob das Stück Sowjetzone wieder mit Deutschland verbunden wird oder nicht, ist jetzt nicht wichtig. Besser ein zerstückeltes Deutschland, von dem wenigstens der westliche Teil als Prellbock für die Kräfte des Totalitarismus wirkt, als ein geeintes Deutschland, das diese Kräfte wieder bis an die Nordsee vorläßt.

[. . .] Wenn wir auch unsere bereits übernommenen Verpflichtungen bei der Kontrollkommission loyal erfüllen sollten, so dürfen wir uns doch über die Möglichkeiten einer Dreimächtekontrolle keine Illusionen machen. [. . .] Im Grunde sind wir in Deutschland Konkurrenten der Russen. Wo es in unserer Zone um wirklich wichtige Dinge geht, sollten wir in der Kontrollkommission keinerlei Zugeständnisse machen."

Es versteht sich – bei solchen Überzeugungen –, daß ich die Arbeit der Konferenz von Potsdam mit Skepsis und Entsetzen verfolgte. Ich kann mich an kein politisches Dokument erinnern, das mich je so deprimiert hätte wie das von Truman unterzeichnete Kommuniqué am Ende dieser wirren und verwirrenden Verhandlungen. Nicht nur weil ich wußte, daß die Idee einer gemeinsamen Viermächtekontrolle, die man jetzt zur Grundlage für die Regierung Deutschlands gemacht hatte, abwegig und undurchführbar sei. Auch die unpräzise Ausdrucksweise, die Verwendung so dehnbarer Begriffe wie „demokratisch", „friedlich", „gerecht" in einem Abkommen mit den Russen lief allem direkt zuwider, was siebzehn Jahre Rußlanderfahrung mich über die Technik des Verhandelns mit der sowjetischen Regierung gelehrt hatten.

George F. Kennan, Memoiren eines Diplomaten, Stuttgart 1968, S. 262

1. *Wie begründet Kennan seine Skepsis gegenüber der Sowjetunion? Nehmen Sie dazu Stellung.*
2. *Welche Regelungen des Potsdamer Abkommens sind in der Sicht Kennans besonders fragwürdig? Begründen Sie Ihre Ansicht.*

Potsdam – eine Chance

M 4

In der Geschichtsschreibung der DDR wird das Potsdamer Abkommen als „Magna Charta für die Einheit Deutschlands auf demokratischer Grundlage" bezeichnet. Der folgende Text ist einem maßgeblichen Werk zur deutschen Nachkriegsgeschichte entnommen.

Die Grundlage der deutschen Einheit bestand nach dem Potsdamer Abkommen in der Entnazifizierung, Entmilitarisierung und Demokratisierung. Nur eine demokratische Umgestaltung Deutschlands konnte, sollte und durfte Inhalt einer deutschen staatlichen Einheit sein. Nur eine solche Einheit, in der die politischen und gesellschaftlichen Ursachen der deutschen Kriegspolitik beseitigt waren, entsprach den Forderungen des demokratischen Völkerrechts, die im Potsdamer Abkommen ihren Niederschlag fanden. Sie stimmten mit den nationalen Interessen des deutschen Volkes grundlegend überein und begünstigten seinen antiimperialistischen Kampf für die Errichtung einer antifaschistisch-demokratischen Ordnung in ganz Deutschland. [. . .]
Die Potsdamer Konferenz war „das größte Ereignis in der Geschichte der internationalen Beziehungen unserer Zeit". Der Erfolg der Konferenz war nicht schlechthin ein Erfolg für die Sowjetunion, aber er war ein Erfolg für das von ihr verfochtene Prinzip der friedlichen Koexistenz, für die Interessen eines demokratischen Friedens und einer dauerhaften und gerechten Friedensordnung.
Dieser Charakter der Potsdamer Konferenz und ihre Ergebnisse bekräftigten und präzisierten eine gemeinsame Deutschlandpolitik der drei Großmächte. Sie unterstrichen, daß Deutschland weder bereits geteilt war noch zwangsläufig gespalten werden mußte. Das Einheits- beziehungsweise Ganzheitsprinzip der Potsdamer Deutschlandvereinbarungen widerspricht auch einer anderen These westdeutscher Publizistik, wonach durch die Potsdamer Beschlüsse von Deutschland nur noch Bruchstücke übrigblieben.
Die Verlierer von Potsdam waren nicht die Westmächte schlechthin, sondern die aggressiven imperialistischen Kreise, die unverbesserlichen antisowjetischen München-Politiker, die von der Wiederherstellung Deutschlands als antikommunistisches Bollwerk beziehungsweise als Stoßkeil gegen die Sowjetunion träumten. Die Hauptverlierer jedoch waren unzweifelhaft die geschlagenen deutschen Monopolherren, Großgrundbesitzer, Militaristen, Faschisten und Nationalisten, über die mit den Potsdamer Vereinbarungen ein vernichtendes völkerrechtliches Urteil gefällt wurde. Zugleich entzog ihnen die in Potsdam bekräftigte Fortsetzung einer gemeinsamen Politik der Westmächte mit der Sowjetunion die entscheidenden Grundlagen für ihre politischen Nachkriegshoffnungen und -pläne.

Rolf Badstübner/Siegfried Thomas, Die Spaltung Deutschlands 1945–1949, (Ost-)Berlin 1966, S. 69 ff.

1. *Was versteht der Autor unter einer „demokratischen Umgestaltung", die seiner Interpretation zufolge vom Potsdamer Abkommen gefordert wurde?*
2. *Warum urteilt die kommunistische Geschichtsschreibung so positiv über die Ergebnisse der Potsdamer Konferenz?*

Die amerikanische Politik der „Eindämmung“ und der Beginn des „kalten Krieges“

Neue Konfliktherde in Asien

Auch im Fernen Osten nahmen die Spannungen zwischen den zwei Weltmächten zu. Nach der *Kapitulation Japans (2. 9. 1945)* versuchte Stalin erfolglos, Einfluß auf die Besetzung und Kontrolle des Landes zu gewinnen. In der allerletzten Phase des pazifischen Krieges war die Rote Armee in die Mandschurei und Nordkorea eingedrungen. In Südkorea standen amerikanische Truppen. Im Dezember 1945 kam es zur Teilung Koreas in einen russisch beherrschten Nordteil und einen amerikanisch beherrschten Südteil. In China, das die USA traditionell zu ihren Verbündeten zählten, flammte 1946 der Bürgerkrieg zwischen den chinesischen Kommunisten unter *Mao Zedong* und der chinesischen Nationalregierung unter *Tschiang Kai-schek* wieder auf und endete im Herbst 1949 mit der Flucht Tschiang Kai-scheks nach Taiwan und der *Proklamation der Volksrepublik China* durch Mao Zedong.
Im Frühjahr 1946 kam ein weiterer Streitpunkt hinzu: Wegen des persischen Erdöls und aus strategischen Erwägungen weigerte sich die Sowjetunion zunächst, ihre Truppen aus dem Iran zurückzuziehen, wie in Potsdam vereinbart. Außerdem forderte die Sowjetunion Teile der türkischen Schwarzmeerküste sowie die türkischen Meerengen, was die USA mit der demonstrativen Entsendung ihrer Flotte ins Mittelmeer beantworteten.

Die Sowjetisierung Osteuropas

Entscheidend für das immer schlechter werdende Verhältnis zwischen der Sowjetunion und den USA war jedoch die Sowjetisierung der osteuropäischen Staaten. Bereits während des Krieges hatte Stalin seine Hegemonialpolitik in Ostmitteleuropa in die Wege geleitet. Gestützt auf die Rote Armee, ließ die Sowjetunion im Gegensatz zu den Abmachungen von Jalta in Polen, Rumä-

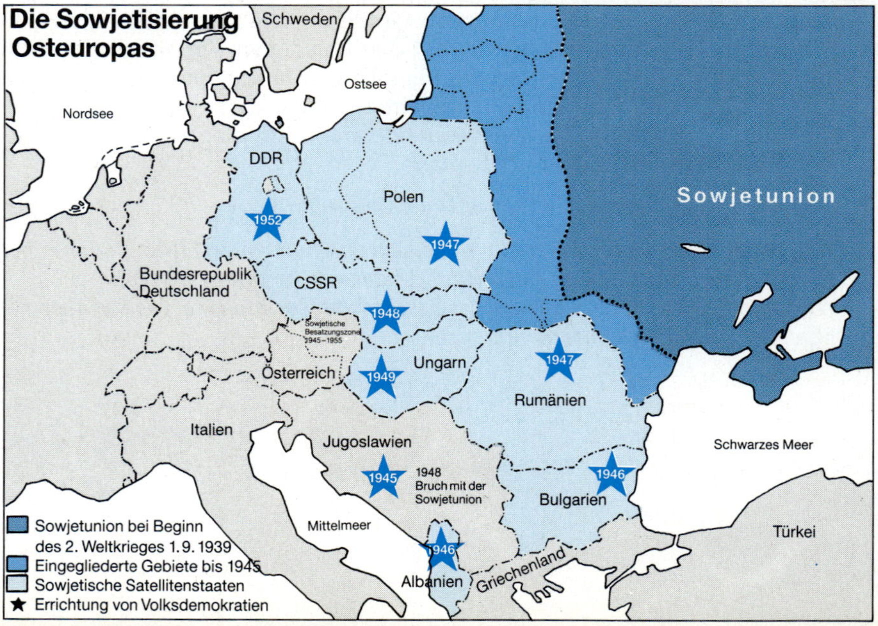

nien, Ungarn und Bulgarien keine liberal-demokratische Entwicklung zu. Während Stalin zunächst nur dafür sorgte, daß die kommunistischen Kräfte in diesen Ländern eine maßgebliche Rolle neben den bürgerlichen Parteien spielten, gerieten Rumänien, Bulgarien, Polen und Ungarn ab 1946/47 völlig unter kommunistische Kontrolle: Durch Unterdrückung und Einschüchterung der Bevölkerung, durch Schauprozesse und Wahlterror sowie die 1948 durchgesetzte Zwangsvereinigung der sozialdemokratischen und kommunistischen Parteien festigten die Kommunisten ihre Alleinherrschaft. Die Kollektivierung der Landwirtschaft sowie die Einbeziehung der zentral geplanten Volkswirtschaften nach sowjetischem Muster in den sowjetischen Wirtschaftsbereich folgten auf dem Fuß. Die Gefolgsleute Stalins sorgten durch parteiinterne Säuberungsaktionen dafür, daß der Machtanspruch Moskaus in Osteuropa nicht durch nationalkommunistische „Abweichler" in Frage gestellt wurde. Als letztes Land wurde im Frühjahr 1948 die Tschechoslowakei durch einen kommunistischen Staatsstreich mit sowjetischer Unterstützung in das politisch-ökonomische Herrschaftssystem Moskaus einbezogen. Nur das Jugoslawien Titos konnte sich der sowjetischen Oberhoheit entziehen.

Ergebnislose Außenministerkonferenz in Paris (1946)

Wesentlich früher als die amerikanische Seite kamen die britischen Politiker zur Überzeugung, daß nicht nur Ost- und Südosteuropa definitiv an die Sowjets verloren seien, sondern auch die sowjetische Besatzungszone in Deutschland. In der *Zwangsvereinigung der Sozialdemokratischen Partei mit der Kommunistischen Partei zur SED* am 22. April 1946 sahen sie einen weiteren Beweis für die Richtigkeit ihrer Einschätzung der sowjetischen Politik. Schon im Frühjahr 1946 setzte man in London deshalb auf eine politische und ökonomische Konsolidierung der Westzonen.

Ging der amerikanische Außenminister *Byrnes* zunächst noch davon aus, daß die sowjetische Politik in Europa primär vom Sicherheitsbedürfnis der Sowjetunion diktiert sei und man für Deutschland gemeinsame Lösungen finden könnte, kamen ihm im Verlauf der Pariser Außenministerkonferenz (Frühjahr/Sommer 1946) ernsthafte Bedenken. Sein Vorschlag einer Neutralisierung und Entmilitarisierung Gesamtdeutschlands für ein Menschenalter unter gemeinsamer Kontrolle der vier Sieger, mit dem er dem Sicherheitsverlangen der Sowjetunion (und Frankreichs) entgegenzukommen gedachte, wurde nämlich von dem sowjetischen Außenminister *Molotow* rundweg abgelehnt; statt dessen wiederholte Molotow die bekannte sowjetische Forderung nach Reparationen im Wert von 10 Milliarden Dollar für sein Land und nach sowjetischer Mitwirkung an der Kontrolle des Ruhrgebietes (▷ M 1). Ferner bestand er auf einem zentralistisch aufgebauten Gesamtdeutschland und dessen „Demokratisierung" nach dem Vorbild der sowjetischen Zone. Dort hatte die SED mit Unterstützung der sowjetischen Militärregierung oppositionelle Kräfte ausgeschaltet und betrieb im Auftrag Stalins die wirtschaftliche Ausbeutung der Ostzone (bis Ende 1947 wurden 1400 Betriebe demontiert und 25 Prozent der gesamten Industriekapazität in „Sowjetische Aktiengesellschaften" überführt).

Die Konsolidierung des sowjetischen Einflusses in der eigenen Besatzungszone war für Stalin zu diesem Zeitpunkt offenkundig bereits wichtiger als eine gemeinsame Deutschlandpolitik mit ungewissem Ergebnis.

Beginn der amerikanischen Eindämmungspolitik

In den nächsten Monaten kam es zum entscheidenden Umschwung in der amerikanischen Deutschlandpolitik im Sinne der britischen Vorstellungen (▷ M 2). Die enttäuschenden Erfahrungen, die Byrnes am Konferenztisch mit Molotow gemacht hatte, sowie die warnende Stimme des amerikanischen Botschafters in Moskau, George F. Kennan, der Washington dringend empfahl, schnellstens auf die wirtschaftliche und politische Stabilisierung Europas einschließlich Westdeutschlands sowie die militärische Sicherung der nicht unter sowjetische Herrschaft geratenen Regionen zu setzen, beschleunigten den neuen außenpolitischen Kurs der Truman-Administration, der als *„Eindämmungspolitik" (containment)* bezeichnet wurde.
Der von Byrnes im Sommer 1946 angekündigte und am 1. Januar 1947 in Kraft getretene *Zusammenschluß der amerikanischen mit der britischen Besatzungszone* war der erste deutliche Schritt in diese Richtung (siehe Seiten 71 und 75). In seiner Botschaft an den amerikanischen Kongreß am 12. März 1947 erklärte Präsident Truman schließlich die Eindämmung des Kommunismus und der Sowjetunion zum Grundprinzip der amerikanischen Außenpolitik (*Truman-Doktrin*). Überzeugt vom sowjetischen Expansionswillen in allen politisch und wirtschaftlich destabilisierten Regionen der Welt, forderte Truman Geld für umfangreiche Hilfsmaßnahmen in Griechenland und der Türkei (▷ M 3). Wenig später erweiterte die amerikanische Regierung ihr Hilfsangebot auch an die westeuropäischen Länder.

Der Marshall-Plan

Um die drohende ökonomische Zerrüttung und politische Destabilisierung zu verhindern, entwickelte die Truman-Administration ein umfassendes europäisches Wiederaufbauprogramm, das der neue amerikanische Außenminister *George C. Marshall* am 5. Juni 1947 öffentlich ankündigte *(Marshall-Plan)*. Formal auch an die Sowjetunion und ihre Satellitenstaaten gerichtet, versprach dieses Programm allen Ländern Europas großzügige amerikanische Finanzhilfe bei ihrem wirtschaftlichen Wiederaufbau (▷ M 4).
Da man in Washington inzwischen davon überzeugt war, daß die ökonomische Dauerkrise Westeuropas wegen der engen Verflechtung der deutschen mit der europäischen Wirtschaft ohne die Gesundung Deutschlands nicht zu überwinden war, war der Marshall-Plan auch ersonnen worden, um den hartnäckigen Widerstand Frankreichs gegen eine Stabilisierung der westlichen Besatzungszonen zu überwinden. Um Westdeutschland helfen zu können, mußte Amerika Westeuropa helfen. Wie erwartet lehnte die sowjetische Regierung die amerikanische Hilfe mit dem Hinweis auf die dadurch untergrabene Souveränität der europäischen Staaten ab und verbot zugleich allen osteuropäischen Ländern und der eigenen Besatzungszone die Annahme des amerikanischen Angebots.

Wirtschaftliche Bedeutung des Marshall-Plans

Selbstverständlich lag das Wiederaufbauprogramm auch im amerikanischen Eigeninteresse, da die amerikanische Wirtschaft einen funktionierenden westeuropäischen Absatzmarkt benötigte, um mit ihrer eigenen Überproduktion fertigzuwerden. Doch eine nur ökonomische Deutung dieses in der Geschichte einmaligen Hilfsprogramms greift zu kurz, weil das Interesse der amerikanischen Weltmacht an der Stabilisierung der liberal-demokratischen Gesellschaftsordnungen in Westeuropa von mindestens gleichrangigem Gewicht war. Darüber hinaus war die amerikanische Dollarhilfe für Großbritannien, Frankreich, Italien und für die westlichen Besatzungszonen in Deutschland ein unverzichtbarer Rettungsanker.

Nach langwierigen Verhandlungen schlossen sich 16 europäische Länder 1948 zur *OEEC (Organization for European Economic Cooperation)* zusammen – eine gemeinsame Organisation, die über die Verteilung und Verwendung der amerikanischen Gelder zu wachen hatte. Alles in allem belief sich die amerikanische Marshall-Plan-Hilfe bis 1952 auf rund 15 Milliarden Dollar; davon erhielt Westdeutschland rund 1,5 Milliarden. Der wirtschaftliche Wiederaufbau und Wirtschaftsaufschwung Westdeutschlands ist durch den Marshall-Plan zwar nicht verursacht, aber doch wesentlich verstärkt und beschleunigt worden.

Gleichzeitig zeigte der Marshall-Plan die Unüberbrückbarkeit der Interessengegensätze zwischen der Sowjetunion und den USA. Die Spaltung Europas in zwei Blöcke war offenkundig geworden. Die Antwort Moskaus ließ nicht lange auf sich warten. Am 30. September 1947 ließ Stalin in Warschau das *Kommunistische Informationsbüro (Kominform)* gründen, um die kommunistischen Parteien Osteuropas sowie Italiens und Frankreichs ideologisch und organisatorisch stärker an die Zügel der KPdSU zu legen. Bei dieser Gelegenheit machte die Sowjetunion deutlich, daß auch sie vom Gedanken der Teilung der Welt in zwei Einflußsphären ausging. Das „imperialistische, antidemokratische Lager" unter Führung der USA betreibe eine aggressive, expansionistische Politik gegenüber dem „antiimperialistischen und demokratischen Lager" unter Führung der Sowjetunion (*Zwei-Lager-Theorie*). Der kalte Krieg zwischen den beiden Weltmächten hatte begonnen (▷ M 5).

Das Scheitern der Konferenzen von Moskau und London (1947)

Zwangsläufig führte die weltpolitische Konfrontation zwischen der Sowjetunion und den USA dazu, daß auch in der Deutschlandfrage keine Fortschritte erzielt wurden. Die *Moskauer Konferenz* im Frühjahr 1947 wurde zum Symbol der auseinandergebrochenen alliierten Kriegskoalition; die Verhandlungen gerieten „unweigerlich zu purem diplomatischem Showbusiness"[1]), weil die von Molotow wie von Marshall (und dem englischen Außenminister *Bevin*) gepflegte gesamtdeutsche Rhetorik vor allem den Zweck verfolgte, die Deut-

[1]) Hermann Graml, Die deutsche Frage, in: Theodor Eschenburg, Jahre der Besatzung 1945–1949, Stuttgart/Wiesbaden 1983, S. 372

schen des eigenen Machtbereichs zu beeindrucken und der anderen Seite die Schuld für die schon in Umrissen erkennbare Entstehung zweier deutscher Staatsgebilde aufzubürden. Die detaillierten Deutschlandpläne, die beide Seiten vorlegten, waren letztlich Scheingefechte, weil beide Seiten bereits entschlossen waren, den Status quo, wie er sich inzwischen in Deutschland herausgebildet hatte, zu verteidigen. In der Reparationsfrage prallten die bekannten unterschiedlichen Positionen aufeinander, und als der britische Außenminister unter dem Hinweis auf das Potsdamer Abkommen eine Korrektur der deutschen Ostgrenzen (bzw. der polnischen Westgrenzen) forderte, traf er selbstverständlich auf die Ablehnung Molotows.
Als sich die Außenminister im November 1947 in London trafen, waren die Weichen für einen Weststaat (und auch für die spätere DDR) gestellt. Längst waren die Banknoten für die geplante Währungsreform in Deutschland (siehe Seite 73) gedruckt, als die vier Außenminister in London noch einmal ihre bekannten gegensätzlichen Standpunkte austauschten. Am 15. Dezember 1947 wurde die Konferenz frühzeitig abgebrochen. *Damit war die alliierte Viermächteverwaltung in Deutschland endgültig gescheitert.* Hinfort räumten die Sowjetunion und die Westmächte der Stabilisierung ihrer Zonen und der Festigung ihres politischen Einflusses in diesen Gebieten auch offiziell oberste Priorität ein. Noch in London trafen sich die Vertreter der drei Westmächte und berieten geeignete Maßnahmen zur Fusion ihrer Besatzungszonen mit dem Ziel einer politischen Neuordnung in Westdeutschland.

Die Ursachen des „kalten Krieges"

Die inneramerikanische Diskussion in der Regierung wie in der Öffentlichkeit über die „richtige" Politik gegenüber der Sowjetunion dauerte fast zwei Jahre. Zunächst setzte sich Byrnes dafür ein, mit der Sowjetunion zu einvernehmlichen Beschlüssen über eine europäische Nachkriegsordnung, insbesondere in Ostmitteleuropa und in Deutschland, zu kommen. Gleichzeitig zeigte sich, daß eine gemeinsame Besatzungspolitik im besetzten Deutschland unmöglich war; die amerikanische Militärregierung forderte deshalb von Washington grünes Licht für eine positive, den Aufbau Westdeutschlands vorantreibende Deutschlandpolitik. Damit setzten sich schließlich die Verfechter einer harten Haltung gegenüber Stalin durch.
In der zeitgeschichtlichen Forschung besteht heute weitgehend Einigkeit, daß die zunehmenden Spannungen zwischen den beiden Weltmächten, die schließlich zur Teilung der Welt in zwei Einflußsphären führten, neben einer Fülle einzelner, benennbarer Ursachen auch in der *wechselseitigen Fehleinschätzung* der jeweils von der anderen Seite verfolgten Ziele zu suchen sind. Sowjetischer Expansionsdrang und amerikanischer Dollarimperialismus waren demnach einseitige Erklärungen für das konkrete Verhalten der jeweiligen anderen Seite. Diese Erklärungen wurden aber in Washington wie in Moskau zum Anlaß genommen, um die jeweils eigenen Einflußbereiche gegen die befürchteten Übergriffe der Gegenseite abzusichern, mit der Folge, daß der Ost-West-Konflikt zunehmend eskalierte.

In dieser Sicht läßt sich die Frage nach den Ursachen des kalten Krieges weder mit der in den 50er Jahren verbreiteten Theorie von der expansionistischen Sowjetunion noch mit der in den 60er Jahren in den USA entwickelten ökonomischen Interpretation der damaligen amerikanischen Außenpolitik (kapitalistische Expansionstheorie) ausreichend erklären. Vielmehr wird auf den Mechanismus wechselseitiger Fehleinschätzungen verwiesen und damit zugleich auf einseitige Schuldzuweisungen verzichtet. Sicherlich wird aber auch dies nicht das letzte Wort in dieser Kontroverse der Geschichtswissenschaft sein (▷ M 6).

Sicherheit vor Deutschland

M 1

Auszug aus der Rede des sowjetischen Außenministers Molotow auf der Pariser Außenministerkonferenz vom 10. 7. 1946:

Um die Welt vor einer eventuellen Aggression seitens Deutschlands zu sichern, ist es unerläßlich, seine vollständige militärische und wirtschaftliche Entwaffnung zu verwirklichen, wobei in bezug auf das Ruhrgebiet eine interalliierte Vierstaatenkontrolle errichtet werden muß, deren Aufgabe es ist, die Entstehung einer Rüstungsindustrie in Deutschland zu verhindern.
[. . .] Dabei ist es natürlich, daß sich das Ruhrgebiet als Hauptbasis der deutschen Rüstungsindustrie unter der wachsamen Kontrolle der verbündeten Hauptmächte befinden muß. Der Aufgabe der vollständigen militärischen und wirtschaftlichen Entwaffnung Deutschlands hat auch der Reparationsplan zu dienen. Die Tatsache, daß bisher kein Reparationsplan aufgestellt wurde, ungeachtet der wiederholten Forderungen der Sowjetregierung, den einschlägigen Beschluß der Berliner Konferenz auszuführen, sowie der Umstand, daß bis auf den heutigen Tag das Ruhrgebiet keiner interalliierten Kontrolle unterstellt wurde, worauf die Sowjetregierung bereits vor einem Jahr bestand, sind bedrohliche Anzeichen vom Standpunkt der Gewährleistung der Interessen des künftigen Friedens und der Sicherheit der Völker. Wir sind der Ansicht, daß die Erfüllung dieser Aufgaben nicht länger aufgeschoben werden darf, wenn wir nicht riskieren wollen, daß der Beschluß über die Durchführung der vollständigen militärischen und wirtschaftlichen Entwaffnung Deutschlands zunichte gemacht wird. [. . .]
All das erfordert, daß eine wirksame interalliierte Kontrolle über die deutsche Industrie und insbesondere über die Ruhrindustrie errichtet wird, für die nicht irgendein einzelnes der verbündeten Länder die Verantwortung tragen kann.

Klaus-Jörg Ruhl, Neubeginn und Restauration. Dokumente zur Vorgeschichte der Bundesrepublik Deutschland 1945–1949, München 1982, S. 353 f.

1. *Stimmt Molotows Feststellung, daß kein Reparationsplan besteht? Was will Molotow mit dieser Behauptung erreichen? Vergleichen Sie dazu Seite 34 f.*
2. *Erörtern Sie, warum die Sowjetunion besonders großes Interesse am Ruhrgebiet zeigte.*
3. *War Molotow bereit, den Westmächten Mitsprache in der sowjetischen Besatzungszone einzuräumen?*

M 2 Über die Zukunft Deutschlands

Aus einer Kabinettsvorlage des britischen Außenministers Bevin vom 17. 10. 1946:

23. Damit die auf der Potsdamer Konferenz vorgesehene wirtschaftliche Einheit [Deutschlands] erreicht wird, können wir mit Recht folgende Forderungen an Rußland stellen:
a) gleichmäßige Verteilung der in den vier Zonen vorhandenen Ressourcen und gleich hoher Versorgungsstandard [in allen vier Zonen];
b) Ausarbeitung eines ganz Deutschland umfassenden gemeinsamen Import-Export-Programms;
c) keine Entnahme von Reparationen aus der laufenden Produktion, solange es in einer der vier Zonen noch ein Zahlungsdefizit gibt.
Aus diesen Prinzipien ergeben sich zwei weitere Forderungen, um zu einer für Rußland und die Westmächte gleichen Ausgangslage zu kommen, nämlich
d) Rußland leistet zum Abbau des in der britischen und amerikanischen Zone aufgelaufenen Defizits Zahlungen entsprechend dem Wert der bis zum gegenwärtigen Zeitpunkt von den Sowjets entnommenen Reparationen;
e) die vier Besatzungsmächte übernehmen in einem noch auszuhandelnden Verhältnis das bei der Finanzierung Deutschlands entstehende Defizit. [. . .]
26. Es muß auf der anderen Seite festgestellt werden, daß die politischen und wirtschaftlichen Maßnahmen der Russen in ihrer Zone (z. B. die Bildung der Sozialistischen Einheitspartei, die fortlaufende Integration der deutschen Wirtschaft in die der Sowjetunion) praktisch auf die Errichtung eines separaten Staates in Ostdeutschland hinauslaufen. Selbst wenn die Russen der wirtschaftlichen Einheit unter bestimmten Bedingungen zustimmen würden, so sprächen doch alle Anzeichen dafür, daß sie ein solches Abkommen nicht entsprechend seinem Geist einhalten würden. Wir hätten wenig Möglichkeiten, die Russen in ihrer Zone zu kontrollieren und sie zur Zusammenarbeit zu zwingen. Es kommt hinzu, daß Rußland durch die wirtschaftliche Einheit freien Zugang nach Westdeutschland erhält, das außerordentlich anfällig ist für kommunistische Unterwanderung, solange die wirtschaftlichen Schwierigkeiten und die politische Zersplitterung dort andauern.
27. Trotzdem sind die Russen sehr um die Einheit bemüht, allerdings nur zu ihren Bedingungen. [. . .]
28. [. . .] Auf jeden Fall sollten wir anfangs auf allen fünf Bedingungen bestehen. Führt diese Haltung zur Spaltung Deutschlands, muß das nicht notwendigerweise ein Dauerzustand werden. Dies würde jedoch eine außergewöhnlich günstige Gelegenheit schaffen, die Wirtschaft in der britischen und amerikanischen Zone aufzubauen. Dies würde unsere Verhandlungsposition gegenüber den Russen verbessern. [. . .]

Rolf Steininger, Deutsche Geschichte 1945–1961. Darstellung und Dokumente in zwei Bänden, Band 1, Frankfurt 1983, S. 217 ff.

1. *Zeigen Sie, daß es der britischen Regierung vor allem um eine Reduzierung der Besatzungskosten in Deutschland geht.*
2. *Wie beurteilt Außenminister Bevin die sowjetische Deutschlandpolitik?*
3. *Warum ist bereits im Herbst 1946 eine gemeinsame Verwaltung Deutschlands in wirtschaftlicher Hinsicht durch die vier Mächte gescheitert? Analysieren Sie die unterschiedlichen Interessenlagen anhand der Materialien M 1 und M 2.*

Die Truman-Doktrin

M 3

In seiner Rede vor dem amerikanischen Kongreß am 12. 3. 1947 forderte Präsident Truman die Bereitstellung von 400 Millionen Dollar zur Unterstützung Griechenlands und der Türkei, wodurch verhindert werden sollte, daß kommunistische Kräfte im griechischen Bürgerkrieg die Macht an sich reißen konnten.
Die bislang eher zahlungsunwillige republikanische Kongreßmehrheit hatte Trumans Haushaltsplan, darunter auch die vorgesehenen Militärausgaben, kurz zuvor spürbar gekürzt. Sie bewilligte daraufhin sofort die geforderten Gelder. Die antikommunistische Rhetorik des Präsidenten traf auf eine im Kongreß und in der amerikanischen Öffentlichkeit verbreitete Überzeugung von der Bedrohung der Welt durch den Kommunismus.

Eins der ersten Ziele der Außenpolitik der Vereinigten Staaten ist es, Bedingungen zu schaffen, unter denen wir und andere Nationen uns ein Leben aufbauen können, das frei von Zwang ist. Das war ein grundlegender Faktor im Krieg gegen Deutschland und Japan. Wir überwanden mit unserem Sieg Länder, die anderen Ländern ihren Willen und ihre Lebensweise aufzwingen wollten. [. . .]
In einer Anzahl von Ländern waren den Völkern kürzlich gegen ihren Willen totalitäre Regimes aufgezwungen worden. Die Regierung der Vereinigten Staaten hat mehrfach gegen Zwang und Einschüchterung bei der Verletzung des Jalta-Abkommens in Polen, Rumänien und Bulgarien protestiert. Und weiter muß ich feststellen, daß in einer Anzahl anderer Staaten ähnliche Entwicklungen stattgefunden haben.
Im gegenwärtigen Abschnitt der Weltgeschichte muß fast jede Nation ihre Wahl in bezug auf ihre Lebensweise treffen. Nur allzuoft ist es keine freie Wahl. Die eine Lebensweise gründet sich auf den Willen der Mehrheit und zeichnet sich durch freie Einrichtungen, freie Wahlen, Garantie der individuellen Freiheit, Rede- und Religionsfreiheit und Freiheit vor politischer Unterdrückung aus.
Die zweite Lebensweise gründet sich auf den Willen einer Minderheit, der der Mehrheit aufgezwungen wird. Terror und Unterdrückung, kontrollierte Presse und Rundfunk, fingierte Wahlen und Unterdrückung der persönlichen Freiheiten sind ihre Kennzeichen.
Ich bin der Ansicht, daß es die Politik der Vereinigten Staaten sein muß, die freien Völker zu unterstützen, die sich der Unterwerfung durch bewaffnete Minderheiten oder durch Druck von außen widersetzen.
Ich glaube, daß wir den freien Völkern helfen müssen, sich ihr eigenes Geschick nach ihrer eigenen Art zu gestalten. [. . .]
Die Saat der totalitären Regimes gedeiht in Elend und Mangel. Sie verbreitet sich und wächst in dem schlechten Boden von Armut und Kampf. Sie wächst sich vollends aus, wenn in einem Volk die Hoffnung auf ein besseres Leben ganz erstirbt. Wir müssen diese Hoffnung am Leben erhalten. Die freien Völker der Erde blicken auf uns und erwarten, daß wir sie in der Erhaltung der Freiheit unterstützen.

Herbert Michaelis (Hrsg.) u. a., Ursachen und Folgen. Vom deutschen Zusammenbruch 1918 und 1945 bis zur staatlichen Neuordnung in der Gegenwart, Bd. 25, Berlin o. J., S. 148 ff.

1. *Inwiefern signalisiert die Rede Trumans eine fundamentale Neuorientierung der amerikanischen Außenpolitik?*
2. *Vergleichen Sie den neuen Kurs der USA mit der amerikanischen Außenpolitik nach dem ersten Weltkrieg.*

M 4 Amerikanische Hilfe für die europäischen Länder

Rede des amerikanischen Außenministers Marshall in Harvard am 5. 6. 1947:

Bei unseren Erwägungen über die Bedürfnisse Europas für den Wiederaufbau wurden die Menschenverluste, die sichtbare Zerstörung der Städte, Fabriken, Bergwerke und Eisenbahnen richtig einkalkuliert, aber es hat sich in den letzten Monaten herausgestellt, daß diese sichtbare Zerstörung wahrscheinlich weniger schwerwiegend ist als die Tatsache, daß das gesamte europäische Wirtschaftssystem aus den Angeln gehoben wurde. [. . .]
In Wahrheit liegt die Sache so, daß Europas Bedarf an ausländischen Nahrungsmitteln und anderen wichtigen Gütern – hauptsächlich aus Amerika – während der nächsten drei oder vier Jahre um so viel höher liegt als seine gegenwärtige Zahlungsfähigkeit, daß beträchtliche zusätzliche Hilfsleistungen notwendig sind, wenn es nicht in einen wirtschaftlichen, sozialen und politischen Verfall sehr ernster Art geraten soll.
Die Lösung liegt in einer Durchbrechung des Circulus vitiosus[1]) und in der Wiederherstellung des Vertrauens bei den europäischen Völkern auf die wirtschaftliche Zukunft ihrer Länder und ganz Europas. Der Fabrikant und der Landwirt in weiten Gebieten müssen gewillt und in der Lage sein, ihre Produkte für eine Währung in Tausch zu geben, deren fester Wert außer Zweifel steht. Abgesehen von der demoralisierenden Wirkung auf die ganze Welt und von der Möglichkeit, daß aus der Verzweiflung der betroffenen Völker sich Unruheherde ergeben könnten, dürfte es auch offensichtlich sein, welche Folgen dieser Zustand auf die Wirtschaft der Vereinigten Staaten haben muß.
Es ist nur logisch, daß die Vereinigten Staaten alles tun, was in ihrer Macht steht, um die Wiederherstellung gesunder wirtschaftlicher Verhältnisse in der Welt zu fördern, ohne die es keine politische Stabilität und keinen sicheren Frieden geben kann. Unsere Politik richtet sich nicht gegen irgendein Land oder irgendeine Doktrin, sondern gegen Hunger, Armut, Verzweiflung und Chaos. Ihr Zweck ist die Wiederbelebung einer funktionierenden Weltwirtschaft, damit die Entstehung politischer und sozialer Bedingungen ermöglicht wird, unter denen freie Institutionen existieren können. [. . .]
Jeder Regierung, die bereit ist, beim Wiederaufbau zu helfen, wird die volle Unterstützung der Regierung der Vereinigten Staaten gewährt werden, dessen bin ich sicher. Aber eine Regierung, die durch Machenschaften versucht, die Gesundung der anderen Länder zu hemmen, kann von uns keine Hilfe erwarten. Darüber hinaus werden alle Regierungen, politischen Parteien oder Gruppen, die es darauf abgesehen haben, das menschliche Elend zu einem Dauerzustand zu machen, um in politischer oder anderer Hinsicht Nutzen daraus zu ziehen, auf den Widerstand der Vereinigten Staaten stoßen.

Herbert Michaelis (Hrsg.) u. a., a.a.O., Bd. 25, S. 208 ff.

1. *Welchen Zusammenhang sieht Marshall zwischen ökonomischer und politischer Stabilisierung Europas?*
2. *An welche Bedingungen ist die Marshall-Plan-Hilfe geknüpft?*
3. *Erörtern Sie die psychologisch-politische Bedeutung der Ankündigung des amerikanischen Außenministers. Worin bestand dabei das Interesse der USA?*

---
[1]) Teufelskreis

M 5

Die Welt ist in zwei Lager geteilt

Der sowjetische Delegierte Shdanow entwickelt bei der Gründung des Kommunistischen Informationsbüros (Kominform) am 30. 9. 1947 in Warschau die Zwei-Lager-Theorie Stalins.

Die Sowjetunion und die demokratischen Länder betrachteten als Hauptziele des Krieges die Wiederherstellung und Festigung der demokratischen Systeme in Europa, die Liquidierung des Faschismus, Verhütung der Möglichkeit einer neuen Aggression Deutschlands und allseitige dauernde Zusammenarbeit der Völker Europas. Die USA, und in Übereinstimmung mit ihnen Großbritannien, setzten sich im Krieg ein anderes Ziel. Beseitigung ihrer Konkurrenten auf dem Weltmarkt (Deutschland und Japan) und Festigung ihrer eigenen Vormachtstellung. Die Meinungsverschiedenheiten in der Zielsetzung des Krieges und der Aufgaben der Nachkriegsgestaltung haben sich in der Nachkriegszeit vertieft. Es bildeten sich zwei einander entgegengesetzte politische Richtungen heraus: auf dem einen Pol die Politik der UdSSR und der demokratischen Länder, die auf Untergrabung des Imperialismus und Festigung der Demokratie gerichtet ist, auf dem anderen die Politik der USA und Großbritanniens, die auf Stärkung des Imperialismus und Drosselung der Demokratie abzielt. Da die UdSSR und die Länder der neuen Demokratie ein Hindernis bei der Durchführung der imperialistischen Pläne des Kampfes um die Weltherrschaft und der Zerschlagung der demokratischen Bewegung sind, wurde ein Kreuzzug gegen die UdSSR und die Länder der neuen Demokratie proklamiert, der auch durch Drohungen mit einem neuen Krieg von seiten der besonders eifrigen imperialistischen Politiker der USA und Englands bestärkt wird. Auf diese Weise entstanden zwei Lager: das imperialistische, antidemokratische Lager, dessen Hauptziel die Weltherrschaft des amerikanischen Imperialismus und die Zerschlagung der Demokratie ist, und das antiimperialistische und demokratische Lager, dessen Hauptziel die Untergrabung des Imperialismus, die Festigung der Demokratie und die Liquidierung der Überreste des Faschismus ist.

Keesings Archiv der Gegenwart 1947, S. 1207 f.

1. *Welche Länder zählt die Sowjetunion zu den demokratischen Ländern? Erläutern Sie den sowjetischen Demokratiebegriff.*
2. *Inwiefern sind die Ausführungen des sowjetischen Delegierten Shdanow eine Antwort auf Truman-Doktrin und Marshall-Plan?*
3. *Warum sind Großbritannien und die USA in den zweiten Weltkrieg eingetreten? Vergleichen Sie diese Gründe mit der Behauptung Shdanows.*
4. *Beurteilen Sie die Bedeutung der Zwei-Lager-Theorie für das Verhältnis zwischen Moskau und den kommunistischen Parteien Osteuropas.*

M 6 Wissenschaftliche Kontroversen über die Entstehung des kalten Krieges

Der Kölner Historiker Andreas Hillgruber faßt die bisherige Debatte zusammen:

Bis in die Mitte der sechziger Jahre war im „Westen" die allerdings wissenschaftlich nie überprüfte Auffassung unbestritten, daß es die Sowjetunion war, die durch ihre Expansionspolitik und die davon ausgehende Bedrohung Westeuropas die „Anti-Hitler-Koalition" sprengte und den „kalten Krieg" eröffnete. Ihm setzten die von W. A. Williams[1]) [...] angeregten „Revisionisten" unter den amerikanischen Historikern [...] die These von der Kontinuität der vom globalen ökonomischen Interesse [...] bestimmten Weltpolitik der USA entgegen, die schon während des zweiten Weltkriegs jede Abgrenzung von Interessensphären mit der neuen Weltmacht Sowjetunion zwecks Aufbaus eines neuen Weltgleichgewichts abgelehnt habe, auch wenn Präsident Roosevelt von 1943 an aus kriegspolitischen Gründen Konzessionen gegenüber Stalin gemacht habe, um die Sowjetunion als – amerikanische Kräfte und Opfer sparenden – Verbündeten im Felde zu halten. In jedem Falle – so die These der „Revisionisten" – sei spätestens mit Kriegsende die ökonomisch motivierte amerikanische Weltpolitik sogleich wieder in uneingeschränktem Maße zur Triebkraft der amerikanischen Gesamtpolitik geworden. Für Europa habe dies die Konsequenz gehabt, daß die USA schon 1945 zu dem Versuch übergingen, die in den Machtbereich der Sowjetunion gefallenen ostmitteleuropäischen Länder als Märkte für sich zurückzugewinnen. Auch seien sie jeder – noch so „autonomen", also ohne sowjetische „Fernsteuerung" angestrebten – revolutionären Veränderung im Westen Europas, ja, selbst jeder auf grundlegende soziale Reformen abzielenden Veränderung (vor allem in den Westzonen Deutschlands, wo in den Jahren 1945–1948 durchaus Ansätze dazu vorhanden gewesen seien, z. B. Sozialisierung der Schlüsselindustrien, wie sie in den Verfassungen Hessens und Nordrhein-Westfalens vorgesehen waren) entgegengetreten. Wenn schon eine Revision der Situation in Ostmitteleuropa nicht möglich war, beabsichtigten die USA, wenigstens den nicht in die sowjetische Sphäre gefallenen Teil Europas für sich als Markt zu erhalten, d. h. ihn unter privatkapitalistischem Vorzeichen zu restaurieren. Die „Containment"-Politik, später die „Roll-back"[2])-Tendenzen hätten in dieser wirtschaftlichen Motivation und nicht in einer Abwehr sowjetischer Expansion bzw. einer „Befreiung" der kommunistischer Herrschaft unterworfenen Völker ihren Ursprung gehabt.

Diese „revisionistische" Kritik an einer allzu naiv-idealistisch vorgetragenen und vielfach apologetisch[3]) wirkenden Darstellung der Politik im zweiten Weltkrieg und in den Nachkriegsjahren ist zweifellos partiell durchaus berechtigt. Tatsächlich trat in den quasi offiziösen Darstellungen der z. T. sehr starke ökonomische Aspekt [...] der amerikanischen Europapolitik allzu stark zurück oder wurde überhaupt nicht erwähnt. Auch übersahen diese offiziösen Darstellungen vielfach, daß die USA schon in der Schlußphase des Krieges deutlich von der Konzeption sehr weitgehender Konzessionen gegenüber der Sowjetunion [...] zu einer härteren Linie übergingen, die das Ausmaß dieser 1943/44 gemachten Konzessionen nicht mehr wahrhaben wollte und daher auf sowje-

[1]) amerikanischer Historiker
[2]) siehe Seite 108
[3]) rechtfertigend

tischer Seite Mißtrauen über die amerikanischen Ziele nach Kriegsende hervorrief.
Andererseits – hier setzte nun mit Recht die Antikritik an den „Revisionisten" ein – verfielen diese ins andere Extrem, indem sie geradezu monomanisch[1]) *alles* in der amerikanischen Politik auf das ökonomische Interesse zurückzuführen suchten und eine (grobe) Kontinuität konstruierten, ohne die diversen „Sprünge" und abrupten Wendungen in der amerikanischen Politik nach 1945 zu beachten. Vor allem aber blendeten sie – von ihrem Ansatz eines „Primats der Innenpolitik" her den internationalen Zusammenhang außer acht lassend – die Sowjetunion als Akteur und Hauptgegenspieler der USA überall in der Welt und speziell in Europa vollkommen aus. [. . .]
Inzwischen hat dank der Arbeit von D. Yergin („Shattered Peace"), die als die bisher bedeutendste Studie über das Verhalten der USA zu Beginn des „kalten Krieges" bezeichnet wurde [. . .] die Diskussion über die Ursprünge des „kalten Krieges" eine neue Ebene erreicht. Gestützt auf erstmals ausgewertete Akten, die den Entscheidungsprozeß innerhalb der amerikanischen Führung erkennen lassen, gelang es Yergin, wesentliche neue Erkenntnisse zu gewinnen. Yergin arbeitet deutlicher als alle „Vorgänger" den Gegensatz zwischen der britischen und der amerikanischen Europapolitik in der Schlußphase des Krieges 1944/45 heraus. U. a. zeigt er anhand eines „sprechenden" Aktenstücks, daß die Vereinbarungen zwischen Churchill und Stalin während der Moskauer Konferenz am 9. 10. 1944 durchaus nicht, wie es Churchill in seinen Memoiren behauptete und die offiziöse britische Historie, ihm folgend, wiederholte, nur militärische Operationszonen betrafen, sondern Einflußsphären für die Nachkriegszeit absteckten – entgegen den Intentionen Roosevelts, der eben dies vermeiden wollte. Von dem Ausgangspunkt 9. 10. 1944 her gesehen, mußten spätere Versuche (1945/46), doch wieder im Balkanraum über Griechenland hinaus Positionen zu gewinnen, von Stalin als antisowjetische „Kehrtwendung" der USA und Großbritanniens angesehen werden [. . .], zumal die tiefgreifende Differenz USA–Großbritannien im Herbst 1944 nicht publik geworden war.
Yergin arbeitet den Gegensatz zweier politischer Denk-„Schulen" in der amerikanischen Führung heraus. Der sog. „Riga-Schule" (benannt nach der Hauptstadt Lettlands, in der in den 1920er Jahren amerikanische Diplomaten die Sowjetpolitik analysierten) gehörten u. a. Truman, Acheson[2]), Bohlen[3]), zeitweilig auch Kennan an. Sie sahen die Sowjetunion als Macht neuer Qualität im prinzipiellen, unauflösbaren Gegensatz zur „westlichen" Welt und hielten eine Abgrenzung von Macht- und Einflußsphären im Stile traditioneller Großmachtpolitik für unmöglich. Sie plädierten daher für einen Konfrontations-Kurs. Dieser Gruppe innerhalb der amerikanischen Führung standen die Anhänger der „Jalta-Theorie" (Roosevelt, Harriman[4]) u. a.; später auch H. A. Kissinger[5])) gegenüber. Sie hielten eine Einführung der Sowjetunion in ein sich formierendes neues globales Weltstaatensystem trotz aller ideologischen Feindschaft für prinzipiell möglich und plädierten für Absprachen zwischen den Weltmächten über die jeweiligen Interessensphären.

[1]) auf einen Punkt orientiert
[2]) amerikanischer Außenminister
[3]) einflußreicher US-Diplomat
[4]) einflußreicher US-Diplomat
[5]) Historiker und späterer US-Außenminister

Yergin sieht in der Weigerung der USA im Sommer 1945, der Sowjetunion die von Stalin geforderten 10 Milliarden Dollar Reparationen zuzugestehen, die entscheidende Ursache für die Wendung der sowjetischen Europa- und Deutschlandpolitik. Sie sei von da an auf die Teilung angelegt gewesen. Andererseits hätten aber auch die USA aus sicherheitspolitischen und ökonomischen Gründen seit 1947 kein Interesse mehr an einer Wiedervereinigung Deutschlands gehabt, weil diese nur in einem Kompromiß mit der Sowjetunion zu erreichen war, der in seiner Konsequenz die amerikanische Position in Westeuropa und speziell in Westdeutschland in Frage gestellt hätte.

Andreas Hillgruber, Europa in der Weltpolitik der Nachkriegszeit 1945–1963, München – Wien 1979, S. 122 ff.

1. *Welche Erklärung für die Ursachen des Ost-West-Konfliktes nach dem zweiten Weltkrieg überzeugt sie am meisten? Begründen Sie Ihre Meinung.*
2. *Zeigen Sie am Beispiel dieser wissenschaftlichen Kontroverse, daß die Darstellung historischer Ereignisse immer ein Stück Interpretation ist, die ihrerseits zeitgebunden ist. Welche Folgerungen lassen sich daraus ableiten?*
3. *Worin liegt der Unterschied zwischen der wissenschaftlichen und der ideologischen Behandlung eines historischen Ereignisses?*

Entwicklung im besetzten Deutschland bis zur staatlichen Teilung

Auf der Anklagebank im Nürnberger Prozeß. Im Vordergrund die Verteidiger der Angeklagten. Auf der Tribüne in der ersten Reihe von links: Göring; Heß, ehemaliger Stellvertreter des Führers; von Ribbentrop, Außenminister; Keitel, Generalfeldmarschall, Chef des Oberkommandos der Wehrmacht; Rosenberg, Reichsminister für die besetzten Gebiete; Frank, Generalgouverneur in Polen; Frick, Innenminister; Streicher, Gauleiter in Franken und Herausgeber des „Stürmers"; Funk, Wirtschaftsminister.

Nürnberger Prozeß und Entnazifizierung

Bestrafung der Hauptkriegsverbrecher

Nach langwierigen Verhandlungen schlossen die Siegermächte am 8. August 1945 in London das *„Abkommen über die Verfolgung und Bestrafung der Hauptkriegsverbrecher der europäischen Achse"* und das *„Statut für den Internationalen Militärgerichtshof"*. Am 20. November 1945 begann der Internationale Militärgerichtshof in Nürnberg, der Stadt der Reichsparteitage, seine Verhandlungen. Jede der vier Siegermächte entsandte einen Richter und einen Stellvertreter; auch die Anklagebehörde bestand aus einem britischen, amerikanischen, französischen und sowjetischen Hauptankläger und mehreren Stellvertretern. Im Interesse eines raschen Prozeßverlaufs einigte man sich schließlich auf 24 Personen, die die Führungselite des NS-Regimes repräsentierten, nachdem sich Hitler, *Goebbels* und Himmler durch Selbstmord der Verantwortung entzogen hatten. Angeklagt wurden kollektiv auch die *NSDAP, Gestapo* und *Sicherheitsdienst, SS, SA, Reichsregierung* und *Oberkommando der Wehrmacht.*

Die vier Anklagepunkte lauteten: Verschwörung zu einem Verbrechen gegen den Frieden; Verbrechen gegen den Frieden (Planen und Führen eines Angriffskrieges); Kriegsverbrechen (Verletzung der Haager Landkriegsordnung von 1907 wie Tötung und Mißhandlung von Kriegsgefangenen, Hinrichtung von Geißeln, Mißhandlung der Zivilbevölkerung, Verschleppung zur Zwangsarbeit); Verbrechen gegen die Menschlichkeit (Völkermord).

Nach einjähriger Verhandlung wurden am 30. September und 1. Oktober 1946 die Urteile verkündet: Von den 22 Angeklagten[1]) wurden 12 zum Tode durch den Strang verurteilt, drei erhielten lebenslange Haft, vier Angeklagte erhielten Haftstrafen zwischen zehn und zwanzig Jahren, drei wurden freigesprochen. Von den angeklagten Organisationen wurden die NSDAP, die SS, die Gestapo und der SD zu verbrecherischen Organisationen erklärt; die Strafverfolgung ihrer Mitglieder ohne nachweisliche persönliche Schuld wurde jedoch verworfen.

Problematik und Bedeutung des Nürnberger Prozesses

Der Nürnberger Prozeß war ein Tribunal der Sieger. Dennoch sind die Urteile nicht Ausfluß einer Siegerjustiz, die sich einzig am Gedanken der Rache orientierte. Dafür war das vorgebrachte Beweismaterial zu erdrückend, das erstmals NS-Verbrechen in einem bis dahin unbekannten Ausmaß der Weltöffentlichkeit zur Kenntnis brachte.
Die juristische Kritik am Nürnberger Prozeß bezog sich insbesondere auf den Anklagepunkt des Verbrechens gegen den Frieden. Während auch nach deutschem Recht, wie in allen zivilisierten Staaten, Kriegsverbrechen und Verbrechen gegen die Menschlichkeit (Vernichtung der Juden und des sogenannten „unwerten Lebens") geahndet werden konnten, betrat der Internationale Militärgerichtshof mit der Erklärung eines Angriffskrieges zu einem verbrecherischen Akt völkerrechtliches Neuland. Das Nürnberger Gericht stellte sich auf den Standpunkt, Angriffskriege seien bereits in den 20er Jahren durch den Völkerbund und internationale Abkommen, vor allem den *Briand-Kellogg-Kriegsächtungspakt* (1928), zu strafwürdigen Verbrechen erklärt worden.
Kritiker hielten dieser Rechtsauffassung die fehlende Strafandrohung in diesem Abkommen und damit den fundamentalen rechtsstaatlichen Grundsatz der „nulla poena sine lege" (keine Verurteilung wegen einer Tat, die zum Zeitpunkt der Begehung noch nicht unter Strafandrohung stand) entgegen. Der Internationale Militärgerichtshof wollte jedoch mit diesem Anklagepunkt zugleich rechtsschöpferisch für die Zukunft wirken, was nicht gelang. Allerdings ist nur *Rudolf Heß* einzig auf der Grundlage dieses Anklagepunktes verurteilt worden, in allen anderen Fällen lagen juristisch unumstrittene Strafmerkmale den Urteilen zugrunde.
Auch aus anderen Gründen wurde dem Verfahren Einseitigkeit vorgeworfen:

1. Nur deutsche, nicht jedoch alliierte Kriegsverbrechen wurden abgeurteilt,
2. die Bedeutung des *Hitler-Stalin-Paktes* für die Planung des deutschen Angriffskrieges wurde auf Betreiben des sowjetischen Richters nicht gewürdigt,
3. Ankläger und Richter aus neutralen Ländern wurden nicht hinzugezogen.

---

[1]) Das Verfahren gegen den Industriellen Krupp wurde wegen Krankheit des Angeklagten auf später verschoben; der ehemalige Führer der Deutschen Arbeitsfront, Ley, verübte vor Prozeßbeginn Selbstmord, so daß noch 22 Angeklagte übrigblieben.

Trotz weiterer Schwächen und Mängel im Verfahren wurde durch den Nürnberger Prozeß ein wichtiges Kapitel für die Aufhellung der Geschichte des NS-Regimes in Deutschland geschrieben. Daß der einzelne für seine Taten haftet und sich nicht hinter seinem Amt oder seiner Funktion verstecken kann, ist eines der wichtigsten Ergebnisse dieses Prozesses. Allerdings fühlten sich allzu viele Deutsche durch diesen Prozeß gegen die Hauptkriegsverbrecher entlastet, und die Frage nach der Mitverantwortung weiter Bevölkerungskreise für das, was während des NS-Regimes geschehen konnte, trat zu schnell in den Hintergrund.

Nachfolgeprozesse

Auf der Grundlage des Kontrollratsgesetzes Nr. 10 vom 20. Dezember 1945 führten die Besatzungsmächte *in eigener Gerichtshoheit* in ihrer jeweiligen Besatzungszone eine Anzahl weiterer Prozesse gegen deutsche Kriegsverbrecher durch. Vor amerikanischen Tribunalen wurden SS-Ärzte, Juristen, Leiter von Einsatzgruppen, Industrielle (u. a. Flick, Krupp), hohe Offiziere, SS-Führer, leitende Beamte des Auswärtigen Amtes, Verwalter und Wachmannschaften von Konzentrationslagern angeklagt. Insgesamt verurteilten die alliierten Gerichte der Westzonen mehr als 5000 Personen, davon 668 zum Tode. Etwa 500 dieser Todesurteile wurden vollstreckt; die übrigen Verurteilten wurden zwischen 1950 und 1957 wieder entlassen. Zuverlässige Zahlen für die von sowjetischen Gerichten in der sowjetischen Besatzungszone durchgeführten Strafprozesse liegen nicht vor. Schätzungen sprechen von 45 000 Verurteilten, von denen ein Drittel in Zwangsarbeitslager deportiert wurde.
Später wurden auch vor deutschen Gerichten Verfahren gegen NS-Verbrecher abgehandelt. Aus vielerlei Gründen erlahmte in den 50er Jahren das Interesse der Öffentlichkeit und der Politik an der Verfolgung von NS-Tätern; Ermittlungsschwierigkeiten der Staatsanwaltschaften kamen hinzu. Erst mit der Gründung der *„Zentralen Stelle der Landesjustizverwaltungen zur Aufklärung nationalsozialistischer Gewaltverbrechen"* 1958 in Ludwigsburg begann eine systematische Erforschung und Verfolgung der NS-Gewaltverbrechen.

Entnazifizierung in der US-Zone

Neben der Aburteilung der Kriegsverbrecher gehörte zum Entnazifizierungskonzept der Alliierten auch eine umfassende politische Säuberung im besetzten Deutschland: Auflösung der NSDAP und aller ihr angeschlossenen Organisationen, Entfernung aller mehr als nominellen Parteimitglieder aus öffentlichen Ämtern und Wirtschaftsunternehmen, Säuberung und Überwachung des Erziehungswesens, was sowohl Lehrer als auch Lehrpläne und Schulbücher betraf, schließlich Umerziehung der Deutschen. Während die Westmächte, vor allem die Amerikaner, vornehmlich eine *personelle Entnazifizierung* der Deutschen betrieben, legte die sowjetische Besatzungsmacht daneben auch großen Wert auf eine *strukturelle Entnazifizierung* durch Bodenreform, Enteignung und Verstaatlichung.

Die Entnazifizierung in der amerikanischen Zone vollzog sich in zwei Phasen. In der ersten – charakteristisch waren die Härte und das Perfektionsstreben der Amerikaner – unterzogen die Besatzungsbehörden den gesamten öffentlichen Dienst, die halböffentlichen Ämter und Wirtschaftsunternehmen einer gründlichen Säuberung. Es gab 136 verbindliche Entlassungskategorien. Von 18 000 Volksschullehrern in Bayern verloren zum Beispiel 10 000 ihre Stellen. In Hessen verlor jeder zweite Beamte und jeder dritte Angestellte seinen Arbeitsplatz. Ehemalige Mitglieder der NSDAP durften nur noch als Hilfsarbeiter beschäftigt werden. Entlassungen und Berufsverbote gab es auch in der privaten Wirtschaft. Die Entnazifizierungspolitik jener Zeit war gleichbedeutend mit Massenverhaftungen, Massenentlassungen und Internierungen. In allen vier Besatzungszonen wurden rund eine Viertelmillion Menschen in Internierungslager gebracht.

Fragebogen und Spruchkammerverfahren

Wie gründlich die Amerikaner vorzugehen gedachten, zeigte der Fragebogen, dessen 131 Fragen Aufschluß geben sollten über persönliche Daten und politische Vergangenheit all derer, die der Entnazifizierung unterworfen wurden. Auf diese Weise sollten die nationalsozialistischen Aktivisten aus der Bevölkerung herausgesiebt werden mit der Folge, daß dieses Verfahren sehr rasch „den Charakter eines bürokratischen Inquisitionsverfahrens zur Überprüfung der politischen Gesinnung" (Erdmann) annahm. Die Zahl der ungeklärten Fälle führte allerdings zu einem derartigen bürokratischen Chaos, daß die Militärregierungen wegen Personalmangel kapitulieren mußten.
Die zweite Phase der Entnazifizierung begann mit dem Inkrafttreten des *„Gesetzes zur Befreiung von Nationalsozialismus und Militarismus"* (▷ M 2), das

Entnazifizierung. Wie viele andere Deutsche mußte sich auch Emmy Göring, die Witwe des ehemaligen Reichsmarschalls, vor einer Spruchkammer verantworten. Links neben der Angeklagten der frühere Intendant der Preußischen Staatstheater, Gustaf Gründgens, der als Entlastungszeuge aussagte. Die Spruchkammer ordnete Frau Göring der Gruppe der Belasteten zu (Juli 1948).

die Ministerpräsidenten der Länder in der US-Zone am 5. März 1946 auf amerikanischen Druck hin unterzeichneten. Die Entnazifizierung lag nun in deutschen Händen. Länderministerien für die politische Befreiung wurden eingerichtet. Erneut wurden Fragebogen ausgegeben, die jeder Deutsche über 18 Jahren ausfüllen mußte. Lebensmittelkarten und eine Beschäftigung erhielt nur derjenige, der diesen Fragebogen auch einreichte. Spruchkammern stuften in einem prozeßähnlichen Verfahren die von den Fragebögen erfaßten Personen in *fünf Kategorien – Hauptschuldige, Belastete, Minderbelastete, Mitläufer, Entlastete* – ein und verhängten die vorgesehenen Strafen. Von 13 Millionen Meldebogen in der US-Zone mußten 3,5 Millionen weiterbearbeitet werden. Es war dies die Zeit der „Persilscheine"[1]), die man sich wechselseitig ausstellte, auch der Denunziation und der Korruption.

Die Praxis in der sowjetischen Besatzungszone

In der sowjetischen Besatzungszone vollzog sich der Prozeß der Entnazifizierung unter dem Motto der „Ausrottung der Überreste des Faschismus". Strukturelle Eingriffe standen gleichberechtigt neben personeller Säuberung, die mit zum Teil brutalen Mitteln durchgeführt wurde. Die strukturelle Entnazifizierung betraf die Bodenreform, die Enteignung und die Verstaatlichung der großen Industriebetriebe. Mit der durchaus populären Parole „Junkerland in Bauernhand" wurden alle Betriebe über 100 Hektar entschädigungslos enteignet und besitzlosen Landarbeitern, Flüchtlingen, Klein- und Mittelbauern übergeben. Unter der Parole „Enteignung der Naziaktivisten und Kriegsverbrecher" wurden praktisch alle Großbetriebe in sogenanntes „Volkseigentum" umgewandelt. Die personelle Säuberung betraf rund eine halbe Million ehemaliger Nationalsozialisten in Verwaltung und Industrie. Vor allem Lehrer, Richter und Staatsanwälte waren zu einem hohen Prozentsatz davon betroffen. Andererseits wurden bereits frühzeitig die ehemaligen kleinen Parteigenossen von einer Bestrafung ausgenommen, um sie möglichst rasch in die neuen Verhältnisse zu integrieren. Kolportiert wurde daher der ironische Satz: „Es lebe die SED, der große Freund der kleinen Nazis" (Wolfgang Leonhard). Im Februar 1948 erklärte die sowjetische Militärregierung die Entnazifizierung für beendet.

Entnazifizierung – eine Revolution auf dem Papier?

Wie immer die Entnazifizierung in den einzelnen Besatzungszonen durchgeführt wurde, am schärfsten in der amerikanischen, am mildesten in der französischen Zone, nirgends hat sie ihr eigentliches Ziel erreicht: nämlich in breiten Kreisen der Bevölkerung die Bereitschaft zu fördern, sich intensiv mit der unmittelbaren Vergangenheit auseinanderzusetzen und über die Verwobenheit des einzelnen in ein verbrecherisches System nachzudenken. Selbstmitleid war statt dessen an der Tagesordnung und berechtigter Groll über allzu

[1]) So hießen im Volksmund die Bestätigungen, daß jemand Gegner oder wenigstens kein Sympathisant des Nationalsozialismus war.

offenkundige Ungerechtigkeit, denn die einfachen Parteigenossen kamen frühzeitig vor die Spruchkammern, während die besonders Belasteten häufig zurückgestellt und dann im Zuge der Beendigung der Entnazifizierung relativ ungeschoren davonkamen (▷ M 3). Schließlich gelang es vielen wirklichen NS-Tätern auch, durch geschickte Tarnung oder rasche Anpassung an die neuen Verhältnisse sich der drohenden Verfolgung zu entziehen – eine Hypothek, die später noch schwer auf der jungen Bundesrepublik lasten sollte.

M 1 Probleme der Entnazifizierung

Der ehemalige amerikanische Militärgouverneur Clay beschreibt in seinen Memoiren die Schwierigkeiten, mit denen die Offiziere der Militärregierung bei der Entnazifizierung zu kämpfen hatten.

Mir scheint, daß unser Hauptverwaltungsproblem im Herbst 1945 und im Frühjahr 1946, als wir die örtlichen deutschen Verwaltungsstellen bilden und die wichtigsten deutschen Beamten ernennen mußten, darin bestand, leidlich fähige Deutsche zu finden, die nicht auf irgendeine Weise mit dem Naziregime verbunden oder ihm angegliedert gewesen waren. [. . .]
Einerseits stand fest, daß zwölf Millionen oder mehr Deutsche, die in unterschiedlichen Ausmaßen Nazis gewesen sind, nicht auf ewig vom politischen und wirtschaftlichen Leben ausgeschlossen bleiben konnten. Auf der anderen Seite war für die Entstehung eines demokratischen Deutschlands unbedingt wesentlich, daß die echten Nationalsozialisten identifiziert wurden, damit sie von führenden Stellungen ausgeschlossen blieben, bis neue maßgebende Köpfe da wären, die jedem Versuch früherer Nazis, wieder Einfluß auf das deutsche Denken zu nehmen, Widerstand entgegensetzen würden. [. . .]
Zur Ausfindigmachung der Nationalsozialisten entwickelten wir umfangreiche Fragebogen. Bewerber um wichtige Posten mußten sie einreichen, unsere Beamten für öffentliche Sicherheit sie dann prüfen. Schwere Strafen wurden über jene verhängt, die die Tatsachen fälschten oder verschleierten. Die Neigung der Deutschen, ausführliche und genaue Karteien aufzustellen, erleichterte unsere Nachprüfung. Zu Beginn der Besatzungszeit wurde einer unserer Offiziere telefonisch davon in Kenntnis gesetzt, daß in einer Münchener Papierfabrik wichtige Urkunden zur Verarbeitung in neues Papier lagerten. Eilig wurde der Betrieb aufgesucht und tatsächlich eine große Anzahl durchfeuchteter Dokumente gefunden, die sich bei genauerem Augenschein als die einzelnen Karteikarten der Mitglieder der NSDAP und ihrer Gliederungen erwiesen. Die Kartei wurde nach Berlin gebracht, geordnet und leicht zugänglich gemacht. Von da an war es beinahe unmöglich, einen Fragebogen zu fälschen, ohne entdeckt zu werden. [. . .]
Natürlich hatte das System viele Schwächen, zumal nur Stellungssuchende Fragebogen ausfüllen mußten. Dadurch konnten Nazis, die entweder selbst oder deren Familien über genügend Bargeld verfügten, müßiggehen – zu einer Zeit, die nach der Arbeit jedes gesunden Menschen rief.

Lucius D. Clay, Entscheidung in Deutschland, Frankfurt 1950, S. 84 ff.

1. *Erläutern und beurteilen Sie den Grundgedanken der Entnazifizierungspolitik.*
2. *Warum wollte man auf ein bürokratisches Verfahren nicht verzichten?*

Reinigung durch bürokratische Verfahren

M 2

Auf Druck der amerikanischen Militärverwaltung setzten die Ministerpräsidenten der US-Zone am 5. 3. 1946 das „Gesetz zur Befreiung von Nationalsozialismus und Militarismus" („Befreiungsgesetz") in Kraft. Damit wurde die Entnazifizierung in deutsche Hände gelegt.

Meldeverfahren
Artikel 3
1. Zur Aussonderung aller Verantwortlichen und zur Durchführung des Gesetzes wird ein Meldeverfahren eingerichtet.
2. Jeder Deutsche über 18 Jahren hat einen Meldebogen auszufüllen und einzureichen.
3. Die näheren Bestimmungen trifft der Minister für politische Befreiung.

Gruppen der Verantwortlichen
Artikel 4
Zur gerechten Beurteilung der Verantwortlichkeit und zur Heranziehung zu Sühnemaßnahmen werden folgende Gruppen gebildet:
1. Hauptschuldige
2. Belastete (Aktivisten, Militaristen, Nutznießer)
3. Minderbelastete (Bewährungsgruppe)
4. Mitläufer
5. Entlastete.
[. . .]

Minderbelastete
(Bewährungsgruppe)
Artikel 17
Sühnemaßnahmen gegen Minderbelastete:
I. Es ist ihnen während der Dauer der Bewährungsfrist untersagt:
a. ein Unternehmen als Inhaber, Gesellschafter, Vorstandsmitglied oder Geschäftsführer zu leiten oder ein Unternehmen zu beaufsichtigen oder zu kontrollieren, ein Unternehmen oder eine Beteiligung daran ganz oder teilweise zu erwerben;
b. in nicht selbständiger Stellung anders als in gewöhnlicher Arbeit beschäftigt zu sein;
c. als Lehrer, Prediger, Redakteur, Schriftsteller oder Rundfunk-Kommentator tätig zu sein.
II. Ist der Minderbelastete zur Zeit der Einreihung in die Bewährungsgruppe an einem Unternehmen als Inhaber oder Gesellschafter beteiligt, so wird seine Beteiligung an dem Unternehmen für die Dauer der Bewährung gesperrt und ein Treuhänder bestellt. [. . .]
VI. Für die Dauer der Bewährung können zusätzlich einzelne der in Artikel 16 bezeichneten Sühnemaßnahmen in gerechter Auswahl und Milderung verhängt werden, insbesondere:
a. Beschränkungen in der Ausübung eines freien Berufes und Verbot der Ausbildung von Lehrlingen;
b. bei Beamten: Kürzung des Ruhegehaltes, Versetzung in den Ruhestand oder in ein Amt mit geringerem Rang oder an eine andere Dienststelle unter Kürzung der Bezüge, Rückgängigmachung einer Beförderung, Überführung aus dem Beamtenverhältnis in ein Angestelltenverhältnis;
c. in der Wirtschaft einschließlich Land- und Forstwirtschaft: Verbot der Fort-

führung eines Unternehmens, Verpflichtung zur Veräußerung einer Beteiligung, Erhöhung der Ablieferungspflicht landwirtschaftlicher oder sonstiger Erzeugnisse und Auferlegung besonderer Dienstleistungen.
VII. Einweisung in ein Arbeitslager und vollständige Einziehung des Vermögens dürfen nicht angeordnet werden.

Klaus-Jörg Ruhl, Neubeginn und Restauration. Dokumente zur Vorgeschichte der Bundesrepublik Deutschland 1945–49, München 1982, S. 279 ff.

1. *Wie beurteilen Sie die Sühnemaßnahmen für die „Minderbelasteten"?*
2. *Vor welchen Problemen standen die Siegermächte, nachdem sie beschlossen hatten, den Nazismus in Deutschland auszurotten und die Schuldigen zu bestrafen? Diskutieren Sie auch denkbare Vor- und Nachteile anderer Maßnahmen der „Reinigung".*
3. *Warum legte die US-Militärregierung die Entnazifizierung in deutsche Hände?*
4. *Die Entnazifizierung habe ein Volk von Mitläufern „produziert", wurde später kritisch festgestellt. Was ist damit gemeint?*

M 3 Über den Mißerfolg der Entnazifizierung aus amerikanischer Sicht

Aus einem Brief von Walter Dorn, einem engen politischen Berater von General Clay, an den amerikanischen Militärgouverneur ein Jahr nach Beendigung der Entnazifizierung (1949):

Wenn die Entnazifizierung in ganz Deutschland wirksam werden sollte, hätte sie in allen vier Zonen einheitlich durchgeführt werden müssen. Als diese Einheitlichkeit unwiederbringlich verloren war, büßte die Entnazifizierung viel von ihrer Bedeutung bei der deutschen Bevölkerung ein. Es genügte ja nicht, ein früheres Parteimitglied in der einen Zone als Belasteten zu verurteilen, wenn es in einer anderen ein hohes öffentliches Amt bekleiden konnte. [. . .]
Zwar gab es oberflächliche Ähnlichkeiten im Vorgehen der vier Zonen; in Wirklichkeit verfolgte jedoch jeder Zonenkommandeur seine eigene Richtung. Verhängnisvoll auch nur für den Anschein einheitlicher Durchführung war die Verkündung des Gesetzes Nr. 201 durch den Sowjetischen Kommandeur im August 1947, das einer Amnestie für alle nominellen Nazis gleichkam. (Das ist keine Kritik des russischen Gesetzes, denn dieses war im Gegenteil ein sehr vernünftiger Schritt.) Als der Sowjetische Kommandeur schließlich im März 1948 das Entnazifizierungsprogramm als beendet erklärte und die Entnazifizierungsausschüsse in der Sowjetischen Zone auflöste, wurde es äußerst schwierig, in irgendeiner Zone das Entnazifizierungsprogramm noch weiter fortzuführen. [. . .]
Auch war das Gesetz viel zu kompliziert, um von Laien ohne juristische Ausbildung wirksam angewandt zu werden. Diese Kritikpunkte, die sich aus der Erfahrung derjenigen ergaben, die das Gesetz durchführen sollten, wurden in der Folge bei den Änderungen des Befreiungsgesetzes berücksichtigt, die im Herbst 1947 und Frühjahr 1948 vorgenommen wurden. Zwar wurde das Gesetz durch die Änderungen für die Deutschen eher annehmbar, zugleich aber auch stumpf. [. . .]
Wenn wir heute zurückblicken, erkennen wir, daß die Aufspürung der aktiven Nazis die gigantische Aufgabe, alle Mitläufer einem Verfahren zu unterziehen, kaum wert war. Denn die Zahl der Mitläufer, die durch die Spruchkammern tatsächlich [zu Belasteten oder Hauptschuldigen] heraufgestuft worden sind,

war zu bedeutungslos und klein. Dies mag ein trauriges Eingeständnis sein, aber es ist die Wahrheit. Meines Erachtens gibt es [heute] allgemeine Übereinstimmung darüber, daß wir mehr Erfolg gehabt hätten, wenn die Militärregierung willkürlich die Zahl von 100 000 [der schwersten Fälle] bestimmt, das Beweismaterial gegen diese zusammengetragen und den Deutschen zur Aburteilung vorgelegt hätte.

Klaus-Jörg Ruhl, a.a.O., S. 290 ff.

1. *Welche Gründe führt der Berater General Clays für das Scheitern der Entnazifizierungspolitik an?*
2. *Diskutieren Sie die Auswirkungen des Ost-West-Konflikts auf die alliierte Entnazifizierungspolitik.*
3. *Erörtern Sie Vor- und Nachteile des Vorschlags, den Walter Dorn am Ende seines Briefes unterbreitet.*
4. *Hätten die Sieger auf die Entnazifizierung der Deutschen verzichten sollen? Begründen Sie Ihre Meinung.*

Staatlicher Neuaufbau

Entwicklung in der US-Zone

Die wirtschaftlichen Probleme, mit denen die Besatzungsmächte zu kämpfen hatten (Hunger, Kohlenkrise, Transportprobleme), ließen sich auch deshalb so schwer bewältigen, weil die drei Zonen ein administratives und politisches Eigenleben zu entwickeln begannen, das dem Austausch von Gütern und der optimalen Verwaltung des Mangels im Wege stand.

Am frühesten riefen die Amerikaner in ihrer Zone deutsche Verwaltungen auf Länderebene ins Leben. Schon Ende Mai 1945 setzten sie in Bayern eine erste provisorische Regierung mit dem 1933 von den Nationalsozialisten als bayerischen Finanzminister abgesetzten *Fritz Schäffer* (▷ M 1) an der Spitze ein. Im Herbst 1945 wurden die *Länder Bayern (ohne die Pfalz), Großhessen, Württemberg-Baden, Bremen* (seit 1947) gegründet und Regierungschefs eingesetzt, die auf der Basis von *Koalitionsregierungen* aller wieder zugelassenen Parteien *(SPD, CDU/CSU, F.D.P., KPD)* unter Aufsicht der Militärregierung tätig wurden.

Da die amerikanische Militärregierung ihre Zone möglichst rasch aufbauen wollte, veranlaßte General *Clay* schon im Oktober 1945 in Stuttgart die Gründung eines *Länderrates*, eine Art ständiger Konferenz der Ministerpräsidenten der US-Zone (▷ M 2). Der Länderrat sorgte für die Koordination der gemeinsamen Probleme wie zum Beispiel Flüchtlingsfragen, Lebensmittelversorgung und Ankurbelung der Wirtschaft.

Da die Amerikaner nicht nur die Krisenbewältigung zur Leitlinie ihrer Besatzungspolitik machten, sondern auch das Ziel der Demokratisierung der deutschen Einrichtungen verfolgten, waren sie die ersten, die wieder demokratische *Wahlen* zuließen. Zwischen Januar und April 1946 wurden Wahlen in den Gemeinden, größeren Städten und Kreisen durchgeführt. Im Sommer 1946

Erste demokratische Wahlen: Wahlwerbung im Frühjahr 1946 für die Stadtratswahlen in Frankfurt am Main.

entwarfen verfassungsgebende Versammlungen die zukünftigen *Länderverfassungen,* die nach Genehmigung durch die Besatzungsmacht im November/ Dezember 1946 durch *Volksabstimmung* in den drei Ländern der US-Zone in Kraft gesetzt wurden. Die ausgeprägte soziale Komponente dieser frühen Länderverfassungen sowie die starke Betonung der Grundrechte spiegeln die Nöte der Zeit wie die Erfahrungen wider, die man in den Jahren der Diktatur gemacht hatte. Wo freilich diese Verfassungen, wie vor allem die hessische, Sozialisierungsziele formulierten, widersetzte sich die Besatzungsmacht. Clay untersagte das Inkrafttreten des entsprechenden Verfassungsartikels trotz eines eindeutig positiven Votums der hessischen Wähler.
Erstmals nach 13 Jahren wählten die Bürger wieder in demokratischen Wahlen ihre *Landtage,* aus denen demokratisch legitimierte Regierungen hervorgingen (▷ M 3). Die Besatzungsbehörden verlegten sich nunmehr auf die Kontrolle der deutschen Behörden, und in der Praxis erweiterten die Regierungschefs der Länder rasch ihre politischen Gestaltungsmöglichkeiten.

Länderneugründungen in der britischen und französischen Zone

In der *britischen Zone* zog sich der Prozeß der Länderneugründung wesentlich länger hin. Außer Hamburg entstanden sozusagen am Reißbrett aus den Bruchstücken Preußens: *Nordrhein-Westfalen* (August 1946), *Schleswig-Holstein* (August 1946), *Niedersachsen* (November 1946). Die Befugnisse der Länder waren erheblich beschränkter als in der amerikanischen Zone; gemäß ihrer eigenen zentralistischen Tradition richteten die Briten *Zentralämter* als Exekutivorgane der britischen Kontrollkommission ein und besetzten sie mit Deutschen. Wahlen erfolgten dann Ende 1946/47.

In der *französischen Besatzungszone* war der Prozeß des staatlichen Neuaufbaus und seiner Demokratisierung erst Mitte 1947 abgeschlossen. Die französische Besatzungspolitik orientierte sich an zwei Zielen: Sie wollte möglichst viele Reparationen aus ihrer Zone herausholen und dort ihre extremen sicherheitspolitischen Forderungen verwirklichen. Daher gewährte sie den Regierungschefs der 1946 künstlich geschaffenen Länder *Rheinland-Pfalz, Württemberg-Hohenzollern und Süd-Baden* wenig Handlungsfreiheit, übte eine scharfe Zensur in allen politisch-gesellschaftlichen Bereichen aus und verbot lange Zeit das Wort „deutsch" in Parteibezeichnungen.

Entwicklung in der sowjetischen Zone

An der Devise Ulbrichts, die Zusammenarbeit mit allen „antifaschistischen Kräften" zu suchen, aber wichtige Funktionen für die Kommunisten zu sichern (siehe Seite 27), hielt die sowjetische Militärregierung auch bei der Besetzung der im Juli 1945 errichteten (1952 wieder aufgelösten) Landes- bzw. Provinzialverwaltungen in Sachsen, Mecklenburg, Thüringen, Brandenburg und Sachsen-Anhalt fest. Anders sah es bei den ebenfalls im Juli 1945 geschaffenen wesentlich wichtigeren elf Zentralverwaltungen (für Verkehr, Finanzen, Industrie etc.) aus. Dort hatten die Kommunisten bereits eindeutig das Übergewicht und besetzten alle Schlüsselpositionen. Die Zentralverwaltungen waren unmittelbar der sowjetischen Militärregierung zugeordnet und hatten deren Befehle zu vollziehen. Geplant waren sie als Keimzellen für eine spätere gesamtdeutsche Zentralregierung, dienten jedoch in der Praxis der Verfestigung der zentralistischen Staatsmacht in den Händen der späteren SED. Parallel dazu setzte die sowjetische Militärregierung eine tiefgreifende Umwälzung in Wirtschaft und Gesellschaft durch (siehe Seiten 43, 59). Diese entsprach kommunistischen Vorstellungen von einer „demokratischen Umgestaltung" der Gesellschaftsordnung. Durch die rücksichtslose Reparations- und Demontagepolitik der Sowjetunion (siehe Seite 76 f.) verzögerte sich der wirtschaftliche Neuaufbau erheblich, worunter die Bevölkerung noch bis in die fünfziger Jahre zu leiden hatte.

Die Neugründung von politischen Parteien in den vier Besatzungszonen

Die Demokratisierung der staatlichen Einrichtungen setzte die Existenz von Parteien voraus, deren Zulassung im Potsdamer Kommuniqué vorgesehen war. Die Russen gestatteten als erste in ihrem Machtbereich die Gründung politischer Parteien (10. Juni 1945); einen Tag später konstituierte sich in Berlin die *Kommunistische Partei Deutschlands (KPD),* und es folgten im gleichen Monat die SPD, CDU und wenig später die *Liberal-Demokratische Partei Deutschlands (LDPD).* Die frühen Berliner Neugründungen hatten für die sowjetische Besatzungsmacht den Vorzug, daß sie ihren Einfluß unmittelbar auf diese Parteien ausüben konnte.

Die Vereinigten Staaten und Großbritannien waren dadurch unter Zugzwang gesetzt und gaben im Herbst ihre anfänglich restriktive Haltung auf. Die bislang illegal tätigen Gruppierungen – darunter seit Mai 1945 das *„Büro Dr. Schumacher"* in Hannover als Zentralstelle der westlichen SPD und die in Köln im Juni 1945 von verschiedenen Politikern des ehemaligen Zentrums und christlichen Gewerkschaftern gegründete CDU – wurden nun im August/ September 1945 von den amerikanischen und britischen Besatzungsbehörden offiziell lizenziert. Sehr widerwillig folgte die französische Besatzungsmacht im Dezember 1945. Im Jahre 1946 konnten sich die Parteien der britischen und amerikanischen Zone dann auf Länderebene und schließlich auf zonaler Ebene organisieren. Bis Ende 1948 spielten zwar die Ministerpräsidenten der Länder im Verkehr mit den Militärbehörden die wichtigere Rolle, traten dann jedoch in den Schatten der Parteichefs wie *Adenauer (CDU), Schumacher (SPD), Müller (CSU)* und *Heuss (F.D.P.)*.
In der sowjetischen Besatzungszone revidierten die Russen alsbald ihr Entgegenkommen gegenüber allen Parteigruppierungen und förderten einseitig die Kommunistische Partei. Nachdem Kurt Schumacher im Westen erfolgreich den Führungsanspruch der Berliner SPD-Organisation unter *Otto Grotewohl* zurückgewiesen hatte, kam es in der sowjetischen Besatzungszone zum zwangsweisen Zusammenschluß von KPD und SPD zur SED (21./22. April 1946), deren Umwandlung in eine stalinistische Partei im Herbst 1948 beendet war.

Dr. Kurt Schumacher (1895–1952), 1930–1933 Reichstagsabgeordneter der SPD, 1933–1944 im KZ, nach dem Krieg Vorsitzender der SPD und Oppositionsführer im Bundestag.

Dr. Konrad Adenauer (1876–1967), 1917–1933 Oberbürgermeister von Köln, 1946–1950 Vorsitzender der CDU in der britischen Zone, bis 1966 Vorsitzender der Gesamtpartei, 1948/49 Präsident des Parlamentarischen Rates, 1949–1963 Bundeskanzler.

Ziele und Entwicklung der Parteien

Das parteipolitische Novum der Nachkriegszeit war die Gründung der *CDU* in Berlin und im Rheinland. Die Überwindung der konfessionellen Spaltung zwischen evangelischen und katholischen Wählern sowie die Einbeziehung konservativ-bürgerlicher Schichten und von Anhängern der christlichen Gewerkschaften sollten mit dem Begriff „Union" zum Ausdruck gebracht werden. Kennzeichnend für die Gründungsphase der CDU ist der antikapitalistische Zug ihrer Programmatik, die Forderung nach der Vergesellschaftung bestimmter Grundstoffindustrien sowie nach Mitbestimmung der Arbeitnehmer *(Ahlener Programm von 1947)*. Eine deutliche Umorientierung der Unions-Parteien zu marktwirtschaftlichen Ordnungskonzeptionen unter dem Einfluß des Frankfurter Wirtschaftsdirektors *Ludwig Erhard* (siehe Seite 72) setzte 1948/49 ein, eine Entwicklung, die ihren Abschluß in den *„Düsseldorfer Leitsätzen"* vom Juli 1949 fand. Vorsitzender der CDU der britischen Zone wurde im März 1946 Konrad Adenauer; erst 1950 schlossen sich die CDU-Verbände unter Führung Adenauers zu einer Bundespartei zusammen.
In Bayern erhielt Anfang 1946 die neugegründete *CSU* die Genehmigung, sich landesweit politisch zu betätigen. Nach heftigen Flügelkämpfen zwischen einer klerikal-partikularistischen und einer liberal-konservativen Richtung prägte letztere schließlich das Bild der CSU.
Im Gegensatz zur CDU knüpfte die *SPD* organisatorisch, programmatisch (nach wie vor gültig war das *Heidelberger Programm von 1925)* und personell an ihre Weimarer Tradition an. Im Mai 1946 wurde Kurt Schumacher zum Vorsitzenden der SPD der Westzonen gewählt. In den weitgehend von ihm formulierten *„Politischen Leitsätzen"* forderte die SPD die sofortige Sozialisierung der Bodenschätze und Grundstoffindustrien. Antikapitalismus und Antikommunismus bildeten die Grundlage seines Denkens. Mitbestimmung der Arbeitnehmer und eine volkswirtschaftliche Gesamtplanung zur Koordinierung der vergesellschafteten Betriebe waren die wirtschaftspolitischen Leitziele der SPD, die es Ende 1947 bereits wieder auf 875 000 Mitglieder brachte.
Die *liberalen Parteien* traten zunächst in den Westzonen unter verschiedenen Namen auf. Sie betonten stärker als die anderen Parteien das Recht auf Privateigentum und die Bedeutung der freien Initiative für die Wirtschaft. Ende 1948 schlossen sich konservativ-liberale und liberal-demokratische Politiker zur Freien Demokratischen Partei zusammen. Theodor Heuss wurde ihr erster Vorsitzender.
Für die *Kommunisten* in den Westzonen war die Berliner KPD die Parteizentrale und die Sowjetunion die anerkannte Führungsmacht. Bestrebungen, auch im Westen einen Zusammenschluß mit der SPD in Gang zu bringen, scheiterten. Obwohl das kommunistische Parteiprogramm wesentlich gemäßigter war als das der SPD – es war weder von Sozialisierung noch von Mitbestimmung die Rede –, galt die KPD in den Westzonen als „Russenpartei" und blieb ohne größeren Wahlerfolg.

Die Zonen entwickeln sich auseinander

Die im Potsdamer Abkommen geplante gemeinsame Verwaltung Deutschlands als wirtschaftliche Einheit und die Errichtung einiger zentraler Verwaltungen zur Aufrechterhaltung von Versorgung und wirtschaftlicher Produktion scheiterten am *französischen Veto* im Alliierten Kontrollrat in Berlin und an den rasch offenkundig werdenden Interessengegensätzen zwischen der sowjetischen und den anglo-amerikanischen Besatzungsmächten. Das hatte zur Folge, daß sich die vier Besatzungszonen rasch auseinanderentwickelten. Die *sowjetische Militärregierung* setzte frühzeitig auf eine zentralisierte Verwaltung ihrer Zone. Die *französische Besatzungsmacht* förderte nach Kräften alle partikularistischen Bestrebungen in ihrer Zone, ließ sich mit der Neugründung von Ländern lange Zeit und verhinderte alle Bestrebungen auf deutscher Seite, die auf Kooperation über die Ländergrenzen innerhalb der französischen Zone hinzielten. Die *britische Besatzungsmacht* förderte die lokale Selbstverwaltung, hatte aus objektiven Gründen große Schwierigkeiten mit der Länderneugründung ihres Gebietes (Problem der Aufteilung der ehemaligen preußischen Rheinprovinz) und behielt wesentlich länger als die Amerikaner alle Entscheidungsbefugnisse in eigener Hand. Die *amerikanische Besatzungsmacht* konzentrierte sich frühzeitig auf die „indirekte Herrschaft" und übertrug bereits 1945 provisorisch eingesetzten Regierungschefs auf Länderebene bestimmte Verwaltungsvollmachten.

M 1 Regierungschef auf Abruf

Der ehemalige bayerische Finanzminister zur Zeit der Weimarer Republik, Fritz Schäffer (1888–1966), berichtet über seine Einsetzung als erster Regierungschef einer provisorischen bayerischen Regierung durch die amerikanische Militärregierung am 28. Mai 1945. Schäffer war Gründungsmitglied der CSU und wurde später unter Konrad Adenauer Finanzminister (1949–1957) und Justizminister (1957–1961).

Als ich am 28. Mai 1945 von der amerikanischen Militärregierung in Bayern als Ministerpräsident und Chef der bayerischen Landesregierung eingesetzt wurde, erfolgte dies, wie ich ausdrücklich feststellen möchte, ohne jede vorherige Befragung, ohne sich zu erkundigen, ob ich damit einverstanden wäre, sie erfolgte in der Form einer Anordnung der Besatzungsbehörde. [. . .] Ende Mai wurde ich dann wieder an die Militärregierung gerufen, ohne daß mir überhaupt mitgeteilt wurde, zu welcher Aufgabe. Nach einigen Stunden Wartezeit, die mit Gesprächen über kleinere laufende Fragen verging, wurde ich dann in das Empfangszimmer des Kommandanten der amerikanischen Besatzungsmacht, eines gewissen Colonel Keegan, gerufen und fand dort zu meiner Überraschung schon alle Vorbereitungen getroffen, um in feierlicher Weise und angesichts zahlreicher Vertreter der amerikanischen und sonstigen Presse der Alliierten mit gleichzeitigem Handschlag eine Urkunde überreicht zu bekommen, die, wie man mir sagte, meine Ernennung zum bayerischen Ministerpräsidenten mit dem Auftrag zur Berufung und Leitung einer bayerischen Landesregierung enthielt. Als ich die Urkunde dann durchlas, hatte ich allerdings Anlaß sofort zu bemerken, daß sie nicht mit meinem Einverständnis verfaßt sei. Sie enthielt nicht nur die Ernennung zum Leiter der bayerischen

Regierung, mit dem Auftrag für die Geschäftsbereiche der Finanzen, des Inneren, des Kultus, der Justiz, der Wirtschaft und Landwirtschaft sowie der Arbeit Männer als Minister vorzuschlagen, sie enthielt auch eine Schlußbestimmung, daß für die Geschäftsführung der Ministerpräsident persönlich verantwortlich sei und bei jedem von der Besatzungsbehörde festgestellten Verstoß auch persönlich hafte und ggf. mit Freiheitsstrafe zu rechnen habe. Ich wandte ein, daß diese Form der Ernennung zur Leitung einer Landesregierung zumindest ungewöhnlich und verletzend sei. Ich erhielt den Bescheid, ich solle mich nicht daran stoßen, es sei nicht so streng gemeint, wie es laute. Es solle nur betont werden, daß, wie die Ernennung selbst, auch der Widerruf der Ernennung ganz in der Entscheidung der Besatzungsmacht liege.

Fritz Schäffer, Die Zeit der Ministerpräsidentschaft in Bayern nach dem Zusammenbruch im Jahre 1945, München 1964, S. 7

1. *Warum setzten die Amerikaner in bestimmte Ämter Deutsche ein und übernahmen diese Funktion nicht selbst?*
2. *Erläutern und beurteilen Sie an diesem Beispiel das Verhältnis zwischen den Siegern und Besiegten.*
3. *Welche Chance ergab sich für die deutsche Seite mit der Übernahme der provisorischen Regierung?*

Förderung der deutschen Selbstverwaltung

M 2

Aus der Rede des Generals Clay beim ersten Treffen der Ministerpräsidenten der US-Zone im Stuttgarter Länderrat am 17. 10. 1945:

Unsere Politik zielt auf eine Dezentralisierung der Regierungsgewalt in den Ländereinheiten hin. Wir sind dabei, innerhalb der nächsten zweieinhalb Monate unser Personal aus den unteren Regierungsstellen zurückzuziehen, falls nötig, für Überwachung und Sicherheit. Wir beabsichtigen, mit diesen Stellen über die Länderregierungen zu arbeiten.

Wir beabsichtigen auch, im Januar nächsten Jahres Wahlen für Volksvertretungen auf Gemeindebasis in Gang zu bringen. Wir nehmen an, daß viele von Ihnen glauben werden, das sei noch zu früh. Wir wissen indessen keinen anderen Weg, wie das Arbeiten nach demokratischen Grundsätzen in Deutschland in Gang gebracht werden kann. [. . .]

Wenn wir auch die Regierungsgewalt auf Länderbasis stärken, so glauben wir doch noch an ein Wirken Deutschlands als Wirtschaftseinheit. Wir unterstützen die Bildung von zentralen Verwaltungseinrichtungen für Finanzen, Industrie, Nachrichtenwesen, Verkehr und Außenhandel. Wir glauben auch, daß solche Verwaltungseinrichtungen für Ernährung, Landwirtschaft und Arbeitswesen wünschenswert wären.

Indessen besteht zur Zeit ein derartiges Verwaltungssystem nicht. In unserer Zone sind Ländereinheiten geschaffen worden. Es ist wichtig, daß eine vollständige Koordinierung der Regierungsangelegenheiten zwischen diesen Ländereinheiten herbeigeführt wird. Dies ist besonders wichtig bei Sonderdiensten der Verwaltung, wie Postwesen, Transportwesen usw., die allen Ländern nutzbar gemacht werden müssen.

Die Sicherstellung dieser Koordinierung ist Ihre Aufgabe, nicht unsere.

Wir wünschen keine Zonenhauptstadt in der US-Zone einzurichten, da wir glauben, daß ein zentrales Verwaltungssystem wichtig für die Handlungen Deutschlands als Wirtschaftseinheit ist.
Darum beabsichtigen wir, als Zwischenlösung hier in Stuttgart einen Rat der Ministerpräsidenten für unsere Zone einzurichten. Sie werden periodisch zusammentreten, um über gemeinsame Probleme zu beraten. [. . .]
Indem ich der Versammlung nunmehr die Zeit zur Ausarbeitung der Geschäftsordnung gebe, möchte ich noch betonen, daß innerhalb der dargelegten US-Politik „die Verantwortung bei Ihnen liegt". Wir werden nicht diktieren, sofern Sie nicht die dargelegte Politik durchbrechen. Wir erwarten, daß Sie Ihre Verantwortung innerhalb dieser Politik übernehmen und ausüben.

Herbert Michaelis (Hrsg.) u. a., Ursachen und Folgen. Vom deutschen Zusammenbruch 1918 und 1945 bis zur staatlichen Neuordnung in der Gegenwart, Bd. 24, Berlin o. J., S. 56 ff.

1. *Wie wollte die US-Militärregierung ihr Konzept der Demokratisierung mit der Notwendigkeit einer funktionierenden Verwaltung in Einklang bringen?*
2. *Welche Probleme sollte der Länderrat bewältigen?*
3. *Erläutern Sie das Prinzip der „indirekten Herrschaft" durch die Besatzungsmacht.*

M 3 Landtagswahlen in den Ländern der Westzonen 1946—1947

	Wahlbeteiligung	CDU/CSU		SPD		KPD		F.D.P.		Sonstige	
	%	Anz. d. Mand.	in % d. gült. St.	Anz. d. Mand.	in % d. gült. St.	Anz. d. Mand.	in % d. gült. St.	Anz. d. Mand.	in % d. gült. St.	Anz. d. Mand.	in % d. gült. St.
Baden	67,8	34	55,9	13	22,4	4	14,3	9	7,4	—	—
Bayern	75,7	104	52,3	54	28,6	—	6,1	9	5,6	13	7,4
Bremen	67,8	24	22,0	46	41,7	10	8,8	15	13,9[1])	5	13,6
Hamburg	79,0	16	26,7	83	43,1	4	10,4	7	18,2	—	1,6
Hessen	73,2	28	30,9	38	42,7	10	10,7	14	15,7	—	—
Niedersachsen	65,1	30	19,9	65	43,4	8	5,6	13	8,8	33	22,3
Nordrhein-Westfalen	67,3	92	37,5	64	32	28	14	12	5,9	20	10,6
Rheinland-Pfalz	77,9	48	47,2	34	34,3	8	8,7	11	9,8[2])	—	—
Schleswig-Holstein	69,8	21	34,0	43	43,8	—	4,7	—	5,0	6	12,5
Württemberg-Baden	71,7	39	38,4	32	31,9	10	10,2	19	19,5[3])	—	—
Württemberg-Hohenzollern	66,4	32	54,2	12	20,8	5	7,3	11	17,7[3])	—	—

Daten entnommen aus: Statistisches Amt des Vereinigten Wirtschaftsgebietes (Hrsg.), Statistische Berichte, Arb. Nr. II/3 vom 27. 5. 1949, Bonn o. J.

1. *Analysieren Sie die Wahlergebnisse.*
2. *In welchen Ländern sind SPD bzw. CDU (oder CSU) besonders stark?*

[1]) Bremer Demokratische Volkspartei
[2]) Liberaldemokratische Partei
[3]) Deutsche Volkspartei

Wirtschafts- und sozialpolitische Vorentscheidungen

Die Wende in der britisch-amerikanischen Besatzungspolitik

Die willkürliche Einteilung des deutschen Wirtschaftsgebietes in Besatzungszonen mußte zum Kollaps führen, wenn nicht rasch gehandelt wurde. Vor allem an Rhein und Ruhr fehlte es an Nahrungsmitteln. Die Kosten für die britische Besatzungspolitik konnten nur gesenkt werden, wenn die Kohle- und Stahlproduktion im Ruhrgebiet drastisch erhöht wurde, um durch deren Export die notwendigen Lebensmitteleinfuhren zu finanzieren. Die ursprünglich geplante Überführung der Grundstoffindustrien in Gemeineigentum (Sozialisierung), die auch von breiten Teilen der Bevölkerung, den Gewerkschaften, Teilen der CDU und von der SPD gewünscht wurde, hatte angesichts dieser Lage keine Priorität in der britischen Besatzungspolitik (▷ M 3). Hinzu kam, daß US-Militärgouverneur Clay ein erklärter Gegner von Sozialisierungsabsichten war. Die Demontage von Betriebsanlagen, die ursprünglich 1800 Fabriken in den Westzonen betroffen und die deutsche Industrieproduktion auf den Stand von 1932 festgeschrieben hätte, wurde ebenfalls dem Ziel einer raschen Krisenbewältigung untergeordnet. Nur ein Viertel der geplanten Demontagen wurde bis 1951 wirklich durchgeführt (▷ M 2).
Auf Betreiben von Clay, der die ökonomischen Probleme im besetzten Deutschland aus eigener Anschauung und aus der täglichen Praxis kannte, schlugen die Vereinigten Staaten im Kontrollrat die sofortige Verschmelzung der US-Zone mit einem oder mehreren der übrigen Besatzungsgebiete vor (Juli 1946). Aus Paris und Moskau kamen, wie nicht anders zu erwarten, negative Antworten, so daß als Minimallösung der *Zusammenschluß der amerikanischen und der britischen Besatzungszone* zur „Bizone" in Angriff genommen wurde.
Am 6. September 1946 erläuterte der amerikanische Außenminister Byrnes in Stuttgart die Überlegungen seiner Regierung über die Zukunft Deutschlands, eine eindrucksvolle und von allen Rundfunksendern übertragene Rede, die von den Zeitgenossen als die Wende in der amerikanischen Deutschlandpolitik, auf die man so lange gewartet hatte, verstanden wurde (▷ M 1). Am 1. Januar 1947 trat das britisch-amerikanische Abkommen über die Bildung der Bizone in Kraft. Beide Seiten legten größten Wert darauf, den ökonomisch-administrativen Charakter dieses Zusammenschlusses zu betonen, der ausdrücklich nicht als die Vorwegnahme einer Entscheidung über die staatlich-politische Zukunft Deutschlands interpretiert wurde. Die weitere Entwicklung zeigte jedoch, daß mit der Gründung der Bizone das Fundament für den späteren westdeutschen Staat gelegt worden war.

Der Frankfurter Wirtschaftsrat

Die wichtigste Neuerung in der anglo-amerikanischen Zone war die Schaffung eines *Wirtschaftsrates*, des ersten deutschen Nachkriegsparlaments, dessen Beschlüsse über ein Land hinausreichten. Die 52 Abgeordneten des Wirtschaftsrates wurden von den Landtagen der acht Länder der Bizone gemäß den

dort herrschenden Mehrheitsverhältnissen gewählt. Im Exekutivrat saßen acht Vertreter der Landesregierungen, die zusammen mit dem Wirtschaftsrat die fünf Verwaltungsdirektoren – praktisch im Range von Ministern, ohne daß dieses Wort verwendet wurde – ernannten und kontrollierten. Nach wie vor standen alle gesetzgeberischen und exekutiven Befugnisse des Wirtschaftsrats für das Vereinigte Wirtschaftsgebiet, wie die neue Bizonenorganisation offiziell hieß, unter dem uneingeschränkten *Genehmigungsvorbehalt* der Amerikaner und Briten.
Bereits im Frankfurter Wirtschaftsrat bildeten sich die parteipolitischen Konstellationen, die für die spätere Bundesrepublik bis Mitte der 60er Jahre bestimmend blieben: SPD und CDU/CSU (die Unions-Parteien bildeten in Frankfurt zum ersten Mal eine Fraktionsgemeinschaft) waren gleichstark, doch konnte die Unions-Fraktion auf die Unterstützung der niedersächsischen Abgeordneten der Deutschen Partei (DP) und der liberalen Abgeordneten rechnen, so daß das bürgerliche Lager insgesamt eine Mehrheit besaß (daneben waren noch das Zentrum, die KPD und die WAV[1]) vertreten). Als die SPD ihren Anspruch auf das Amt des Wirtschaftsdirektors nicht durchsetzen konnte, verzichtete sie auf die Besetzung der anderen Verwaltungen und übernahm bewußt die Rolle der Opposition. Hinfort bestimmte eine wachsende Polarisierung das Verhältnis der beiden großen Parteien zueinander. Die Verwaltung des Mangels (insbesondere an Lebensmitteln) gelang mehr schlecht als recht. Zufrieden war mit der zentralen Zuteilungswirtschaft in Frankfurt eigentlich niemand.
Als mit dem Frankfurter Wirtschaftsrat bereits der Kern einer zukünftigen westdeutschen Staatsorganisation entstand, versuchten die deutschen Ministerpräsidenten noch einmal, Gesamtdeutschland ins Spiel zu bringen. Auf Betreiben des bayerischen Regierungschefs *Ehard* kam es am 5. Juni 1947 zum einzigen Treffen aller deutschen Ministerpräsidenten in München. Doch die Konferenz scheiterte bereits am Vorabend ihres offiziellen Beginns am Streit über eine gemeinsame Tagesordnung. Während die ostzonalen Vertreter, von der SED mit gebundener Marschroute entsandt, über die Bildung einer gesamtdeutschen Zentralverwaltung sprechen wollten, durften die Ministerpräsidenten aus der französischen Zone nur über Wirtschafts- und Ernährungsfragen reden. Aus diesen und anderen Gründen war die Konferenz zum Scheitern verurteilt, zu verschiedenartig waren die Interessen der Beteiligten.

Währungsreform und die Weichenstellung für die soziale Marktwirtschaft

Anfang 1948 entwickelte der Frankfurter Wirtschaftsrat Ideen und Pläne, die sich als zukunftsweisend zeigen sollten. Gegen den heftigen Widerstand der sozialdemokratischen Fraktion wurde eine marktwirtschaftliche Neuorientierung durchgesetzt. Der neugewählte Wirtschaftsdirektor Ludwig Erhard konnte sich auf eine knappe Mehrheit verlassen, als er einen Kurswechsel der bislang praktizierten Wirtschaftspolitik proklamierte (▷ M 4). Durch Aufhe-

[1]) Wirtschaftliche Aufbauvereinigung, eine bayerische Regionalpartei, die sich unter anderem um die Wählerstimmen der Vertriebenen bemühte.

bung des Systems der totalen Bewirtschaftung sollte die staatliche Befehlswirtschaft abgeschafft und eine allmähliche Wiederbelebung der Marktkräfte in Gang gesetzt werden. Angesichts der noch schwer angeschlagenen Volkswirtschaft in Deutschland und der immer noch unzureichenden Versorgungslage der Bevölkerung klang dies revolutionär und wurde auch vom linken Flügel der Unions-Parteien scharf kritisiert, allerdings ohne Erfolg. Seine Grundüberzeugung von einer sozialverantwortlichen freiheitlichen Marktwirtschaft hatte Erhard bereits während des Krieges in einer Denkschrift entwickelt. Er griff dabei auf wirtschaftspolitische Ordnungskonzepte bekannter Nationalökonomen wie *Röpke* und *Eucken* zurück. *Alfred Müller-Armack* formulierte die Vorstellungen Erhards über eine neue Wirtschaftsordnung theoretisch aus und schuf auch den Begriff der *„sozialen Marktwirtschaft"*.
Die Neuorientierung der Wirtschaftspolitik bedurfte jedoch erst noch der Billigung der Besatzungsbehörden und insbesondere einer umfassenden Reform des zerrütteten Geldwesens in Deutschland. Der inflatorische Geldüberhang von 300 Milliarden Mark, dem keine ausreichenden Sachwerte gegenüberstanden und der die späte Rechnung für die über die Notenpresse finanzierten Rüstungspolitik Hitlers darstellte, mußte beseitigt werden.
Während die von Erhard propagierte Wirtschaftsreform von den Deutschen ausging, war die *Währungsreform* – eines der einschneidendsten und zukunftsweisenden Ereignisse der Nachkriegszeit – vor allem eine Sache der Alliierten. Schon im Winter 1947/48 trafen Amerikaner, Briten und Franzosen Vorbereitungen. Unter strengster Geheimhaltung tagten dann deutsche und alliierte Währungsexperten vom 20. April bis 8. Juni 1948 in der Nähe von Kassel, um das komplizierte Gesetzgebungswerk für den Tag X fertigzustellen. In Kraft gesetzt wurde das Währungsreformgesetz von den Militärregierungen. An einem Freitag, dem 18. Juni 1948, erfuhren die Deutschen, daß am 20. Juni die allseits erwartete Währungsreform stattfinden würde (▷ M 5). Jeder Deutsche erhielt zunächst 40 (später noch einmal 20) *„Deutsche Mark"* als „Kopfgeld". Löhne, Gehälter, Pensionen und Mieten wurden im Verhältnis 1 zu 1, Schulden auf ein Zehntel in DM-Beträgen umgewertet; vor allem aber wurden alle Sparer mit einem Schlag nahezu enteignet. Zunächst wurden ihre Guthaben im Verhältnis von 10 zu 1 auf D-Mark umgestellt (höchstens 250,– DM waren sofort verfügbar), während der Rest durch eine weitere Verordnung im Oktober 1948 zusammengestrichen wurde, so daß von 100 Reichsmark nur 6,50 DM übrig blieben. Die Besitzer von Sachwerten wurden von solchen Eingriffen verschont. Erst aufgrund des Lastenausgleichgesetzes von 1952 mußten auch sie bestimmte Abgaben entrichten.
Der schmerzhafte Währungsschnitt hatte auch etwas Befreiendes. Man konnte für sein Geld wieder etwas kaufen. Mit einem Schlag waren die Schaufenster mit all den Waren gefüllt, die man jahrelang vermißt hatte. Der Handel hatte Waren gehortet und bot diese nun an. Der wirtschaftliche Impuls, den der jahrelang aufgestaute und nunmehr teilweise befriedigte Konsumbedarf auslöste, wirkte wie eine Initialzündung für den weiteren wirtschaftlichen Aufbau in Deutschland.

Die positive Wirkung der Währungsreform hing ganz wesentlich mit der zur gleichen Zeit durchgeführten Beendigung der Zwangswirtschaft durch den Frankfurter Wirtschaftsrat zusammen. In der Nacht vom 17. zum 18. Juni 1948 beschloß der Wirtschaftsrat auf Betreiben Erhards im sog. *„Leitsätze-Gesetz"* die Aufhebung der Bewirtschaftung aller Produkte mit Ausnahme der Hauptnahrungsmittel und wichtiger Rohstoffe und die Freigabe ihrer Preise (▷ M 6). Gegen den erbitterten Widerstand der SPD, die vor einer enormen Preissteigerung zu Lasten der sozial Schwachen und dem unkontrollierten Gewinnstreben der Unternehmer warnte, setzte Erhard mit Unterstützung von CDU/CSU und Liberalen sein Gesetz durch: Wettbewerb und Verbrauch sollten hinfort die wirtschaftliche Produktion steuern, nicht mehr staatlicher Dirigismus. Das *„Gesetz über Leitsätze für die Bewirtschaftung und Preispolitik nach der Geldreform"*, gegen das auch in der Umgebung des überzeugten Marktwirtschaftlers General Clay erhebliche Bedenken bestanden, trat am 24. Juni 1948 in Kraft.

Das Ende der Bezugsscheinwirtschaft (rund 90 Prozent aller Preisvorschriften wurden innerhalb eines Monates außer Kraft gesetzt) führte zu einem raschen Anstieg der Lebenshaltungskosten und der Arbeitslosenzahl. Die Gewerkschaften protestierten dagegen im November 1948 mit einem 24stündigen Generalstreik, und auch in den Reihen der Unions-Parteien wurde mancher wankelmütig. Erhard antwortete auf diese Entwicklung mit einer größeren Zahl von Einzelmaßnahmen (zum Beispiel Aufhebung des Lohnstopps) und konnte Anfang 1949 als ersten Erfolg die Beruhigung an der Preisfront feiern.

Die Währungsreform und die Beendigung der staatlichen Zwangswirtschaft setzten in kurzer Zeit ungeheuere Kräfte frei, die zur baldigen wirtschaftlichen Erholung Deutschlands beitrugen. Vor allem wurden damals ordnungspolitische Grundsatzentscheidungen getroffen, die zunächst wohl keine Mehrheit in der Bevölkerung hatten, aber mit der Wahl zum ersten Deutschen Bundestag im Sommer 1949 nachträglich gebilligt wurden.

Währungsreform: Überall in Westdeutschland warteten am 20. Juni 1948 die Menschen in langen Schlangen vor Sparkassen und Banken, um ihr Kopfgeld von 40,– D-Mark gegen die wertlos gewordene Reichsmark einzutauschen.

Die Wende in der amerikanischen Deutschlandpolitik

M 1

Aus der Rede des US-Außenministers Byrnes in Stuttgart am 6. 9. 1946:

Die jetzigen Verhältnisse in Deutschland machen es unmöglich, den Stand der industriellen Erzeugung zu erreichen, auf den sich die Besatzungsmächte als absolutes Mindestmaß einer deutschen Friedenswirtschaft geeinigt hatten. Es ist klar, daß wir, wenn die Industrie auf den vereinbarten Stand gebracht werden soll, nicht weiterhin den freien Austausch von Waren, Personen und Ideen innerhalb Deutschlands einschränken können. Die Zeit ist gekommen, wo die Zonengrenzen nur als Kennzeichnung der Gebiete angesehen werden sollten, die aus Sicherheitsgründen von den Streitkräften der Besatzungsmächte besetzt gehalten werden, und nicht als eine Kennzeichnung für in sich abgeschlossene wirtschaftliche oder politische Einheiten. [. . .]

Wir treten für die wirtschaftliche Vereinigung Deutschlands ein. Wenn eine völlige Vereinigung nicht erreicht werden kann, werden wir alles tun, was in unseren Kräften steht, um eine größtmögliche Vereinigung zu sichern.

Der Hauptzweck der militärischen Besetzung war und ist, Deutschland zu entmilitarisieren und entnazifizieren, nicht aber den Bestrebungen des deutschen Volkes hinsichtlich einer Wiederaufnahme seiner Friedenswirtschaft künstliche Schranken zu setzen. [. . .]

Die amerikanische Regierung steht auf dem Standpunkt, daß jetzt dem deutschen Volk innerhalb ganz Deutschlands die Hauptverantwortung für die Behandlung seiner eigenen Angelegenheiten bei geeigneten Sicherungen übertragen werden sollte. [. . .]

Die Vereinigten Staaten treten für die baldige Bildung einer vorläufigen deutschen Regierung ein. Fortschritte in der Entwicklung der öffentlichen Selbstverwaltung und der Landesselbstverwaltungen sind in der amerikanischen Zone Deutschlands erzielt worden, und die amerikanische Regierung glaubt, daß ein ähnlicher Fortschritt in allen Zonen möglich ist. [. . .]

Während wir darauf bestehen, daß Deutschland die Grundsätze des Friedens, der gutnachbarlichen Beziehungen und der Menschlichkeit befolgt, wollen wir nicht, daß es der Vasall irgendeiner Macht oder irgendwelcher Mächte wird oder unter einer in- oder ausländischen Diktatur lebt. Das amerikanische Volk hofft, ein friedliches und demokratisches Deutschland zu sehen, das seine Freiheit und seine Unabhängigkeit erlangt und behält. [. . .]

Die Vereinigten Staaten finden, daß sie Frankreich seinen Anspruch auf das Saargebiet nicht verweigern können. Natürlich müßte Frankreich, wenn ihm das Saargebiet eingegliedert wird, seine Reparationsansprüche an Deutschland entsprechend ändern. [. . .]

Das amerikanische Volk, das für die Freiheit gekämpft hat, hat nicht den Wunsch, das deutsche Volk zu versklaven. Die Freiheit, an welche die Amerikaner glauben und für die sie kämpfen, ist eine Freiheit, an der alle teilhaben sollen, die gewillt sind, die Freiheit anderer zu achten. [. . .]

Die Vereinigten Staaten können Deutschland die Leiden nicht abnehmen, die ihm der von seinen Führern angefangene Krieg zugefügt hat. Aber die Vereinigten Staaten haben nicht den Wunsch, diese Leiden zu vermehren oder dem deutschen Volk die Gelegenheit zu verweigern, sich aus diesen Nöten herauszuarbeiten, solange es menschliche Freiheit achtet und vom Wege des Friedens nicht abweicht.

Das amerikanische Volk wünscht, dem deutschen Volk die Regierung Deutschlands zurückzugeben. Das amerikanische Volk will dem deutschen Volk helfen, seinen Platz zurückzufinden zu einem ehrenvollen Platz unter den freien und friedliebenden Nationen der Welt.

Die Neue Zeitung, Berliner Ausgabe, Nr. 72, 9. September 1946

1. *Arbeiten Sie heraus, warum die Zeitgenossen die Rede des amerikanischen Außenministers als eine Wende empfinden konnten.*
2. *Erörtern Sie, wie die Rede von Byrnes auf die sowjetische beziehungsweise französische Diplomatie wirken mußte.*
3. *Warum hatte sich der inneramerikanische Entscheidungsprozeß über eine Neuformulierung der Deutschlandpolitik der USA ein Jahr lang hingezogen, obgleich General Clay bereits frühzeitig einen Kurswechsel von Washington forderte? Bedenken Sie dabei auch die psychologischen Momente.*

M 2 Reparationen durch Demontagen

In einer wissenschaftlichen Untersuchung wird das Gesamtvolumen der Demontagen in Deutschland analysiert.

Im Gegensatz zum 1. Weltkrieg, wo Reparationen sehr wesentlich durch Geldzahlungen abgetragen wurden, [. . .] sollten nach dem 2. Weltkrieg die Reparationen nach einer von Stalin schon in Teheran aufgestellten Forderung in Sachlieferungen geleistet werden. [. . .]

Nach am 17. Oktober 1947 veröffentlichten *Demontagelisten* konnten die Briten aus ihrer Zone und dem Berliner Sektor Reparationsgüter aus insgesamt 496 Betrieben entnehmen. [. . .]

Tatsächlich wurden bis August 1950 411 total oder teilweise demontiert. [. . .] Die Amerikaner hatten in ihrer Zone ursprünglich 388 Werke angegeben, am 17. Oktober 1947 die Zahl auf 185 reduziert und bis August 1950 tatsächlich 183 demontiert. Darunter befanden sich in erster Linie Flugzeugwerke von Messerschmidt, Dornier, Junkers, Fieseler und Henschel. Die Franzosen hatten zunächst 510 Werke benannt, am 6. November 1947 ihre Forderungen auf 266 zurückgenommen und bis August 1950 tatsächlich 103 demontiert. [. . .] Von den ursprünglich durch die IARA[1]) zusammengestellten 1740 Werken in den drei Westzonen sind damit bis Mitte 1950 real 697 zu Reparationszwecken total- oder teildemontiert worden.

In der Ostzone hat die Sowjetunion nach im Westen bekannt gewordenen Angaben bis zum 17. Oktober 1947 1378 Werke für Demontagen benutzt, bis Mitte 1950 sogar 1998.

[. . .] Aus Sachsen und Thüringen hatten die Sowjets naturgemäß besonders die Werke der verarbeitenden, in Sonderheit der Maschinenbauindustrie demontiert, in Sachsen über 350, in Thüringen fast 250 Werke. Außer diesen Demontagen hatten sie durch den SMAD[2])-Befehl Nr. 124 vom 30. Oktober 1945 bereits das „Eigentum des Reiches und Preußens, der Wehrmacht, der

[1]) Interalliierte Reparationsagentur
[2]) Sowjetische Militäradministration

verbotenen Organisationen" konfisziert und am 5. Juni 1946 (SMAD-Befehl Nr. 167) 213 Großbetriebe mit einem Anteil von mehr als 25 % an der Industriekapazität der gesamten Ostzone in Sowjetische Aktiengesellschaften überführt.

Nach späteren Berechnungen belief sich die Summe der bis 1953 aus dem Bereich der DDR an die Sowjetunion geleisteten Reparationen unter Einschluß von Warenlieferungen aus der laufenden Produktion [. . .] auf 66,4 Mrd. Mark. Auf den Bereich der Bundesrepublik entfielen im gleichen Zeitraum Reparationen im Werte von 16 Mrd. Mark.

Manfred Overesch, Deutschland 1945–1949. Vorgeschichte und Gründung der Bundesrepublik, Königstein-Düsseldorf 1979, S. 59 ff.

1. *Erörtern Sie, warum die Demontagepolitik besonders unpopulär war.*
2. *Inwiefern widersprach die Demontagepolitik der „neuen" britisch-amerikanischen Besatzungspolitik?*
3. *Warum wurden in den Westzonen die Demontagelisten nach unten korrigiert?*
4. *Diskutieren Sie darüber, welchen Beitrag die unterschiedliche Demontagepolitik der Siegermächte zur Auseinanderentwicklung der Zonen leistete.*

Sozialisierung im Ruhrgebiet

M 3

In fünf Punkten faßt der Historiker Christoph Kleßmann die Gründe für das Scheitern der Sozialisierungsabsichten im Ruhrgebiet zusammen, die ursprünglich zu den wichtigsten Neuordnungsplänen der britischen Labour-Regierung gehört hatten.

1. Die britische Politik wurde zunächst von sicherheitspolitischen Erwägungen bestimmt. Darin stimmte sie mit den anderen Alliierten überein. Die Beschlagnahme der Zechen im Dezember 1945 sowie der Eisen- und Stahlwerke im August 1946 und die Schaffung von Kontrollbehörden über Kohle und Stahl (North German Coal Control, North German Iron and Steel Control, NGCC, NGISC) diente vor allem diesem Ziel. Daraus konnten sich sowohl Maßnahmen zur Entflechtung wie zur Sozialisierung ergeben. Daß dabei der Entflechtung Priorität zukam, darauf deutet ihre schnelle Realisierung hin, die mit der Einführung der paritätischen Mitbestimmung in 25 Eisen- und Stahlwerken 1947/48 gekoppelt wurde.

[. . .] Nicht die prinzipielle Absicht zur Sozialisierung, die im damaligen Europa nahezu selbstverständlich war, stand dabei in Frage, sondern die Priorität gegenüber anderen Zielen und der Nachdruck, auch gegen Widerstände Sozialisierungsmaßnahmen durchzusetzen. Diese Widerstände aber zeigten sich vor allem von amerikanischer Seite.

2. [. . .] Die USA erhielten mit der Gründung der Bizone und den Ruhrkohleverhandlungen im Sommer 1947, aus denen die Deutsche Kohlenbergbauleitung (DKBL) als deutsche Treuhandgesellschaft hervorging, entscheidendes Mitspracherecht im Ruhrbergbau und setzten vor allem ein Moratorium von fünf Jahren für eine Grundsatzentscheidung über die Sozialisierung durch. Daß die britische Politik diesem Druck nachgegeben hat, ist jedoch nicht nur aus der ökonomischen Schwäche und der daraus resultierenden politischen Abhängigkeit von den USA zu erklären, sondern auch aus mangelndem „Druck von unten" durch die deutsche Bevölkerung.

3. In der Sozialisierungsdiskussion liefen die Politik der Besatzungsmacht und der deutschen Befürworter und Entscheidungsträger zeitlich auffällig auseinander. Während 1947 das Interesse an der Sozialisierung bei der britischen Politik im Ruhrgebiet abflaute, erreichte es bei Gewerkschaften und Parteien und im nordrhein-westfälischen Landtag zu dieser Zeit erst seinen Höhepunkt und trat 1948 in sein Entscheidungsstadium ein. Damit fand ein unzweifelhaft schon seit dem Zusammenbruch feststellbares, aber in seiner Intensität schwer meßbares Verlangen der Bevölkerung nach gesellschaftspolitischer Neuordnung erst zu einer Zeit seinen massiven Ausdruck, als außenpolitisch die Weichen in eine andere Richtung gestellt waren.
[. . .] Der Ruf nach Überführung der Zechen in Gemeineigentum wurde im Ruhrgebiet fast zu einer Selbstverständlichkeit, gleichwohl besaß er gegenüber den unmittelbar auf den Nägeln brennenden Versorgungs- und Ernährungsproblemen keine Priorität. [. . .]
Der Konsens, von dem die Gesetzesvorlage des NRW-Landtages zur Sozialisierung getragen wurde, war keineswegs von eindrucksvoller Breite. Um die Einheitsgewerkschaft nicht zu gefährden, ließ die CDU das Gesetz 1948 auf Druck ihres starken linken Flügels schließlich mit Stimmenthaltung passieren, offenbarte damit aber die durchaus grundsätzlichen Differenzen, die zwischen den Parteien auch in der Sozialisierungsfrage bestanden. Und eben dieser fehlende Nachdruck von deutscher Seite ließ auch die britische Besatzungsmacht zurückhaltend in ihren eigenen Sozialisierungswünschen und nachgiebig gegenüber den USA reagieren. Der Beschluß des Landtages wurde von der britischen Militärregierung nicht bestätigt und war damit zunächst gegenstandslos.
4. [. . .] Die in der SBZ schon 1946 vorgenommene Verstaatlichung und die auf ihrer Basis vollzogene stalinistische Transformation brachten in der Phase des kalten Krieges Begriffe wie Sozialisierung und Sozialismus in Westdeutschland so gründlich in Mißkredit, daß ihre Anhänger bald auf verlorenem Posten im Kampf gegen zugkräftige Wahlkampfklischees ihrer konservativen Gegner standen. [. . .]
5. Es sollte schließlich nicht vergessen werden, daß die Sozialisierung nur ein Teilstück im Neuordnungsprogramm der Arbeiterbewegung war und daß ein wesentlicher weiterer Teilbereich, die paritätische Mitbestimmung im Montanbereich, realisiert werden konnte. Mit dieser Feststellung wird sowohl die Bedeutung der Sozialisierung als auch der Eindruck der Passivität der Gewerkschaft relativiert.

Christoph Kleßmann, Die doppelte Staatsgründung. Deutsche Geschichte 1945–1955, Göttingen 1982, S. 111 ff.

1. *Warum stimmten nach 1945 die meisten Parteien darin überein, die Kohle- und Stahlproduktion in Gemeineigentum zu überführen?*
2. *Erläutern und beurteilen Sie die speziellen britischen, amerikanischen und deutschen Ziele und Interessen in der Frage der Entflechtung der Kohle- und Stahlindustrie.*
3. *Diskutieren Sie die Frage, warum die Wirtschaftskrise der unmittelbaren Nachkriegszeit ein Hindernis für die Sozialisierungsziele auf deutscher Seite war.*
4. *Warum ist die Montanmitbestimmung ein wichtiger Aspekt der von den Gewerkschaften, der SPD und Teilen der CDU geforderten gesellschaftspolitischen Neuordnung in Deutschland?*

Professor Dr. Ludwig Erhard (1897–1977), 1945/46 bayerischer Wirtschaftsminister, 1948/49 Direktor der Verwaltung für Wirtschaft des Vereinigten Wirtschaftsgebiets in Frankfurt am Main, 1949–1963 Bundeswirtschaftsminister, 1963–1966 Bundeskanzler.

Beseitigung der staatlichen Zwangswirtschaft

M 4

Aus der Rede des neugewählten Wirtschaftsdirektors Ludwig Erhard vor dem Frankfurter Wirtschaftsrat am 21. 4. 1948. Erhard war damals noch parteilos und hatte in München ohne großen Erfolg das Wirtschaftsministerium geleitet. Wenige Jahre später gehörte er zu den populärsten Politikern der Bundesrepublik und wurde als „Vater des deutschen Wirtschaftswunders" gefeiert.

Wenn Sie sich vergegenwärtigen, daß unsere Wirtschaft infolge des fortdauernden Währungschaos jedes Wert- und Vergleichsmaßstabes beraubt ist, daß wir bei jedem Kauf und Verkauf mit inkommensurablen[1]) Wertgrößen operieren und uns ständig auf dem Boden von Fiktionen bewegen, wenn Sie sich darauf besinnen, was es bedeutet, eine hochentfaltete, moderne Geldwirtschaft auf die Verkehrssitten einer primitiven Tauschwirtschaft reduzieren zu sollen, dann bedarf es wirklich nicht mehr der Suche nach Sündenböcken, sondern es bedarf – und das ist zwingend – der Wiederherstellung geordneter Geldverhältnisse. Nur durch dieses Mittel allein ist wieder eine wirtschaftliche Ordnung sicherzustellen. [. . .]

Im Konkreten heißt das, daß wir nach einer Währungsreform dem menschlichen Willen und der menschlichen Betätigung sowohl nach der Produktions- als auch nach der Konsumseite hin wieder größeren Spielraum setzen und dann auch automatisch dem Leistungswettbewerb Möglichkeiten der Entfaltung eröffnen müssen. Wo immer die Gesellschaft bei solcher Entwicklung Fehlleitungen oder Gefahren befürchtet, da mag sie durch sozial-, wirtschafts- oder finanzpolitische Maßnahmen Grenzen ziehen oder Regeln setzen – ja, sie wird das in Zeiten der Not sogar tun müssen, aber sie kann und darf ohne Schaden für die Gesamtheit nicht den ursprünglichsten Trieb der Menschen unterdrücken und ertöten wollen.

[1]) unvergleichbaren

[. . .] Jedes System, das dem Individuum nicht in jedem Falle die freie Berufs- und Konsumwahl offen läßt, verstößt gegen die menschlichen Grundrechte und richtet sich, wie die Erfahrung lehrt, zuletzt gerade gegen diejenigen sozialen Schichten, zu deren Schutz die künstlichen Eingriffe gedacht waren. Wer würde z. B. heute noch bestreiten wollen, daß unter der geltenden Zwangswirtschaft, die allerdings gewiß von allen abgelehnt wird, aber die ja doch zuletzt der Fluch der bösen Tat ist, sowohl in der Produktions- als in der Konsumptionssphäre gerade die Schwachen und Armen am meisten gelitten haben, und daß dieses System, das sie bedrückt und gedemütigt hat, gerade von diesen Schichten unseres Volkes am tiefsten verabscheut wird.
[. . .] Der Preisstopp bot den Deckmantel für die bewußt ins Chaos treibende Staatspolitik. Der Preisstopp erlaubte die Mißwirtschaft und die Ausbeutung aller arbeitenden Menschen, der Preisstopp war folgerichtig der Wegbereiter jener staatlichen Zwangswirtschaft, die die politische Atmosphäre vergiftet und die wir nicht verwässern, sondern beseitigen müssen, um auch wieder moralisch gesunden zu können. Wir mögen auch hier zur Vermeidung sozialer Härten für eine Übergangszeit noch gewisse Bindungen fortbestehen lassen, aber im Prinzip darf es auf diesem Gebiet keine Kompromisse geben, wenn die Währungsreform als ein dynamischer Prozeß erfolgreich zu Ende geführt werden soll.

Herbert Michaelis (Hrsg.) u. a., Ursachen und Folgen. Vom deutschen Zusammenbruch 1918 und 1945 bis zur staatlichen Neuordnung in der Gegenwart, Band 25, Berlin o. J., S. 300 ff.

1. *Arbeiten Sie die zentralen Begriffe heraus, mit denen Erhard seine Wirtschaftskonzeption charakterisiert, und prüfen Sie, welche Auswirkungen sie in der damaligen wirtschaftlichen Situation haben mußten.*
2. *Welche wirtschaftspolitischen Maßnahmen kündigt Erhard im Sinne eines Kurswechsels an?*
3. *Warum lehnten die Gewerkschaften und die SPD Erhards Programm entschieden ab? Wie beurteilen Sie diese Kritik?*

M 5 „Reichsmarkdämmerung"

Aus einem Zeitungsartikel über den Tag vor der Währungsreform:

Es wurden die unsinnigsten Einkäufe gemacht. Am Samstagmittag war nichts mehr zu bekommen. In den Apotheken verlangten manche Kunden für Hunderte von Mark Kopfwehpulver, Badesalz, Einmachtabletten oder Rattengift. Eine Hausfrau erwarb u. a. einen Karton mit „Dr. Oetkers Tortin, ein bewährtes Triebmittel für Tortenböden", das, wie uns der Drogist versicherte, für die Zubereitung von etwa 2800 Torten reicht. Aus den Kunstgewerbe- und Ramschläden schleppten die Leute stoßweise gerahmte Wandsprüche, getrocknete Blumen hinter Glas und Topfuntersätze. Ein Kauflustiger keuchte unter der Last einer etwa eineinhalb Zentner schweren Gartensäule mit Büste, ein anderer hatte bei einer Tändlerei einen großen Sack mit Rehgeweihen erstanden. An den Kinos, bei denen der Vorverkauf gewöhnlich um halb zwölf Uhr beginnt, gab es schon ab halb neun Uhr riesigen Andrang. Die Straßenbahnen waren zum Brechen voll, und es hatte den Anschein, als ob ein Teil der Fahrgäste Dauerrundfahrten machte. Wer noch Briefe zu schreiben hatte, erledigte dies ebenfalls noch mit den alten Postwertzeichen. Samstag abend war in den Gaststätten kein Bier mehr zu haben. Dafür feierten in manchen Nebenzimmern die Schwarzmarktsnobs die „Reichsmarkdämmerung" bei Schnaps und Wein und zündeten sich ihre Zigaretten mit Fünfzigmarkscheinen an. Nachts sah man viele Betrunkene nach Hause schwanken.

Süddeutsche Zeitung, 22. 6. 1948

1. *Warum kauften die Menschen damals nichts Sinnvolleres für ihre Reichsmarkguthaben? Wofür hätten Sie Ihr Geld ausgegeben?*
2. *Erläutern Sie, inwiefern die Währungsreform die späte Rechnung für Hitlers Krieg war.*

M 6

Ludwig Erhard über die Aufhebung der Bewirtschaftungs- und Preisvorschriften 1948

In seinen Erinnerungen weist Erhard darauf hin, daß die Marktwirtschaft in Deutschland durch wenige Gesetze eingeführt worden sei. Das wichtigste war das „Gesetz über Leitsätze für die Bewirtschaftung und Preispolitik nach der Geldreform" vom 24. Juni 1948.

Mit diesem Gesetz wurde dem Direktor der Verwaltung für Wirtschaft das Recht eingeräumt, mittel- oder unmittelbar und in einem Zuge Hunderte von Bewirtschaftungs- und Preisvorschriften in den Papierkorb zu befördern. Ich wurde beauftragt, im Rahmen der angefügten Leitsätze „die erforderlichen Maßnahmen auf dem Gebiete der Bewirtschaftung zu treffen" und „die Waren und Leistungen im einzelnen zu bestimmen, die von den Preisvorschriften freigestellt werden sollen" – dies bedeutete für mich, so schnell als möglich so viele Bewirtschaftungs- und Preisvorschriften als möglich zu beseitigen. Bereits einen Tag später wurde die „Anordnung über Preisbildung und Preisüberwachung nach der Währungsreform" erlassen, mit der Dutzende von Preisvorschriften außer Kraft traten. Wir gingen hierbei den einzig möglichen Weg: Es wurde darauf verzichtet, all das aufzuführen, was ungültig wurde, und nur das namentlich und ausdrücklich genannt, was noch Geltung behalten sollte. Damit war ein gewaltiger Schritt in Richtung auf das Ziel der Beseitigung einer unmittelbaren Einflußnahme der Bürokratie auf die Wirtschaft getan. Was sich im Hintergrund dieses Übergangs zur Marktwirtschaft abspielte, ist der breiten Öffentlichkeit nie voll bewußt geworden. Nur ein Beispiel: Strenge Vorschriften der amerikanischen und englischen Kontrollinstanzen verlangten vor jeder Änderung von Preisvorschriften deren ausdrückliche Genehmigung. Woran die Alliierten allerdings nicht gedacht hatten, war, daß jemand überhaupt auf die Idee kommen könnte, diese Preisvorschriften nicht zu ändern, sondern sie einfach aufzuheben. So viel Kühnheit von einem Deutschen so kurze Zeit nach dem Kriegsende anzunehmen, paßte nicht in die Denkkategorie einer Verwaltung kurz nach einem überwältigenden Sieg. Zugute kam mir, daß sich General Clay, die wohl stärkste Persönlichkeit der Hohen Kommission, hinter mich stellte und meine Anordnungen deckte. Die Preisbildung deutscher Konsumgüter und wichtigster Nahrungsmittel war damit der alliierten Preisaufsicht entzogen.

Ludwig Erhard, Wohlstand für Alle, Gütersloh 1962, S. 15 f.

1. *Welches Ziel verfolgte Erhard mit seiner neuen Wirtschaftspolitik?*
2. *Schildern Sie die kurz- und langfristigen Folgen der Aufhebung der Preisvorschriften.*

Die Gründung der beiden deutschen Staaten

Die Berlin-Blockade 1948/49

Eine unmittelbare Folge der Währungsreform in den Westzonen war die *Berliner Blockade.* Ihre Ursachen lagen jedoch tiefer: Es war der Versuch der Sowjetunion, mit massiven Mitteln die sich abzeichnende Entwicklung eines westdeutschen Staates in letzter Minute zu verhindern. Der Sowjetunion kam dabei eine Vertragslücke zugute, denn der militärische und zivile Zugang nach Berlin war zwischen den Westmächten und der Sowjetunion nicht geregelt. Nur über den Luftverkehr gab es ein schriftliches Abkommen (30. November 1945), wonach eine interalliierte Luftsicherheitszentrale den Luftverkehr von und nach Berlin über drei Luftkorridore zu dirigieren hatte.
Bereits im Frühjahr 1948 erfand die sowjetische Militärverwaltung immer neue „technische Störungen", um den Verkehr auf den Zufahrtswegen nach Berlin zu behindern. Am 16. Juni platzte auch die Vier-Mächte-Regierung für Berlin. Schon Monate zuvor hatten die vier Mächte vergeblich über eine gemeinsame Währungsreform in allen vier Zonen verhandelt. Zunächst wollten die drei Westmächte Groß-Berlin von der Währungsreform ausnehmen, um eventuell noch zu einem Übereinkommen mit der Sowjetunion zu gelangen. Am 19. Juni 1948 verbot der Chef der sowjetischen Militärverwaltung *Sokolowski* die Einführung des neuen Geldes in ganz Berlin. Vier Tage später wurde auch für die Ostzone eine eigene Währungsreform angeordnet unter ausdrücklicher Einbeziehung ganz Berlins. Gegen die Einbeziehung ihrer drei Sektoren erhoben die Westmächte sofort Einspruch und dehnten ihrerseits den Geltungsbereich der neuen D-Mark auch auf West-Berlin aus. Einige Zeit lang waren daher in den Westsektoren zwei Währungen gültig, während im Osten der Stadt die D-Mark verboten war. In der Nacht vom 23. zum 24. Juni 1948 wurde die Elektrizitätsversorgung aus dem sowjetischen Sektor Berlins und der Ostzone abgestellt, und es begann die Sperrung des Personen- und Güterverkehrs sowie der Lebensmittellieferungen. Die Blockade Berlins zu Lande und zu Wasser hatte begonnen. Die Sowjetunion wollte die zwei Millionen Westberliner aushungern und in einer Art Geißelnahme die Westmächte zwingen, ihre Weststaatspläne aufzugeben und ganz Berlin den Sowjets zu überlassen.

Die Luftbrücke

Den Westmächten blieb zur Versorgung der eigenen Truppen und ihrer Angehörigen sowie der Berliner Bevölkerung nur noch der Luftweg. Vor allem auf Betreiben General Clays begann Ende Juni 1948 die *„Operation Vittles"* (Lebensmitteloperation), das als *„Berliner Luftbrücke"* bekannt gewordene größte Transportunternehmen der Geschichte.
Als Sprecher der Berliner Bevölkerung wandte sich der 1947 gewählte, aber von den Sowjets an seiner Amtsausübung gehinderte Oberbürgermeister *Ernst Reuter* in Massenkundgebungen an die westliche Welt und beschwor den Durchhaltewillen der Berliner. Über die britisch-amerikanische Luftbrücke

Ein amerikanisches Versorgungsflugzeug landet auf dem Flugplatz Tempelhof in Berlin. Während der Luftbrücke stürzten 24 Maschinen ab, und 76 Todesopfer waren zu beklagen. Mit täglich mehreren hundert Flügen sorgten die „Rosinenbomber" während der Luftbrücke für die Ernährung der Bevölkerung Berlins.

beförderten Transportflugzeuge in mehreren hundert Flügen pro Tag erst 1000 und schließlich bis zu 7000 Tonnen Lebensmittel und Kohle täglich nach Berlin. 279 000 Flüge absolvierten die von den Westmächten finanzierten „Rosinenbomber", die von der Trockenmilch für Säuglinge bis zu Turbinenteilen alles nach Berlin brachten, was zum Überleben notwendig wurde: über 2 Millionen Tonnen Güter. Erst am 4. Mai 1949 kam es zu einem Vier-Mächte-Abkommen über die Beendigung der sowjetischen Blockade Berlins. Am 12. Mai 1949 erreichten die ersten Lastwagen aus dem Westen Berlin.
Mit der rücksichtslosen Abschnürung Berlins von den Westzonen hatte Stalin alle Vorurteile bestätigt, die damals über seine Deutschlandpolitik im Umlauf waren. Er hatte es auch geschafft, daß Deutsche und Westalliierte sich zum ersten Mal als Verbündete verstanden. Insofern erwies sich die Blockade Berlins für die Sowjetunion als ein schwerer Fehler, durch den sie jeden Kredit bei der deutschen Bevölkerung verlor.
Die Westberliner waren gerettet. Doch Berlin war zu einer gespaltenen Stadt geworden, denn noch während der Blockade hatte die SED die labile Lage dazu benutzt, einen eigenen Oberbürgermeister für den Ostsektor einzusetzen. Seither war Berlin verwaltungsmäßig geteilt.

Die Frankfurter Dokumente

Seit Ende 1947 waren Amerikaner und Briten entschlossen, den Weg zur Konsolidierung der Westzonen und damit der Schaffung eines westdeutschen Teilstaates zu gehen (▷ M 1). Das amerikanisch-britische Ziel einer raschen Konsolidierung der drei Westzonen stieß zunächst auf den hinhaltenden Widerstand der französischen Besatzungsmacht. Erst nach der Zustimmung der

Briten und Amerikaner zur Abtrennung des Saargebietes und seiner Einbeziehung in das französische Wirtschaftsgebiet sowie zu einer internationalen Kontrolle des Ruhrgebietes schwenkte der französische Außenminister *Bidault* auf den amerikanischen Kurs um, zumal die Abhängigkeit Frankreichs von der amerikanischen Dollarhilfe ihm letztlich keine andere Wahl ließ. Im Verlauf der Londoner Sechs-Mächte-Konferenz (Februar/März und April 1948), an der neben den drei Besatzungsmächten auch die Beneluxländer teilnahmen, ging es um die einvernehmliche Festlegung der staatsrechtlichen Gestalt eines zukünftigen Westdeutschlands sowie um die Modalitäten seiner zukünftigen Kontrolle. Frankreich wollte ein möglichst schwaches, daher extrem föderalistisches Deutschland an seinen Ostgrenzen, während die USA und Großbritannien stärker die staatliche Funktionsfähigkeit Westdeutschlands vor Augen hatten.

Die drei Westmächte (und die Beneluxländer) einigten sich auf einen Minimalkonsens, der in den *Londoner Empfehlungen vom 7. Juni 1948* seinen Ausdruck fand. Am 1. Juli 1948 übergaben die drei Militärgouverneure den elf deutschen Ministerpräsidenten im Hauptquartier der amerikanischen Besatzungsmacht in Frankfurt drei Dokumente, in denen der Kern der Londoner Empfehlungen enthalten war (▷ M 2). Die Ministerpräsidenten wurden darin beauftragt, eine verfassunggebende Versammlung einzuberufen, die eine demokratische Verfassung für einen föderalistischen Staat ausarbeiten und dem Volk zur Entscheidung vorlegen sollte. Weiter wurde der Auftrag zur Länderneugliederung erteilt. Schließlich wurden die Ministerpräsidenten mit den Grundzügen des geplanten Besatzungsstatuts einschließlich der zahlreichen wirtschaftlichen Kontrollauflagen bekanntgemacht. Alles in allem sahen sich die westdeutschen Regierungschefs mit einem als Angebot getarnten Befehl zur Schaffung eines Weststaates mit beschränkter und kontrollierter Selbstverwaltung auf Probe konfrontiert.

Die deutsche Option für den Weststaat

Ihre Stellungnahme zu den *Frankfurter Dokumenten* berieten die Ministerpräsidenten der Westzonen auf ihrer ersten Konferenz auf dem Rittersturz bei Koblenz vom 8. bis 10. Juli 1948. Man war sich einig, daß die deutsche Seite grundsätzlich positiv reagieren müßte. Allerdings wollten die Ministerpräsidenten die Dokumente nur als Diskussionsgrundlage betrachten, die gemäß den deutschen Wünschen noch verändert werden konnte. Großen Wert legten die Ministerpräsidenten daher auf die Vorläufigkeit der geplanten Maßnahmen – es sollte nicht die Rede von einem „Staat", sondern nur von einem „Zweckverband administrativer Qualität" *(Carlo Schmid)* sein – und forderten, daß „alles vermieden wird, was geeignet sein könnte, die Spaltung zwischen West und Ost weiter zu vertiefen". Das in Koblenz von den Ministerpräsidenten verfochtene Provisoriumskonzept kam auch darin zum Ausdruck, daß nicht von einer verfassunggebenden Versammlung, sondern von einem *„Parlamentarischen Rat"* sowie von einem *„Grundgesetz"* anstelle einer Verfassung

Ministerpräsidentenkonferenz auf dem Rittersturz in Koblenz am 8. Juli 1948 zur Beratung der „Frankfurter Dokumente". Der rheinland-pfälzische Ministerpräsident Peter Altmeier begrüßt seine Kollegen aus den übrigen Ländern.

die Rede war. Auch der Wunsch, das Grundgesetz schließlich durch die Landtage und nicht durch einen Volksentscheid in Kraft zu setzen, ergab sich aus diesem Provisoriumskonzept. Außerdem legten die Ministerpräsidenten Wert darauf, daß das Besatzungsstatut vor Beginn der Verfassungsberatungen bekanntgegeben wurde, um zu verhindern, daß die Alliierten die im Grundgesetz zugestandenen Rechte per Besatzungsstatut gleich wieder aufhoben (▷ M 3). General Clay lehnte allerdings alle Forderungen der Ministerpräsidenten rundweg ab und ließ erkennen, daß die Vorstellungen der deutschen Seite nur Wasser auf die Mühle der Franzosen wären, die nach einem Anlaß suchten, um die Gründung eines westdeutschen Staates noch in letzter Minute zu verhindern. Unter dem Eindruck der unnachgiebigen Haltung General Clays sowie der sowjetischen Blockade Berlins modifizierten die Ministerpräsidenten ihre ursprünglichen Forderungen.

Auf einer zweiten Konferenz im Jagdschloß Niederwald bei Rüdesheim (21./22. Juli 1948) erklärten sich die Regierungschefs bereit, im Sinne der westlichen Vorschläge zu verfahren. Nur an den terminologischen Korrekturen wollte man festhalten. Nach kontrovers geführten Diskussionen akzeptierten die Vertreter der Alliierten schließlich die Vorschläge der Ministerpräsidenten. Damit war die Bahn frei für die Verfassungsberatungen, die in Bonn stattfinden sollten. Ein Sachverständigenausschuß aus je einem Bevollmächtigten der Länder und noch weiteren juristischen Mitarbeitern erarbeitete auf Schloß Herrenchiemsee vom 10. bis 23. August 1948 einen Verfassungsentwurf als Diskussionsgrundlage.

Die Beratungen des Grundgesetzes im Parlamentarischen Rat

Die 65 Abgeordneten des *Parlamentarischen Rates* waren von den Länderparlamenten im August 1948 gewählt worden. Mit jeweils 27 Abgeordneten waren SPD und CDU/CSU (19 CDU, 8 CSU) gleich stark vertreten, fünf Abgeordnete stellte die F.D.P. und je zwei Abgeordnete die Deutsche Partei, das Zentrum und die KPD. Außerdem wirkten noch fünf Berliner Abgeordnete ohne Stimmrecht mit. Beamte und Juristen prägten das soziale Profil des Parlamentarischen Rates, in den die Parteien ihre führenden Verfassungspolitiker entsandten. Zum Präsidenten wurde der 72jährige Parteivorsitzende der CDU in der britischen Zone, Konrad Adenauer, gewählt, während der einflußreiche Vorsitz im Hauptausschuß, in dem die eigentlichen Verfassungsberatungen stattfanden, an Professor Carlo Schmid (SPD) ging.

Viele Verfassungsfragen wurden vor dem Hintergrund der Erfahrungen der Weimarer Republik und der nationalsozialistischen Diktatur rasch und einvernehmlich gelöst. Die Geltungskraft der Grundrechte, die starke Stellung des Kanzlers, das konstruktive Mißtrauensvotum, die reduzierten Funktionen des Bundespräsidenten, die Ablehnung des Plebiszits und die Konstruktion eines rein parlamentarisch-repräsentativen Regierungssystems gehörten dazu. Streit gab es im Parlamentarischen Rat vor allem über die Ausgestaltung des Föderalismus (Stellung und Funktion der Zweiten Kammer, Verteilung der Steuern, Aufbau der Finanzverwaltung), das Verhältnis zwischen Kirche und Staat und das Elternrecht (Einfluß der Kirchen auf die weltanschauliche Gestaltung des Schulwesens). Die Kirchen behielten ihre autonomen Rechte als öffentlich-rechtliche Institutionen nach dem Vorbild der Weimarer Verfassung, sie setzten ihre Vorstellungen im Zusammenhang mit dem Schutz von Ehe und Familie durch, nur die Konfessionsschule konnte nicht verbindlich festgeschrieben werden. Erfolgreich waren auch die Beamtenorganisationen, weil den hergebrachten Grundsätzen des Beamtentums Verfassungsrang eingeräumt wurde (Art. 33 GG). Die Gewerkschaften konnten dagegen ihre Forderungen nach einem grundrechtlich geschützten Streikrecht nicht durchsetzen, erreichten allerdings die Errichtung einer eigenen Arbeits- und Sozialgerichtsbarkeit. Da sich die SPD und die Unionsparteien in der Frage der Wirtschaftsordnung nicht einig waren, wurde das Grundgesetz in diesem Punkt bewußt offen gehalten.

Die heftigste Kontroverse im Parlamentarischen Rat betraf die Ausgestaltung der bundesstaatlichen Ordnung. Die SPD forderte eine starke Bundesgewalt, die CDU – und noch mehr die CSU – wollte das politische Gewicht der Länder sichern. In der Frage der Ländermitwirkung und damit der Ausgestaltung der Zweiten Kammer kam es schließlich zu einem Mehrparteienkompromiß, den die süddeutschen Föderalisten zu ihren Gunsten prägen konnten (Bundesratslösung), während die Regelung der Finanz- und Steuerfragen stärker die Handschrift der SPD trug (starke Bundesfinanzverwaltung, umfassende Steuererhebungskompetenzen des Bundes, Finanzausgleich zwischen den Ländern).

Deutsch-alliierter Verfassungsstreit

Die letzte Etappe auf dem Wege der Staatsgründung war vom Konflikt zwischen den Alliierten und den Deutschen bestimmt, der zeitweilig das gesamte Verfassungswerk bedrohte.
Am 2. März 1949 lehnten die Militärgouverneure den Grundgesetzentwurf als zu zentralistisch ab. Sofort kam es zu einem heftigen Streit zwischen SPD und CDU/CSU über die geeignete deutsche Antwort auf die Abänderungswünsche der Alliierten. Der Vorsitzende der SPD, Kurt Schumacher, wollte es auf einen Konflikt mit den Alliierten ankommen lassen, während Adenauer die umstrittenen Fragen für sekundär hielt und daher bereit war, den alliierten Wünschen entgegenzukommen. Schumacher hatte (angeblich von den Briten in Kenntnis gesetzt) die Lage richtig eingeschätzt. Die amerikanische Regierung wollte eine breite Mehrheit für das Grundgesetz gesichert wissen. Außerdem standen die Verhandlungen mit der Sowjetunion über eine Beendigung der Berliner Blockade vor ihrem Ende. Die Sowjets hatten zur Bedingung gemacht, daß am 23. Mai 1949 auf einer gemeinsamen Außenministerkonferenz der vier Mächte in Paris noch einmal über die deutsche Frage verhandelt werden sollte. Bis zu diesem Termin wollten die Westalliierten die Gründung der Bundesrepublik vollzogen haben. Auf Betreiben des britischen Außenministers Bevin einigten sich in Washington daher Amerikaner, Franzosen und Briten, das Grundgesetz in der vorliegenden Form zu akzeptieren.

Die Gründung der Bundesrepublik

Am 8. Mai 1949, genau vier Jahre nach der deutschen Kapitulation, stimmten 53 Abgeordnete des Parlamentarischen Rates für und zwölf gegen das Grundgesetz (darunter sechs Abgeordnete der CSU sowie die Abgeordneten der KPD,

Die letzte Sitzung des Parlamentarischen Rats in Bonn am 23. Mai 1949 vor der feierlichen Unterzeichnung und Verkündung des Grundgesetzes. Die Beratungen über das Grundgesetz dauerten vom 1. September 1948 bis zum 8. Mai 1949. Links neben dem Mikrofon der Mitbegründer der F.D.P. und erste (1949–1959) Bundespräsident Professor Dr. Theodor Heuss (1884–1963).

des Zentrums und der DP). Nachdem die Militärgouverneure das Grundgesetz am 12. Mai 1949 genehmigt hatten, wurde es in allen Ländern mit Ausnahme Bayerns ratifiziert. Der CSU war das Grundgesetz nicht föderalistisch genug. Das bayerische „Nein" vom 20. Mai 1949 blieb jedoch ohne Konsequenzen, weil der Landtag gleichzeitig mit Mehrheit beschloß, daß das Grundgesetz auch für Bayern rechtsverbindlich werde, sobald es von zwei Dritteln aller Länder ratifiziert sei. Am 23. Mai 1949 unterzeichneten die Ministerpräsidenten der Länder und die Landtagspräsidenten in einem feierlichen Akt in Bonn das Grundgesetz. Damit war die Bundesrepublik Deutschland gegründet.

Einen Monat später gingen die Befugnisse der bisherigen Militärregierungen an die *Alliierte Hohe Kommission* über. Aus den Wahlen zum ersten Deutschen Bundestag am 14. August 1949 ging die CDU mit 31 Prozent als Gewinner hervor, gefolgt von der SPD mit 29,2 Prozent. Weitere sechs Parteien einschließlich einiger Parteiloser blieben unter 5 Prozent der Stimmen, waren aber im ersten Bundestag vertreten. Gegen einflußreiche Fürsprecher in den eigenen Reihen für eine große Koalition mit der SPD setzte Adenauer eine kleine Koalition mit der F.D.P. und der DP durch. Am 7. September 1949 trat der Bundestag zum ersten Mal in Bonn zusammen und wählte am 15. September Konrad Adenauer mit einer Stimme Mehrheit zum *ersten Bundeskanzler der Bundesrepublik Deutschland.* Theodor Heuss, der Kandidat der F.D.P., war bereits am 12. September von der Bundesversammlung zum Bundespräsidenten gewählt worden. Kurt Schumacher (SPD) fiel die Rolle des Oppositionsführers zu. Damit war aus den westlichen Besatzungszonen ein Staat unter alliierter Aufsicht geworden.

Die Gründung der DDR

Die Antwort der Sowjetunion auf die Gründung der Bundesrepublik war von langer Hand vorbereitet worden. Nach dem Scheitern der Londoner Außenministerkonferenz (1947) setzte sich die SED mit Rückendeckung der sowjetischen Militärverwaltung an die Spitze einer Volkskongreßbewegung, die zwar formal die Einheit Deutschlands und den Abschluß eines Friedensvertrages propagierte, aber in Wirklichkeit die Weichen für die Schaffung eines Teilstaates DDR stellte. Die kommunistischen Kräfte beanspruchten die Führung der Volkskongreßbewegung, was zum Bruch mit der Ost-CDU führte – *Jakob Kaiser* und *Ernst Lemmer* wurden abgesetzt, ihr Nachfolger *Otto Nuschke* ordnete sich unter. Ein Entwurf für eine Verfassung der Deutschen Demokratischen Republik wurde im Oktober 1948 vorgelegt, und im Mai 1949 sicherte sich die SED durch Wahlen mit einer Einheitsliste ihren Einfluß auf die weitere Entwicklung. 61,8 Prozent der Wähler stimmten für die Einheitsliste. Der Verfassungsentwurf wurde mit nur einer Gegenstimme gebilligt, drei Wochen nachdem in Bonn der Parlamentarische Rat das Grundgesetz angenommen hatte.

Die sowjetische Regierung wartete mit der bis in alle Einzelheiten vorbereiteten Staatsgründung in der eigenen Besatzungszone, bis die neue Bundesregierung

Einheitsliste zur 1. Volkskammerwahl 1950.

Die Einheitsliste konnte nur mit „Ja" oder „Nein" angekreuzt werden. Die Verteilung der Mandate erfolgte dabei nach einem zuvor festgelegten Schlüssel. Danach erhielt zum Beispiel die SED 25 % der Mandate, CDU und LDPD je 15 %, FDGB 10 % etc.

Stimmzettel

für die Wahlen zur Volksvertretung Groß-Berlin am 17. Oktober 1954

Liste der Nationalen Front des demokratischen Deutschland

Ebert, Friedrich	SED
Reutter, Max	CDU
Schirmer-Pröscher, Wilhelmine	LDPD
Schneider, Max	NDPD
Mattner, Gerhard	DBD
Kuhn, Willi	FDGB
Modrow, Hans	FDJ
Schwarz, Hildegard	DFD
Bab, Gerhard	Kulturbund
Engler, Rudolf	Konsum
Kilian, Erwin	VdgB

Adler, Kläre	Konsum	Güntert, Hermann	FDJ
Ahrens, Ingeborg	FDJ	Hemmann, Otto	FDGB
Baum, Bruno	SED	Kaemmel, Prof. Ernst	Kulturbund
Baumann, Dr. Gertraude	DFD	Klempert, Heinrich	FDGB
Binger, Otto	NDPD	Koch, Erna	DFD
Borchert, Dr. Rudolf	Kulturbund	Köckritz, Erhard	Konsum
Böhme, Irmgard	Konsum	Königsdorf, Lieselotte	FDGB
Brecht, Paul	DBD	Marx, Werner	DBD
Fehlhaber, Rudolf	LDPD	Müller, Karl	DBD
Förster, Gerda	NDPD	Neumann, Alfred	SED
Frei, Gerhard	Kulturbund	Rudolf, Gerhard	LDPD
Gericke, Hans	NDPD	Schäfer, Paul	CDU
Gohr, Arnold	CDU	Schmidt, Waldemar	SED
Gratz, Gertrud	DFD	Toeplitz, Ruth	CDU
Grunwald, Horst	FDJ	Voigt, Gerhard	LDPD

und die anderen amtlich bekanntgegebenen Kandidaten

sich konstituiert hatte. Nach einer Besprechung führender SED-Funktionäre mit Stalin Ende September 1949 erklärte die sowjetische Regierung Anfang Oktober 1949 in einer Note an die drei Westmächte, daß mit der „Bildung der volksfeindlichen Separatregierung in Bonn . . . jetzt in Deutschland eine neue Lage entstanden" sei. Am 7. Oktober 1949 setzte der *„Deutsche Volksrat"* – er war eine Art verkleinerter Volkskongreß auf der Basis des Ergebnisses der Einheitslistenwahl vom Mai 1949 – die Verfassung der Deutschen Demokratischen Republik in Kraft und erklärte sich selbst zur provisorischen Volkskammer. Wenige Tage später wurden *Otto Grotewohl (SED) zum Regierungschef, Wilhelm Pieck (SED) zum Präsidenten der Deutschen Demokratischen Republik gewählt.* Obwohl in der neuen Regierung alle Parteien vertreten waren, hielt die von den Kommunisten beherrschte SED mit Pieck und Ulbricht an der Spitze die Hebel der Macht fest in ihrer Hand. Schon Anfang 1949 hatte sich die SED als eine marxistisch-leninistische „Partei neuen Typs" bezeichnet, die den Führungsanspruch der sowjetischen Kommunistischen Partei uneingeschränkt anerkannte.

Deutschland zwischen den Weltmächten

Die Gründung der Bundesrepublik Deutschland war nicht die Ursache für die Teilung Deutschlands, sondern der Endpunkt einer Entwicklung, die sich 1946 im besetzten Deutschland abzuzeichnen begann und dann vor dem Hintergrund wachsender Spannungen zwischen der Sowjetunion und den Vereinigten Staaten deutlichere Konturen annahm. Weil sich die Sieger über Deutschland nicht einig wurden, teilten sie es. Kondominium (= gemeinsame Herrschaft) oder Teilung (= Politik der Einflußsphären) – die Mittellage Deutschlands in Europa mit seinem enormen Potential an Menschen und Wirtschaftskraft ließ den Siegern keine andere Wahl. Ein dritter Weg, nämlich die Entlassung Deutschlands in einen neutralen Status, war zum damaligen Zeitpunkt ein Gedankenspiel ohne Realitätsgehalt. Keine der Siegermächte wäre bereit gewesen, auf die Kontrolle Deutschlands, oder zumindest eines Teils davon, zu verzichten. Am ehesten hätte sich noch die Sowjetunion darauf einlassen können, da sie die Neutralität Deutschlands immer mit dem Abzug der amerikanischen Truppen aus Europa verknüpft hatte, wodurch sie zwangsläufig den Rang der Hegemonialmacht in Europa eingenommen hätte.

M 1 Großbritanniens Interesse an einem westdeutschen Staat

Geheimes Positionspapier des britischen Außenministeriums vom 14. 5. 1948:

Meiner Meinung nach wäre ein vereintes Deutschland eine viel größere Gefahr für den Frieden als ein geteiltes Deutschland, und zwar aus folgenden Gründen:

1. Rußland wird ein vereintes Deutschland zwangsläufig als eine große Gefahr für sich betrachten. Es muß immer befürchten, daß dieses Deutschland von feindlichen Mächten kontrolliert wird, und für die Russen ist jede nichtkommunistische Macht feindlich. Rußland muß daher notwendigerweise versuchen, ganz Deutschland zu kontrollieren oder sich mit ihm zu verbünden.
2. Falls Rußland ganz Deutschland kontrolliert, seine Politik bestimmen kann oder mit ihm verbündet ist, wird es immer versucht sein, die Stoßrichtung der Deutschen nach Westen zu lenken und sie so vom Osten abzubringen. Rußland und Deutschland zusammen würden eine tödliche Gefahr für die westliche Welt sein. Die Probleme mit Rußland würden für uns unendlich größer, als sie es jetzt schon sind.
3. Meiner Meinung nach haben die Westmächte nicht die nötigen Mittel, um ein vereintes Deutschland von 62 Millionen oder noch mehr Einwohnern hinreichend zu kontrollieren oder es ihrem Einfluß zu unterwerfen; die Zwischenkriegszeit hat dies bewiesen. Nur die Russen können dies mit Hilfe der kommunistischen Partei und Polizeistaatsmethoden.
4. Ein vereintes und nichtkommunistisches Deutschland, das mit dem Westen verbündet ist, wird bei der erstbesten Gelegenheit losschlagen, um seine verlorenen Ostgebiete zurückzuerobern. Die Westmächte können dann nicht zusehen, wie dieses Deutschland vernichtet und von Rußland besetzt wird. Als Verbündeter wäre ein vereintes Deutschland daher eine höchst gefährliche Hypothek.
5. Meiner Meinung nach wird ein vereintes, nichtkommunistisches Deutschland, selbst wenn es mit uns verbündet ist, immer versucht sein, uns mit der Drohung zu erpressen, sich mit Rußland zu verbünden, und, falls 3. zutrifft, können wir dies wohl kaum verhindern.
6. Westdeutschland mit 40 Millionen, von der Russenfurcht beherrschten Einwohnern ist dagegen auf die Zusammenarbeit mit den Westmächten angewiesen, um Schutz zu erhalten (übrigens dürfte ja wohl klar sein, daß es wiederbewaffnet werden muß)[1]) und es ist vollkommen abhängig von den Westmächten im Hinblick auf Rohstoffe, Nahrungsmittel und Absatzmärkte.

[1]) Dieser Satz wurde im Original wieder gestrichen

Die Gefahr, daß Westdeutschland Ostdeutschland angreift, ist geringer, als daß ein vereintes Deutschland Polen angreift. Kurz gesagt: wir würden es insgesamt viel besser im Griff haben und es wäre eine viel geringere Gefahr für Frankreich.

Rolf Steininger, Deutsche Geschichte 1945–1961. Darstellung und Dokumente in zwei Bänden, Band 2, Frankfurt 1983, S. 303 f.

1. *Inwiefern läßt dieses Positionspapier darauf schließen, daß im Sommer 1948 keine Chancen mehr für die Einheit Deutschlands bestanden?*
2. *Warum sprachen die Westalliierten öffentlich immer noch von der angestrebten Einheit Deutschlands?*
3. *Sind Sie der Auffassung, daß ähnliche Gedankengänge auch heute die Überlegungen der Westmächte bestimmen? Argumentieren Sie aus deren Interessenlage heraus.*

Die „Frankfurter Dokumente" vom 1. Juli 1948

M 2

Auf der Grundlage des Abschlußkommuniqués der Londoner Sechs-Mächte-Konferenz vom 7. Juni 1948 unterbreiteten die drei Militärgouverneure den westdeutschen Ministerpräsidenten drei Dokumente als Rahmenrichtlinien für die Beratungen einer „Verfassunggebenden Versammlung" und den zukünftigen Status Westdeutschlands. Die Dokumente wurden den deutschen Politikern in Englisch und Französisch vorgelesen und erst später in deutscher Übersetzung ausgehändigt. Die Übergabezeremonie im amerikanischen Hauptquartier in Frankfurt machte deutlich, daß die Besatzungsmächte sich nach wie vor als die Herren in Westdeutschland verstanden.

Dokument I
[Verfassunggebende Versammlung]
[...]

[Einheit und Föderalismus]
Die Verfassunggebende Versammlung wird eine demokratische Verfassung ausarbeiten, die für die beteiligten Länder eine Regierungsform des föderalistischen Typs schafft, die am besten geeignet ist, die gegenwärtig zerrissene deutsche Einheit schließlich wieder herzustellen und die Rechte der beteiligten Länder schützt, eine angemessene Zentralinstanz schafft und Garantien der individuellen Rechte und Freiheiten enthält.
Wenn die Verfassung in der von der Verfassunggebenden Versammlung ausgearbeiteten Form mit diesen allgemeinen Grundsätzen nicht im Widerspruch steht, werden die Militärgouverneure ihre Vorlage zur Ratifizierung genehmigen. Die Verfassunggebende Versammlung wird daraufhin aufgelöst.
Die Ratifizierung in jedem beteiligten Land erfolgt durch ein Referendum, das eine einfache Mehrheit der Abstimmenden in jedem Land erfordert, nach von jedem Land jeweils anzunehmenden Regeln und Verfahren. Sobald die Verfassung von zwei Dritteln der Länder ratifiziert ist, tritt sie in Kraft und ist für alle Länder bindend. Jede Abänderung der Verfassung muß künftig von einer gleichen Mehrheit der Länder ratifiziert werden. Innerhalb von dreißig Tagen nach Inkrafttreten der Verfassung sollen die darin vorgesehenen Einrichtungen geschaffen sein.

Dokument II
[Ländergrenzen]
[. . .]

Dokument III
[Besatzungsstatus]
1. Die Militärgouverneure werden den deutschen Regierungen Befugnisse der Gesetzgebung, der Verwaltung und der Rechtsprechung gewähren und sich solche Zuständigkeiten vorbehalten, die nötig sind, um die Erfüllung des grundsätzlichen Zwecks der Besatzung sicherzustellen. Solche Zuständigkeiten sind diejenigen, welche nötig sind, um die Militärgouverneure in die Lage zu setzen:
a) Deutschlands auswärtige Beziehungen vorläufig wahrzunehmen und zu leiten;
b) das Mindestmaß der notwendigen Kontrollen über den deutschen Außenhandel [. . .] auszuüben [. . .].
c) vereinbarte oder noch zu vereinbarende Kontrollen, wie z. B. in Bezug auf die Internationale Ruhrbehörde, Reparationen, Stand der Industrie, Dekartellisierung, Abrüstung und Entmilitarisierung und gewisse Formen wissenschaftlicher Forschung auszuüben;
[. . .]
e) die Beachtung der von ihnen gebilligten Verfassungen zu sichern.

Herbert Michaelis (Hrsg.) u. a., Ursachen und Folgen. Vom deutschen Zusammenbruch 1918 und 1945 bis zur staatlichen Neuordnung in der Gegenwart, Band 26, Berlin o. J., S. 148 ff.

1. *Überlegen Sie, welche Formulierungen im ersten Dokument auslegungsbedürftig sind. Warum legten die drei Westmächte keine präzisen Angaben vor?*
2. *Welche Bedeutung mußte das dritte Dokument in bezug auf das erste haben?*
3. *Worin lag die politische Chance, die auf deutscher Seite niemand verpassen wollte? Worin lag das Dilemma, mit dem sich die Ministerpräsidenten konfrontiert sahen?*

M 3 Das Provisoriumskonzept der westdeutschen Ministerpräsidenten

Antwortnote an die alliierten Militärgouverneure vom 10. 7. 1948 als Ergebnis der Konferenz auf dem Rittersturz bei Koblenz:

Die Ministerpräsidenten sind davon überzeugt, daß die Notstände, unter denen Deutschland heute leidet, nur bezwungen werden können, wenn das deutsche Volk in die Lage versetzt wird, seine Angelegenheiten auf der jeweils möglichen höchsten territorialen Stufe selbst zu verwalten. Sie begrüßen es daher, daß die Besatzungsmächte entschlossen sind, die ihrer Jurisdiktion unterstehenden Gebietsteile Deutschlands zu einem einheitlichen Gebiet zusammenzufassen, dem von der Bevölkerung selbst eine kraftvolle Organisation gegeben werden soll, die es ermöglicht, die Interessen des Ganzen zu wahren, ohne die Rechte der Länder zu gefährden.

Die Ministerpräsidenten glauben jedoch, daß, unbeschadet der Gewährung möglichst vollständiger Autonomie an die Bevölkerung dieses Gebiets, alles vermieden werden müßte, was dem zu schaffenden Gebilde den Charakter eines Staates verleihen würde; sie sind darum der Ansicht, daß auch durch das hierfür einzuschlagende Verfahren zum Ausdruck kommen müßte, daß es sich lediglich um ein Provisorium handelt, sowie um eine Institution, die ihre Entstehung lediglich dem augenblicklichen Stand der mit der gegenwärtigen Besetzung Deutschlands verbundenen Umstände verdankt.

In Anbetracht der bisherigen Unmöglichkeit einer Einigung der vier Besatzungsmächte über Deutschland müssen die Ministerpräsidenten besonderen Wert darauf legen, daß bei der bevorstehenden Neuregelung alles vermieden wird, was geeignet sein könnte, die Spaltung zwischen West und Ost weiter zu vertiefen. Sie sind der Überzeugung, daß das von ihnen vorgeschlagene Verfahren geeignet ist, das in Anbetracht der gegebenen Verhältnisse zur Bewältigung der gegenwärtigen Schwierigkeiten tauglichste Instrument für die Verwaltung des den drei westlichen Besatzungsmächten unterstehenden Gebietes Deutschlands in der kürzesten Zeit zu schaffen.

Für den Vorschlag[1]) der Ministerpräsidenten, von einem Volksentscheid Abstand zu nehmen, waren die gleichen Erwägungen maßgebend. Ein Volksentscheid würde dem Grundgesetz ein Gewicht verleihen, das nur einer endgültigen Verfassung zukommen sollte. Die Ministerpräsidenten möchten an dieser Stelle noch einmal betonen, daß ihrer Meinung nach eine deutsche Verfassung erst dann geschaffen werden kann, wenn das gesamte deutsche Volk die Möglichkeit besitzt, sich in freier Selbstbestimmung zu konstituieren; bis zum Eintritt dieses Zeitpunktes können nur vorläufige organisatorische Maßnahmen getroffen werden. [. . .]

Mit besonderem Ernst haben die Ministerpräsidenten die Probleme geprüft, die mit der Ordnung der Ausübung der Besatzungsherrschaft zusammenhängen. Sie haben mit Genugtuung von der Absicht Kenntnis genommen, die Beziehungen zu den Besatzungsmächten auf eine klare Rechtsgrundlage zu stellen. Die Ministerpräsidenten sind jedoch der Ansicht, daß der Erlaß eines Besatzungsstatutes durch die Militärgouverneure schon vor der Aufnahme der Tätigkeit der mit der Beratung des Grundgesetzes für das Gebiet der drei Westzonen beauftragten Körperschaft eine dringende Notwendigkeit ist; nur dann wird diese eine sichere Arbeitsgrundlage haben. Sie sind weiter der Meinung, daß in dem Besatzungsstatut deutlich zum Ausdruck kommen sollte, daß auch die nunmehr geplanten organisatorischen Änderungen letztlich auf den Willen der Besatzungsmächte zurückgehen, woraus sich andere Konsequenzen ergeben müssen, als wenn sie ein Akt freier Selbstbestimmung des deutschen Volkes wären.

Johannes Volker Wagner (Hrsg.), Der Parlamentarische Rat 1948–1949, Boppard 1975, S. 143 ff.

1. *Arbeiten Sie die zentralen Überlegungen der Ministerpräsidenten heraus.*
2. *Warum empfahlen sie die Verkündung des Besatzungsstatuts, bevor die Deutschen mit der Beratung des Grundgesetzes begannen?*

---

[1]) Als Anlage dieser Note beigefügt

M 4 Die Bundesrepublik – eine Kolonie der USA!

Anläßlich der Gründung der DDR erhebt Ministerpräsident Otto Grotewohl (SED) am 12. 10. 1949 den Anspruch, die „erste unabhängige deutsche Regierung" zu repräsentieren.

Durch ihre Herkunft aus dem deutschen Volke selbst unterscheidet sie[1]) sich schon von der auf Grund der Bonner Verfassung errichteten westdeutschen Separatregierung. Die Bonner Verfassung ist nur die Ausführungsbestimmung des Besatzungsstatuts der westlichen Alliierten. Der in Westdeutschland errichtete Verfassungszustand ist keineswegs als der Ausdruck einer eigenen deutschen politischen Willensbildung anzuerkennen. Der westdeutsche Sonderstaat ist nicht in Bonn, sondern in London entstanden. Bonn hat nur die Londoner Empfehlungen, die in Wahrheit Befehle der westlichen Alliierten waren, ausgeführt. Der nunmehr in die Volkskammer umgewandelte frühere Deutsche Volksrat hat wiederholt Vorschläge an die westdeutschen Politiker ergehen lassen, eine gemeinsame politische Plattform für eine demokratische Willensbildung in ganz Deutschland zu schaffen. Sie haben in Westdeutschland diesen demokratischen Weg abgelehnt und glauben, mit den Methoden einer maßlosen Hetze und Verleumdung gegen die Sowjetunion und gegen die sowjetische Besatzungszone weiterzukommen. [. . .]
Die Entwicklung unseres deutschen demokratischen und friedlichen Staates wird am stärksten behindert von den imperialistischen Westmächten, die die Spaltung Deutschlands bis zu dem heutigen beklagenswerten Stand vorwärtsgetrieben haben. [. . .]
Die Westmächte haben aber das von ihnen feierlich unterzeichnete Abkommen gebrochen. Statt der im Potsdamer Abkommen vorgesehenen Demokratisierung, Entmilitarisierung und Entnazifizierung Deutschlands sind sie bestrebt, die von ihnen besetzten Teile Deutschlands in eine Kolonie zu verwandeln, die mit den traditionellen Methoden imperialistischer Kolonialherrschaft regiert und ausgebeutet wird. Von Demokratisierung, Entmilitarisierung und Entnazifizierung ist keine Rede. Die von Anfang an sorgfältig konservierten Kräfte der deutschen Reaktion, verstärkt durch den in Westdeutschland immer mehr um sich greifenden Neofaschismus, haben mit aktiver Unterstützung der Besatzungsmächte die alten Machtpositionen wieder eingenommen. [. . .]
Wir sind nicht allein.
Wir wissen, daß wir in unserem Kampf um die Einheit Deutschlands, der ein Bestandteil des Kampfes um den Frieden ist, nicht allein stehen. Wir haben das Glück, uns in diesem Kampf auf das große Lager des Friedens in der Welt stützen zu können, dessen ständig zunehmende Stärke die imperialistischen Kriegsinteressenten Schritt um Schritt zurückdrängt. Diese Kräfte des Friedens in der ganzen Welt werden geführt von der Sowjetunion, die eine andere Politik als die Politik des Friedens weder kennt noch kennen kann.

Otto Grotewohl, Im Kampf um die einige Deutsche Demokratische Republik. Reden und Aufsätze, Band 1, Berlin 1959, S. 489 ff.

1. *Erläutern Sie die propagandistische Bedeutung der Rede Grotewohls.*
2. *Warum nimmt Grotewohl Bezug auf das „große Lager des Friedens?" Analysieren Sie den letzten hier abgedruckten Absatz.*
3. *Weisen Sie nach, wie bestimmte Begriffe unterschiedliche inhaltliche Bedeutung gewinnen, je nachdem, ob sie im Osten oder im Westen verwendet werden.*

[1]) Gemeint ist die Regierung der DDR

M 5

DDR – kein Staat!

Der Oppositionsführer im Deutschen Bundestag, Kurt Schumacher (SPD), kommentiert am 15. 10. 1949 die Proklamation der DDR.

Man kann erfolgreich bestreiten, daß der neue Oststaat überhaupt ein Staat ist. Dazu fehlt ihm auch der Ansatz zur Bildung einer eigenen Souveränität, er ist eine Äußerungsform der russischen Außenpolitik. [. . .]
Jetzt ist der Oststaat ein Versuch, die magnetischen Kräfte des Westens mit Hilfe staatlicher Machtmittel und eines scheinbaren Willens der deutschen Bevölkerung dieser Zone abzuwehren. Er bedeutet die Anerkennung der Tatsache, daß bis auf weiteres das große russische Unternehmen, ganz Deutschland in die politischen, gesellschaftlichen, wirtschaftlichen und kulturellen Formen der Sowjets hineinzuzwingen, gescheitert ist. Die Loslösung der Ostzone durch die Russen, wie sie 1945 radikal und erfolgreich eingeleitet wurde, bedeutet das Hinausdrängen der westalliierten Einflüsse und der internationalen Kritik. Es war aber zur gleichen Zeit das Ende jeder demokratischen Freiheit der Deutschen in dieser Zone. Die westlichen Alliierten tragen an dieser Entwicklung viel Schuld. [. . .]
Der Protest der Sowjets gegen die deutsche Bundesrepublik im Westen ist ein selbstverständlich gewordenes Begleitgeräusch. In Deutschland entrüstet sich niemand mehr über die Verdrehung der Tatsachen und die Lügenhaftigkeit dieser Argumentation. Selbst die herzzerreißende Einfältigkeit in Dingen der politischen Psychologie wird kaum noch zur Kenntnis genommen. Das darf nicht darüber hinwegtäuschen, daß die Etablierung dieses sogenannten Oststaates eine Erschwerung der deutschen Einheit ist. Die Verhinderung dieser Einheit aber kann dieses Provisorium im Osten nicht bedeuten, weil das deutsche Volk und besonders die Bevölkerung der Ostzone Gebilde russischer Machtpolitik auf deutschem Boden ablehnt.

Wolfgang Benz, Die Gründung der Bundesrepublik von der Bizone bis zum souveränen Staat, München 1984, S. 160 f.

1. *Worauf gründet das Urteil Schumachers über die DDR?*
2. *Was versteht Schumacher unter den „magnetischen Kräften" des Westens?*
3. *Wie beurteilen Sie Schumachers Aussage über die Schuld der Westmächte an der staatlichen Zweiteilung Deutschlands?*

Die deutsche Teilung im Zeichen der Blockbildung

Antrittsbesuch von Bundeskanzler Adenauer bei den drei Hohen Kommissaren am 21. September 1949 anläßlich der Übergabe des Besatzungsstatuts. Selbstbewußt betritt Adenauer den Teppich, noch bevor ihn die Vertreter der drei Besatzungsmächte dazu auffordern.

Erste Schritte auf dem Weg zur Souveränität

Die Überwindung des Besatzungsregimes im Widerstreit von Regierung und Opposition

Mit der Gründung der Bundesrepublik im Jahre 1949 war die Besatzungsherrschaft nicht beendet, sie wurde nur auf neue vertragliche Grundlagen gestellt. Einen Tag nach der Vereidigung des ersten Kabinetts Adenauer, am 21. September 1949, trat das Besatzungsstatut in Kraft, das die drei Westmächte schon im Mai 1949 beschlossen hatten (▷ M 1). An die Stelle der drei Militärgouverneure trat die *Alliierte Hohe Kommission für Deutschland*, die auf dem Petersberg über Bonn residierte und die Bundes- und Länderregierungen kontrollierte. Die Beschränkungen, die die Bundesregierung hinnehmen mußte, waren erheblich: Die Außenpolitik und der Außenhandel sowie die Kontrolle der Ruhr und die Reparationsfragen waren der Zuständigkeit der Bundesregierung völlig entzogen. Außerdem hielten sich die Besatzungsmächte durch eine Generalklausel die Möglichkeit offen, jederzeit wieder alle Kompetenzen der deutschen Regierung an sich zu ziehen. Das engmaschige Kontrollnetz, das die drei Westmächte der Bundesrepublik übergestülpt hatten, war Ausdruck des Mißtrauens den Deutschen gegenüber, das vor allem in Frankreich tief verwurzelt war.

Von Anfang an war daher die Politik von Bundeskanzler Adenauer darauf ausgerichtet, die Beschränkungen der deutschen Souveränität schrittweise abzubauen und die Bundesrepublik vom Objekt der Politik der Westmächte zu ihrem Partner zu machen. Für dieses Ziel der politischen Gleichberechtigung an der Seite der Westmächte war Adenauer auch bereit, Vorleistungen zu erbringen (▷ M 2). Dazu gehörte der Beitritt der Bundesrepublik zur *Ruhrbehörde* (1949) und zum *Europarat* (1950), was der Regierung die heftige Kritik des sozialdemokratischen Oppositionsführers Kurt Schumacher eintrug.

Das Ziel der Einbeziehung der Bundesrepublik in die westliche Allianz vertrat auch Schumacher. Allerdings sollte der Westen vorab die *Gleichberechtigung* der Bundesrepublik anerkennen. Als Führer einer Partei, die von den Nationalsozialisten verfemt und verfolgt worden war, und der selbst zehn Jahre in Gefängnissen und Konzentrationslagern verbringen mußte und dabei seine Gesundheit, jedoch nicht seine Willenskraft, eingebüßt hatte, glaubte er, einen Anspruch darauf zu haben, die nationalen Interessen Deutschlands vom Westen respektiert zu sehen. Schumacher war überzeugt, daß die Sozialdemokratie sich als Sachwalterin der nationalen Interessen darstellen müsse, um die Deutschen gegen die verführerischen Parolen der Kommunisten zu immunisieren. Er strebte letztlich eine sozialistische Demokratie für Gesamtdeutschland als Teil eines ebenfalls sozialistischen Westeuropas an als Gegengewicht gegen die in seiner Sicht totalitäre und hegemoniale Sowjetunion. Zugleich sollte dieses freiheitlich-sozialistische Westeuropa von den kapitalistischen USA weitgehend unabhängig sein.

Handlungsfreiheit durch freiwillige Bindungen: erste Erfolge

Mit dem innenpolitisch heftig umstrittenen Beitritt der Bundesrepublik zur Ruhrbehörde durch das *Petersberger Abkommen* vom 22. November 1949 (▷ M 3) demonstrierte Adenauer zum ersten Mal seinen Weg zur Wiedergewinnung staatlicher Souveränität – nämlich Vertragspartner des Westens dadurch zu werden, daß er die wirtschaftlichen und sicherheitspolitischen Interessen Frankreichs anerkannte und die bilateralen[1]) Konflikte durch eine Politik der westeuropäischen Integration zu entschärfen suchte. Gemäß dem *Ruhrstatut* vom April 1949 kontrollierte die Internationale Ruhrbehörde die Kohle- und Stahlproduktion des Ruhrgebietes und setzte Verbrauchs- und Exportquoten sowie Preise fest. An dieser Kontrolle war die Bundesrepublik nunmehr beteiligt.

Neben dem Beitritt der Bundesrepublik zur Ruhrbehörde erklärte sich Adenauer auch bereit, im *Militärischen Sicherheitsamt* in Berlin mitzuwirken und neben dem Saargebiet Mitglied im Straßburger Europarat[2]) zu werden. Als Gegenleistung konnte er – gegen den Widerstand Frankreichs und mit Unterstützung der Briten und Amerikaner – die Beendigung der Demontagen durchsetzen; außerdem sollte die Bundesrepublik größeren Spielraum in Wirtschaftsfragen und das Recht erhalten, konsularische Beziehungen mit anderen Ländern aufzunehmen. Das Konzept der Wiedergewinnung von politischer Handlungsfreiheit durch die Anerkennung freiwilliger vertraglicher Bindungen hatte zu einem ersten Erfolg geführt.

---

[1]) zweiseitig
[2]) siehe Seite 127

Schuman-Plan: Der Weg aus der Krise zur europäischen Zusammenarbeit

Der Schlüssel zur ökonomischen und politischen Stabilisierung Westeuropas war die Aussöhnung zwischen Frankreich und der Bundesrepublik. Davon war Adenauer seit langem überzeugt. Die ungelöste *Saarfrage* schien jedoch alle Bemühungen um eine deutsch-französische Verständigung zunichte zu machen. Frankreich betrachtete das Saargebiet als sein Faustpfand, dessen Kohlebergwerke und Stahlindustrie für die französische Wirtschaft von großer Bedeutung waren. Im Saargebiet galt die französische Währung, und Paris war entschlossen, dieses Gebiet Frankreich anzugliedern.
Als die deutsch-französischen Beziehungen endgültig in eine Sackgasse zu geraten schienen, vollzog die französische Regierung eine folgenreiche Kehrtwendung ihrer bislang praktizierten Politik des Verhinderns deutscher und amerikanischer Initiativen. Angesichts der Entschlossenheit der USA, die Bundesrepublik zu einem tragenden Pfeiler des westlichen Bündnisses zu machen, war sich Frankreich im klaren, daß es eine negative Deutschlandpolitik gegen den Willen Großbritanniens und der USA nicht lange würde aufrechterhalten können. Die Abhängigkeit von amerikanischer Dollarhilfe mußte ebenso in Rechnung gestellt werden wie die auch in Frankreich verbreitete Furcht vor der sowjetischen Militärmacht. So kam es, daß die französische Außenpolitik in einer europäischen Lösung die Chance sah, den deutsch-französischen Gegensatz abzumildern, und zwar durch eine Kontrolle des deutschen Wirtschaftspotentials an der Ruhr ohne Diskriminierung der Bundesrepublik.
Der französische Außenminister *Robert Schuman* unterbreitete am 9. Mai 1950 der deutschen Regierung den Plan, die französisch-deutsche Stahl- und Kohleproduktion einer europäischen Behörde zu unterstellen. Durch ein System wechselseitiger Kontrollen der Montanindustrien der beteiligten Länder sollten die wirtschaftlichen und politischen Interessen beider Länder (andere europäische Länder konnten sich daran beteiligen) verknüpft werden und der jahrhundertealte Gegensatz zwischen Frankreich und Deutschland ein Ende finden. Eine von den Regierungen unabhängige *Hohe Behörde* (Sitz in Luxemburg) sollte verbindliche Entscheidungen über Produktion, Ausfuhr und Preise festlegen (▷ M 4).
Am 20. Juni 1950 begannen in Paris die Verhandlungen zwischen Frankreich, Italien, der Bundesrepublik, Belgien, den Niederlanden und Luxemburg und endeten am 18. April 1951 mit der Unterzeichnung des Vertrages über die *Europäische Gemeinschaft für Kohle und Stahl (EGKS)* (▷ M 5). Ein internationales Parlament, die Gemeinsame Versammlung, sowie der Ministerrat repräsentierten die Mitgliedsländer, hinzu kam ein eigener Gerichtshof als Organ für Streitigkeiten. Am 25. Juli 1952 trat der Vertrag über die *Montanunion* in Kraft, und zugleich endeten das Ruhrstatut, die Ruhrbehörde und die sonstigen alliierten Beschränkungen der westdeutschen Stahlindustrie. Schneller als erwartet entstand in einem wichtigen Sektor der Wirtschaft in Westeuropa ein *„Gemeinsamer Markt“* ohne Zoll- und Handelsschranken.

Das Besatzungsstatut

M 1

Nach kontroversen Verhandlungen veröffentlichten am 12. Mai 1949 die drei alliierten Militärgouverneure, die Generale Pierre Koenig (Frankreich), Lucius D. Clay (USA), Sir Brian Robertson (Großbritannien), das gemeinsame Besatzungsstatut. Vor allem die französische Seite hatte auf strenge Bestimmungen Wert gelegt. Das Besatzungsstatut trat am 21. September 1949 in Kraft. Im März 1951 kam es zu einer ersten Revision zugunsten der Bundesregierung. Endgültig aufgehoben wurde es nach dem Inkrafttreten der Pariser Verträge am 5. Mai 1955.

1. Die Regierungen Frankreichs, der Vereinigten Staaten und des Vereinigten Königreichs wünschen und beabsichtigen, daß sich das deutsche Volk in dem Zeitraum, während dessen das Fortdauern der Besatzung notwendig ist, im größtmöglichsten Maße selbst regiert, soweit dies mit der Besatzung vereinbar ist. Der Bund und die beteiligten Länder haben, lediglich den Beschränkungen dieses Statuts unterworfen, volle gesetzgebende, vollziehende und rechtsprechende Gewalt gemäß dem Grundgesetz und den Länderverfassungen.

2. Um die Erreichung der Grundziele der Besatzung sicherzustellen, wird die Zuständigkeit für die folgenden Gebiete, einschließlich des Rechts, von den Besatzungsbehörden benötigte Auskünfte und statistische Angaben anzufordern und deren Richtigkeit zu prüfen, ausdrücklich vorbehalten:
a) die Entwaffnung und Entmilitarisierung einschließlich der damit in Beziehung stehenden Gebiete der wissenschaftlichen Forschung, Verbote und Beschränkungen der Industrie und die Zivilluftfahrt;
b) die Kontrolle über die Ruhr, die Restitutionen, Reparationen, Dekartellisierung, Dezentralisation, Ausschluß von Diskriminierungen in Handelsangelegenheiten, die ausländischen Interessen in Deutschland und die Ansprüche gegen Deutschland,
c) auswärtige Angelegenheiten einschließlich der von Deutschland oder in seinem Namen getroffenen internationalen Abkommen, [. . .]
f) die Beachtung des Grundgesetzes und der Länderverfassungen,
g) die Überwachung des Außenhandels und der Devisenwirtschaft, [. . .].

3. [. . .] Die Besatzungsbehörden behalten sich jedoch das Recht vor, entsprechend den Weisungen ihrer Regierungen die Ausübung der vollen Gewalt ganz oder teilweise wieder zu übernehmen, wenn sie dies für unerläßlich erachten für die Sicherheit oder zur Aufrechterhaltung der demokratischen Ordnung in Deutschland, oder um den internationalen Verpflichtungen ihrer Regierungen nachzukommen.

Herbert Michaelis (Hrsg.) u. a., Ursachen und Folgen. Vom deutschen Zusammenbruch 1918 und 1945 bis zur staatlichen Neuordnung in der Gegenwart, Band 26, Berlin o. J., S. 245 ff.

1. *Diskutieren Sie die besonders drückenden Bestimmungen, die jede deutsche Regierung überwinden mußte.*
2. *Erläutern Sie das Wort von Theodor Heuss, des ersten Bundespräsidenten, von der „geknickten Souveränität" der Bundesrepublik.*
3. *Worin bestand der Fortschritt des Besatzungsstatuts gegenüber dem bisherigen Verhältnis zwischen Westdeutschland und den Westmächten?*

M 2 Vertrauen gewinnen!

In einer Rede vor dem Deutschen Bundestag am 24. 11. 1949 erläuterte Bundeskanzler Adenauer die Grundzüge seiner Außenpolitik.

Lassen Sie mich einige Ausführungen über die nach meiner Meinung zu beobachtende Methode unserer Außenpolitik machen! Wir Deutsche auf der einen Seite und die Alliierten auf der anderen Seite sehen naturgemäß den gleichen Tatbestand von zwei verschiedenen Gesichtspunkten aus an. Ich meine: Wir Deutsche sollten nicht vergessen, was sich von 1933 bis 1945 abgespielt hat, wir dürfen auch nicht vergessen, welches Unglück durch die nationalsozialistische Regierung über die ganze Welt gekommen ist. Ich meine: Wir dürfen weiter nicht vergessen, daß noch heute fast alle Völker der Erde schwer unter den Folgen dieses Krieges zu leiden haben. Endlich glaube ich, daß wir uns bei allem, was wir tun, klar darüber sein müssen, daß wir infolge des totalen Zusammenbruchs ohne Macht sind. Man muß sich deswegen darüber klar sein, daß bei den Verhandlungen, die wir Deutsche mit den Alliierten zu führen haben, um fortschreitend in immer größeren Besitz der staatlichen Macht zu kommen, das psychologische Moment eine sehr große Rolle spielt, daß man aber von vornherein nicht ohne weiteres volles Vertrauen verlangen und erwarten kann. Wir können und dürfen nicht davon ausgehen, daß nun bei den anderen plötzlich ein völliger Stimmungsumschwung gegenüber Deutschland eingetreten ist, daß vielmehr das Vertrauen nur langsam, Stück für Stück, wiedergewonnen werden kann. So unwürdig und falsch es sein würde, wenn wir eine Politik sklavischer Unterwürfigkeit verfolgen würden, eine dumme, unkluge und aussichtslose Politik wäre es, wenn wir etwa auftrumpfen wollten.

Ich glaube, wir Deutsche müßten uns auch vor der spekulativen Erwägung besonders hüten, daß wir aus einer Uneinigkeit unter den anderen großen Mächten irgendwie Erfolge erzielen könnten. Ich betone nochmals: Die Methode der deutschen Außenpolitik muß sein, langsam und stückweise weiterzukommen. Sie muß vor allem auch psychologisch sein und muß versuchen, das Vertrauen wiederzuerwerben, das wir Deutsche durch den Nationalsozialismus leider Gottes im weiten Umfang verloren hatten. [. . .]

Unter psychologischen Gesichtspunkten muß man auch das Verlangen nach Sicherheit auf der andern Seite betrachten. Das Sicherheitsverlangen hat auch eine psychologische Wurzel. Man kann in gewissem Umfang durch verstandesmäßige Darlegungen ein Gefühl der Unsicherheit gegenüber Deutschland bekämpfen, aber man kann, wie man weder der Liebe noch dem Haß mit Vernunftgründen völlig entgegentreten kann, auch dem Bedürfnis nach Sicherheit mit Vernunftgründen allein nicht entgegentreten. Auch hier, glaube ich, muß man Schritt für Schritt und psychologisch behutsam weitergehen, um auf dem Wege über Gewinnung des Vertrauens das Sicherheitsbedürfnis auf der anderen Seite zu befriedigen.

Josef Selbach (Hrsg.), Konrad Adenauer: Bundestagsreden, Bonn 1967, S. 29 f.

1. *Welche Methoden hielt Adenauer für allein erfolgversprechend im Umgang mit den Besatzungsmächten?*
2. *Analysieren Sie die Ziele der Adenauerschen Außenpolitik. Auf welchen Prämissen ruhte seine außenpolitische Konzeption?*

Das Petersberger Abkommen (22. 11. 1949)

M 3

Nach längeren Verhandlungen des Bundeskanzlers mit den Hohen Kommissaren auf dem Petersberg bei Bonn, dem Sitz der Alliierten Kontrollbehörde, wurde das erste vertragliche Abkommen zwischen den Alliierten und der Bundesregierung geschlossen.

2. In der Überzeugung, daß die möglichst enge Mitarbeit Deutschlands zu dem Wiederaufbau der westeuropäischen Wirtschaft wünschenswert ist, erklärt die Bundesregierung ihre Absicht, der internationalen Ruhrbehörde, in der sie derzeit nur durch einen Beobachter vertreten ist, als Mitglied beizutreten. [. . .]
3. Die Bundesregierung erklärt ferner ihre feste Entschlossenheit, die Entmilitarisierung des Bundesgebietes aufrechtzuerhalten und mit allen ihr zur Verfügung stehenden Mitteln die Neubildung irgendwelcher Streitkräfte zu verhindern. [. . .]
4. Die Hohe Kommission und die Bundesregierung sind übereingekommen, daß die Bundesregierung nunmehr die schrittweise Wiederaufnahme von konsularischen und Handelsbeziehungen mit den Ländern in Angriff nehmen wird, mit denen derartige Beziehungen als vorteilhaft erscheinen.
5. [. . .] Die Bundesregierung ist fest entschlossen, alle Spuren der nationalsozialistischen Gewaltherrschaft aus dem deutschen Leben und seinen Einrichtungen auszutilgen und das Wiederaufleben totalitärer Bestrebungen welcher Art auch immer zu verhindern. [. . .]
8. Die Hohe Kommission hat die Frage der Demontage angesichts der von der Bundesregierung gegebenen Zusicherungen erneut überprüft und folgenden Änderungen des Demontageplans zugestimmt.

Die nachstehend aufgeführten Werke werden von der Reparationsliste gestrichen und die Demontage ihrer Einrichtungen wird sofort eingestellt:
[Es folgt eine Aufstellung der entsprechenden Fabriken.]
B. H. Robertson A. François-Poncet J. J. McCloy K. Adenauer

Auswärtiges Amt (Hrsg.), Die Auswärtige Politik der Bundesrepublik Deutschland, Köln 1972, S. 158 ff.

1. *Erläutern Sie den Zusammenhang zwischen der Erweiterung der politischen Handlungsfreiheit der deutschen Seite und der freiwilligen Hinnahme bestimmter Bindungen.*
2. *Welchen Preis „zahlten" die Westmächte, welchen die Bundesrepublik für das gemeinsame Abkommen?*
3. *Warum war es bereits ein Erfolg für die Bundesrepublik, hier zum ersten Mal als Vertragspartner (Unterschriften!) des Westens aufzutreten?*

Der Schuman-Plan

M 4

Der Plan des französischen Außenministers Schuman wurde von Jean Monnet, dem Chef der französischen Planungsbehörde, entwickelt. Am 9. Mai 1950 stimmte ihm das französische Kabinett zu.

Europa läßt sich nicht mit einem Schlag herstellen und auch nicht durch eine einfache Zusammenfassung: es wird durch konkrete Tatsachen entstehen, die zunächst eine Solidarität der Tat schaffen. Die Vereinigung der europäischen Nationen erfordert, daß der Jahrhunderte alte Gegensatz zwischen Frankreich und Deutschland ausgelöscht wird. Das begonnene Werk muß in erster Linie Deutschland und Frankreich erfassen.

Zu diesem Zweck schlägt die französische Regierung vor, in einem begrenzten, doch entscheidenden Punkt sofort zur Tat zu schreiten.
Die französische Regierung schlägt vor, die Gesamtheit der französisch-deutschen Kohlen- und Stahlproduktion unter eine gemeinsame Oberste Aufsichtsbehörde (Haute Autorité) zu stellen, in einer Organisation, die den anderen europäischen Ländern zum Beitritt offen steht.
Die Zusammenlegung der Kohlen- und Stahlproduktion wird sofort die Schaffung gemeinsamer Grundlagen für die wirtschaftliche Entwicklung sichern – die erste Etappe der europäischen Föderation – und die Bestimmung jener Gebiete ändern, die lange Zeit der Herstellung von Waffen gewidmet waren, deren sicherste Opfer sie gewesen sind.
Die Solidarität der Produktion, die so geschaffen wird, wird bekunden, daß jeder Krieg zwischen Frankreich und Deutschland nicht nur undenkbar, sondern materiell unmöglich ist. Die Schaffung dieser mächtigen Produktionsgemeinschaft, die allen Ländern offen steht, die daran teilnehmen wollen, mit dem Zweck, allen Ländern, die sie umfaßt, die notwendigen Grundstoffe für ihre industrielle Produktion zu gleichen Bedingungen zu liefern, wird die realen Fundamente zu ihrer wirtschaftlichen Vereinigung legen. [. . .]
Durch die Zusammenlegung der Grundindustrien und die Errichtung einer neuen Obersten Behörde, deren Entscheidungen für Frankreich, Deutschland und die anderen teilnehmenden Länder bindend sein werden, wird dieser Vorschlag den ersten Grundstein einer europäischen Föderation bilden, die zur Bewahrung des Friedens unerläßlich ist.

Klaus-Jörg Ruhl (Hrsg.), „Mein Gott, was soll aus Deutschland werden?" Die Adenauer-Ära 1949–1963, München 1985, S. 86 ff.

1. *Arbeiten Sie die zentralen Argumente des französischen Außenministers heraus. Worin liegt – in französischer Sicht – die zukunftsweisende Bedeutung der geplanten Montan-Union?*
2. *Analysieren Sie die deutsche Interessenlage.*

M 5 Die Montanunion

Bundeskanzler Adenauer erläutert die Bedeutung der Europäischen Gemeinschaft für Kohle und Stahl in einer Erklärung vor dem Deutschen Bundestag am 12. 7. 1951.

Man vergißt nur zu schnell in dieser Zeit, die fast jeden Tag große Veränderungen bringt, wie der Zustand, wie das Ansehen Deutschlands in der Welt noch im Mai des Jahres 1950 gewesen ist. Ich bitte, in Ihre Erinnerung zurückrufen zu dürfen, daß der damalige Vorschlag Herrn Schumans nicht nur in der Welt das größte Aufsehen erregt hat, sondern daß er auch in Deutschland fast uneingeschränkt mit der lebhaftesten Genugtuung begrüßt worden ist. [. . .]
Die dynamische Natur des ganzen Vertragswerkes bitte ich nicht zu übersehen. Es handelt sich – ich kann das nur nochmals betonen – um eine Konstruktion von dynamischer Natur, die bestimmt ist, über den unmittelbaren Kreis des Teiles der Wirtschaft, der hier geordnet ist, hinauszuwirken. Man ging davon aus, daß, wenn diese sechs europäischen Länder erst einmal gelernt hätten, auf einem so außerordentlich wichtigen wirtschaftlichen Gebiet zusammenzuarbeiten, dann aus dieser gemeinsamen Arbeit sich der Antrieb von selbst ergeben würde, auch auf weiteren Gebieten der Wirtschaft eine Zusammenarbeit herbeizuführen. [. . .]

Ich bin der Auffassung und des Glaubens, daß die Parlamente der sechs europäischen Länder, die sich mit dieser Montanunion zu beschäftigen haben werden, genau erkennen, worum es sich handelt, daß sie insbesondere auch erkennen, daß der politische Zweck, die politische Bedeutung der Montanunion noch unendlich viel größer ist als der wirtschaftliche Zweck. [. . .] Als im Mai des Jahres 1950 Herr Schuman diesen Vorschlag machte, ging es ihm in erster Linie darum, die althergebrachten Gegensätze zwischen Frankreich und Deutschland dadurch aus der Welt zu schaffen, daß auf dem Gebiete der Grundstoffindustrien gemeinsam gearbeitet und daß dadurch jeder Gedanke, einer wolle gegen den andern rüsten, unmöglich würde. Es handelte sich auch darum, psychologisch zu wirken. Wir müssen uns darüber klar sein, daß französische Bevölkerungskreise vielfach noch immer in dem Gedanken leben, daß Deutschland ein eventueller zukünftiger Gegner sein würde. Die psychologische Bedeutung, die Frage der Beruhigung solcher Befürchtungen im eigenen Lande und die Erweckung des Gefühls der Zusammengehörigkeit zwischen Deutschland und Frankreich waren die politischen Gründe, die Herrn Schuman damals geleitet haben. Aber wie bei wirklich konstruktiven Gedanken hat sich im Laufe der Entwicklung gezeigt, daß in diesem Vorschlag eine solche lebendige Kraft lag, daß man über den ursprünglichen Zweck jetzt schon weit hinausgekommen ist. Man hat seit dem Mai 1950 erkannt, daß die Integration Europas für alle europäischen Länder eine absolute Notwendigkeit ist, wenn sie überhaupt am Leben bleiben wollen.

Auswärtiges Amt (Hrsg.), Die Auswärtige Politik der Bundesrepublik Deutschland, Köln 1972, S. 176 ff.

1. *Skizzieren Sie kurz die bisherige Deutschlandpolitik Frankreichs nach 1945.*
2. *Erklären Sie, worin Adenauer die Bedeutung des Vertragswerkes erblickt.*
3. *Erläutern Sie am Beispiel der Europäischen Gemeinschaft für Kohle und Stahl das europäische Integrationskonzept des „Funktionalismus" (siehe Seite 127). Welche Annahmen liegen diesem Konzept zugrunde?*

Wiederbewaffnung und Westintegration

Neue amerikanische Sicherheitspolitik

Der kommunistische Staatsstreich in der Tschechoslowakei (siehe Seite 43) im Februar 1948 und die Berliner Blockade verstärkten im Westen das Gefühl einer unmittelbaren Bedrohung durch die sowjetische Militärmacht. In den westlichen Hauptstädten sah man die dringende Notwendigkeit, sich durch einen wirtschaftlichen und militärischen Zusammenschluß gegen damals für möglich gehaltene kommunistische Übergriffe zu sichern. So schlossen England, Frankreich und die Beneluxstaaten am 17. März 1948 den *Brüsseler Vertrag*, in dem sie sich für 50 Jahre zu wechselseitigem Beistand im Falle eines bewaffneten Angriffs in Europa verpflichteten und auch wirtschaftliche und politische Zusammenarbeit vereinbarten. Es folgte die *Gründung der NATO am 4. April 1949 in Washington.* Zehn europäische Staaten, Kanada und die USA schlossen sich zu einer Defensivallianz, jedoch ohne automatische militärische Beistandspflicht, zusammen.

Die westliche Bündnispolitik war zunächst konzipiert auf der Grundlage des amerikanischen Atomwaffenmonopols. Mit der *Zündung der ersten sowjetischen Atombombe im August 1949* war die bisherige amerikanische Verteidigungsstrategie in Frage gestellt, weil der sowjetischen Überlegenheit auf dem Gebiet der konventionellen Streitkräfte kein ausreichendes Gegengewicht auf westlicher Seite gegenüberstand. Der Sieg der Kommunisten im chinesischen Bürgerkrieg, der zur Gründung der Volksrepublik China durch Mao Zedong am 1. Oktober 1949 führte, war in amerikanischer Sicht ein weiterer Beweis für den kommunistischen Expansionsdrang, der heute in Asien, morgen in Europa gefährlich werden konnte.
Die Regierung Truman antwortete auf diese Entwicklungen mit einer Neuformulierung ihrer globalen Außen- und Militärpolitik. Washington setzte nunmehr auf eine Politik der Stärke gegenüber der sowjetischen Herausforderung und verlangte vom amerikanischen Kongreß eine drastische Erhöhung der Militärausgaben.

Der Korea-Krieg

Am 25. Juni 1950 überschritten Truppen des kommunistischen Nordkorea die Demarkationslinie des 38. Breitengrades und fielen in die südkoreanische „Republik Korea" ein, um das Land „wieder zu vereinigen". Alle Befürchtungen, die in den westlichen Hauptstädten seit Monaten die Runde gemacht hatten, schienen sich damit zu bestätigen. Im UN-Sicherheitsrat setzte die Regierung Truman die Entsendung von Truppen gegen den nordkoreanischen Aggressor durch (was nur möglich war, weil die Sowjetunion zu diesem

Wie sehr der Krieg in Korea auch in Europa Beachtung fand, zeigt ein Bild des spanischen Künstlers Pablo Picasso (1881–1973): Massaker von Korea.

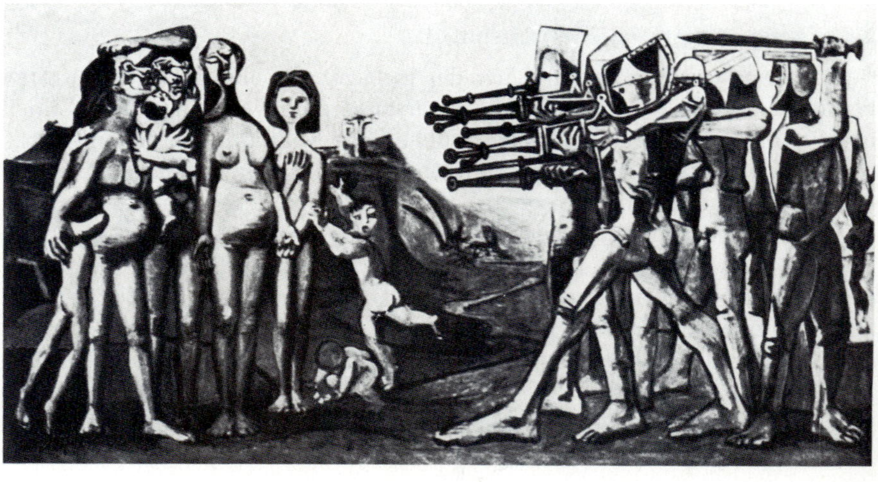

Zeitpunkt den Sicherheitsrat boykottierte). Unter amerikanischem Oberbefehl schlugen die UN-Truppen die nordkoreanischen Streitkräfte zurück. Nachdem auch chinesische Streitkräfte eingegriffen hatten, zogen sich die kriegerischen Auseinandersetzungen bis in den Juli 1953 hin. Am Ende stand ein Waffenstillstandsabkommen, mit dem der 38. Breitengrad wieder als Grenzlinie zwischen Nord- und Südkorea festgelegt wurde.

Die Forderung nach einem westdeutschen Verteidigungsbeitrag

Der Koreakrieg wirkte wie ein Katalysator auf die im Umbruch befindliche westliche Sicherheitspolitik und sorgte dafür, daß die grundsätzlichen Bedenken gegen eine militärische Einbeziehung der Bundesrepublik in das westliche Verteidigungsbündnis einer tiefsitzenden Furcht vor sowjetischen Welteroberungsplänen wichen. Die USA waren bereit, dem Sicherheitsverlangen der westeuropäischen Länder durch verstärkte militärische Präsenz in Europa zu entsprechen, sofern die Europäer selbst verstärkte Rüstungsanstrengungen unternahmen und die Wiederbewaffnung Deutschlands akzeptierten. Ohne einen deutschen Verteidigungsbeitrag, darin stimmten alle Experten überein, konnte Westeuropa weder finanziell noch personell ausreichend gestärkt werden.

Im August 1950 empfahl der Straßburger Europarat auf Betreiben des britischen Oppositionsführers Churchill mit großer Mehrheit, eine europäische Armee unter deutscher Beteiligung zu bilden. Bundeskanzler Adenauer war schon seit längerem entschlossen, die Chance zu ergreifen, um den deutschen Wunsch nach *Abbau des Besatzungsstatuts* und einer *alliierten Sicherheitsgarantie* für die Bundesrepublik mit dem amerikanischen Drängen nach *deutschen Truppen* zu verknüpfen (▷M 1). Sein Angebot deutscher militärischer Kontingente im Rahmen einer europäischen Armee – in der eigenen Partei nicht unumstritten – traf in den USA auf positive Resonanz.

Der französische Plan einer Europa-Armee (Pleven-Plan)

Die französische Diplomatie befand sich in einer Zwangslage. Frankreich teilte die verbreitete Furcht vor der Sowjetunion und konnte daher nicht auf amerikanische Militärhilfe verzichten. Die Bundesrepublik durch die Aufstellung nationaler Truppen im Rahmen des NATO-Bündnisses aufzurüsten, kam jedoch für Paris nicht in Frage, auch wenn dies die USA dringend wünschten. Um aus dieser Sackgasse herauszukommen, ergriff die französische Regierung die Initiative für einen eigenen Vorschlag, mit dem sie die eigenen Interessen weitgehend zu wahren suchte. Am 24. Oktober 1950 schlug Premierminister *Pleven* die Schaffung einer europäischen Armee unter Einbeziehung deutscher Kontingente auf kleinster Basis vor, wobei durch zahlreiche Klauseln der Bundesrepublik die Rolle eines Bündnispartners zweiter Klasse zugedacht wurde (▷M 2).

Der Wehrbeitrag im Spannungsfeld der Interessen

Es war abzusehen, daß die nicht deckungsgleichen Motive in der Frage eines deutschen Wehrbeitrages unter den Westmächten – militärische Stärkung des Westens (USA), Teilung der volkswirtschaftlichen Lasten, die sich aus den Rüstungsanstrengungen ergeben würden (Großbritannien), Kontrolle der Deutschen (Frankreich) – Probleme ergaben, die nur in mühsamen Verhandlungen gelöst werden konnten. Hinzu kam, daß Bundeskanzler Adenauer mit einem deutschen Wehrbeitrag nicht nur die Sicherheitsfrage im Auge hatte, sondern gleichzeitig das politische Ziel verfolgte, die Besatzungsherrschaft abzuschütteln und die Gleichberechtigung der Bundesrepublik im Kreis der Westmächte durchzusetzen.

Im Dezember 1950 segnete der NATO-Rat offiziell die Entscheidung für eine deutsche Wiederbewaffnung ab. In Verhandlungen mit den Hohen Kommissaren verlangte Adenauer die baldige Revision des Besatzungsstatuts und betonte den unauflöslichen Zusammenhang zwischen dem Wehrbeitrag und der Umgestaltung des deutsch-alliierten Verhältnisses.

Die sozialdemokratische Opposition lehnte einen deutschen Wehrbeitrag nicht ab, machte jedoch ihre Bereitschaft von der vorausgehenden Beendigung des Besatzungszustandes abhängig. Außerdem stellte Schumacher die westdeutsche Bündnispolitik unter einen gesamtdeutschen Vorbehalt und warf Adenauer mangelnden Wiedervereinigungswillen vor.

Der Bundeskanzler argumentierte, erst müsse der Westen stark werden, bevor man mit der Sowjetunion über die Freilassung Ostdeutschlands verhandeln könne, und setzte im übrigen auf eine Politik der Gleichzeitigkeit: Im Zuge der Verhandlungen über den deutschen Wehrbeitrag sollten die drei Besatzungsmächte auf ihre besatzungsrechtlichen Befugnisse verzichten (▷M 3). Dieser Prozeß ging allerdings viel langsamer vor sich, als der deutsche Regierungschef gehofft hatte: Frankreich verzögerte alles, und so kam es am 6. März 1951 zunächst nur zu einer kleinen Revision des Besatzungsstatuts: Die Bundesrepublik wurde nunmehr auch für ihre Außenpolitik zuständig (Adenauer übernahm das Amt des Außenministers bis 1955 selbst); als Gegenleistung mußte die Bundesrepublik die Vorkriegsschulden des Deutschen Reiches und die Nachkriegsschulden Westdeutschlands für alliierte Wirtschaftshilfe anerkennen und (zum Teil) bezahlen.

Deutsch-alliierte Verhandlungen in Bonn über den weiteren Abbau des Besatzungsregimes *(Deutschland-Vertrag)* und die Verhandlungen mit den Westmächten in Paris über eine Europäische Verteidigungsgemeinschaft *(EVG-Vertrag)* bestimmten das Jahr 1951. Dabei waren mittlerweile die USA auf den französischen Plan einer supranationalen Armee im Rahmen der NATO eingeschwenkt, nachdem Paris sich der Forderung nach militärischer Gleichberechtigung der deutschen Seite gebeugt hatte.

Stalins Wiedervereinigungsangebot von 1952

Die sowjetische Diplomatie beobachtete den Integrationsprozeß im Westen und die Debatte über die Wiederbewaffnung der Bundesrepublik mit großer Aufmerksamkeit. Solange sich die Vertragsverhandlungen in Paris und Bonn im Kreise drehten und mehr als einmal zu scheitern drohten, hielt sich die Sowjetunion zurück und überließ das Feld den Kommunisten in der DDR. Unter der Parole „Deutsche an einen Tisch!" forderte die SED die Bundesregierung und den Bundestag auf, gemeinsam über die Wiedervereinigung Deutschlands zu beraten, und weckte mit ihren Aktivitäten in Teilen der bundesdeutschen Öffentlichkeit Hoffnungen in dieser Richtung, sofern nur auf die Westbindung der Bundesrepublik verzichtet würde.
Als die Verhandlungen in Bonn und Paris ihrem Ende entgegengingen, schaltete sich die Sowjetunion am 10. März 1952 mit einer ersten von insgesamt vier Noten an die Westmächte ein (▷M 4). Stalin unterbreitete den Entwurf eines *Friedensvertrages mit Deutschland,* das als *einheitlicher Staat* wiederhergestellt und über *nationale Streitkräfte* verfügen sollte unter der Voraussetzung seiner *Neutralisierung.* In einer zweiten Note am 9. April 1952 erklärte sich die Sowjetunion sogar bereit, über gesamtdeutsche Wahlen zu verhandeln.
Bis zum heutigen Tag wird über die Ernsthaftigkeit des sowjetischen Angebotes viel spekuliert. Neuere Forschungen zeigen, daß der Westen schon Monate zuvor mit einem solchen Schachzug Stalins gerechnet hatte, weil es natürlich in sowjetischem Interesse lag, die Westintegration der Bundesrepublik zu verhindern. Die drei Westmächte waren zu diesem Zeitpunkt jedoch nicht bereit, den mühsam errungenen Kompromiß des EVG- und Deutschland-Vertrages durch Verhandlungen mit der Sowjetunion zu gefährden (▷M 5).
Adenauer sah in der sowjetischen Initiative schon deshalb keinen Fortschritt, weil er eine nationalstaatliche Lösung der deutschen Frage ablehnte. Er hatte die unwiderrufliche Westorientierung der Bundesrepublik zum Pfeiler seiner Außenpolitik gemacht und den Plan einer europäischen Verteidigungsgemeinschaft deshalb unterstützt, um auch zukünftige Generationen vor den Fehlern der Vergangenheit zu bewahren, nämlich Schaukelpolitik zwischen Ost und West zu betreiben.
Eine Wiedervereinigung unter den Bedingungen eines von der ehemaligen Anti-Hitler-Koalition garantierten und nach Abzug der amerikanischen Truppen aus Europa höchst prekären neutralen Status lehnte er deshalb ab. Adenauer wollte sich daher auch nicht für die in Teilen seiner eigenen Partei und vor allem von der SPD geforderten Prüfung der Substanz des sowjetischen Angebots einsetzen. Der Streit der Historiker darüber, ob damals eine Chance verpaßt worden sei, hält an; doch die meisten verneinen diese Frage (▷ M 6, M 7).

Unterzeichnung von EVG- und Deutschland-Vertrag

Am 27. Mai 1952 unterzeichneten die Außenminister der sechs Teilnehmerstaaten der EVG-Konferenz, darunter auch die Bundesrepublik, den EVG-Vertrag in Paris. Einen Tag zuvor war in Bonn der Deutschlandvertrag unterzeichnet worden, der die Aufhebung des Besatzungsregimes vorsah. Die Antwort der Sowjetunion auf den Abschluß der Verträge erfolgte prompt: Am Tag der Unterzeichnung des Deutschlandvertrages wurde die Zonengrenze nach Westdeutschland abgeriegelt und durch Sperrzonen „dicht" gemacht. In der DDR verkündete die SED nunmehr den „planmäßigen Aufbau des Sozialismus", der alsbald zu einer Massenflucht vor dem SED-Regime führte.
Allerdings konnten diese für die Bundesrepublik ungemein wichtigen Vertragswerke erst in Kraft treten, nachdem sie von allen nationalen Parlamenten ratifiziert waren. Gegen den erbitterten Widerstand der SPD verabschiedete die Bundestagsmehrheit am 19. März 1953 die beiden Vertragswerke. Nach dem Tod Kurt Schumachers im August 1952 hatten in der SPD die prinzipiellen Gegner einer deutschen Wiederbewaffnung an Gewicht gewonnen. Nicht die Westintegration der Bundesrepublik, sondern die Wiedervereinigung Deutschlands sollte an erster Stelle in der politischen Prioritätenskala der deutschen Außenpolitik rangieren. Allerdings war die SPD nicht bereit, sich mit dem SED-Regime Walter Ulbrichts zu arrangieren.

17. Juni: Aufstand in der DDR

Kurzfristig sah es im Frühjahr 1953 danach aus, als wollten die Nachfolger des sowjetischen Diktators – Stalin war am 5. März 1953 gestorben – das SED-Regime aufgeben, um zu einer Verständigung mit den USA zu kommen. *„Entspannung"* war ein neuer Begriff, der in den westlichen Hauptstädten die Runde machte. Zum Schrecken Adenauers empfahl der britische Premierminister Churchill eine Konferenz der „Großen Drei", während die neue amerikanische Administration unter dem republikanischen Präsidenten *Eisenhower* und seinem Außenminister *Dulles* offenkundig glaubte, die ungefestigte Herrschaftsposition der Nachfolger Stalins zum Zurückdrängen *(roll back)* des kommunistischen Einflusses in der ganzen Welt benutzen zu können.
Als die DDR-Führung unter sowjetischem Druck die Verlangsamung ihrer Politik des Aufbaus des Sozialismus, die Verbesserung der Konsumgüterproduktion und Reiseerleichterungen nach Westdeutschland beschloß, gleichzeitig aber eine kurz zuvor erzwungene Erhöhung der Arbeitsnormen in den volkseigenen Betrieben um 10 % nicht rechtzeitig rückgängig machte, kam es zum *Aufstand der Arbeiter in Ostberlin am 16./17. Juni 1953*. Der Aufstand weitete sich innerhalb weniger Stunden zu einer Demonstration gegen die Diktatur der SED in der ganzen DDR aus. Als sowjetische Truppen ihn blutig niederschlugen, waren alle Spekulationen über die Nachgiebigkeit der neuen sowjetischen Führung hinfällig. Die Kritiker an der Einbindung der Bundesrepublik in die Europäische Verteidigungsgemeinschaft waren um einige Ar-

gumente ärmer. Und Bertolt Brecht schrieb ein Gedicht an die Adresse der SED, das Enttäuschung hinter Sarkasmus verbarg:

> Nach dem Aufstand des 17. Juni
> Ließ der Sekretär des Schriftstellerverbands
> In der Stalinallee Flugblätter verteilen
> Auf denen zu lesen war, daß das Volk
> Das Vertrauen der Regierung verscherzt habe
> Und es nur durch verdoppelte Arbeit
> Zurückerobern könne. Wäre es da
> Nicht doch einfacher, die Regierung
> Löste das Volk auf und
> Wählte ein anderes?[1])

17. Juni 1953 in Ostberlin – ohnmächtiges Aufbegehren: Demonstranten bewerfen sowjetische Panzer mit Steinen.

Das Scheitern der Europäischen Verteidigungsgemeinschaft

Der überall mit Händen greifbare wirtschaftliche Aufschwung und der erfolgreiche erste Besuch eines deutschen Bundeskanzlers in Washington verhalfen der CDU zu einem fulminanten Wahlsieg am 6. September 1953, den Adenauer als eine quasi plebiszitäre Bestätigung seiner Außenpolitik durch die Mehrheit der Bevölkerung interpretieren konnte: CDU/CSU erhielten 45,2 Prozent der Stimmen, während die SPD mit 28,8 Prozent eine schwere Niederlage hinnehmen mußte.

[1]) Bertolt Brecht, Gesammelte Werke 10, Gedichte 3, Frankfurt 1967, S. 1009 f.

In der Bundesrepublik war das deutsch-amerikanische Integrationskonzept damit abgesichert, außenpolitisch stand es auf schwankendem Boden, denn in Frankreich war die EVG umstrittener denn je. Die Niederlage Frankreichs, die sich im *indochinesischen Kolonialkrieg* abzuzeichnen begann, überschattete dort alle anderen Probleme. Daß die *Berliner Viermächtekonferenz* (25. 1. bis 18. 2. 1954) keine Annäherung in der Deutschlandfrage zwischen Ost und West erbrachte, war nicht überraschend. Das Scheitern der Konferenz hatte auch nicht die von den „Europäern" erhoffte positive Wirkung auf die Willensbildung in der französischen Nationalversammlung. Dort hatte der Plan einer Europäischen Verteidigungsgemeinschaft keine Chancen mehr. Am 30. August 1954 wurde in Paris die EVG mehrheitlich abgelehnt.

M 1 Deutsche Soldaten in einer europäischen Armee

Memorandum des Bundeskanzlers Konrad Adenauer über die Sicherung des Bundesgebietes nach innen und außen vom 29. 8. 1950. Adenauer ließ dieses Memorandum dem amerikanischen Hohen Kommissar McCloy vor dessen Abflug nach New York übergeben mit der Bitte, es bei der bevorstehenden Außenministerkonferenz mitzuberaten. Über diesen Schritt informierte Adenauer das Kabinett erst im nachhinein, was zum Rücktritt des Bundesinnenministers Gustav Heinemann (CDU) führte (Heinemann stieß in den späten 50er Jahren zur SPD und wurde 1969 zum Bundespräsidenten gewählt).

II. Der ganze Ernst der Situation ergibt sich aus der Betrachtung der in der Ostzone versammelten sowjetischen Kräfte und der dort im beschleunigten Aufbau befindlichen Volkspolizei.

Nach bestätigten Informationen befinden sich im Raum der Ostzone an sowjetischen Truppen zur Zeit zwei Armeen schneller Truppen mit zusammen 9 motorisierten Divisionen, 4 Panzer-Armeen mit zusammen 13 Divisionen, insgesamt also 22 motorisierte und Panzerdivisionen. [. . .]

Die Zahl der einsatzbereiten Panzer muß mit 5000 bis 6000 angenommen werden.

Die sowjetische Jagdluftwaffe befindet sich in rasch zunehmender Umbewaffnung auf Turbojäger (Düsenjäger) modernster Bauart. [. . .]

Neben diesen außerordentlich starken sowjetrussischen Kräften macht der Aufbau der Volkspolizei in der Ostzone in den letzten Monaten besondere Fortschritte. Dabei ist ihre Entwicklung von der Polizei zur Polizei-Armee bemerkenswert. In den letzten Monaten wurden ca. 70 000 Mann aus der Allgemeinen Polizei der Ostzone herausgelöst, in militärähnlichen Formationen organisiert und militärisch ausgebildet.

Es ist damit zu rechnen, daß die Volkspolizei in naher Zukunft etwa 150 000 Mann umfassen wird, die nach der Gesamtplanung auf rund 300 000 Mann gebracht werden soll.

Die Nachrichten über die Zielsetzung, die von seiten der Sowjet- und der Ostzonenregierung diesen Truppen gegeben wird, lauten einheitlich dahin, daß ihre in naher Zukunft zu lösenden Aufgaben darin bestehen sollen, Westdeutschland von seinen alliierten Gewalthabern zu befreien, die „kollaborationistische Regierung" der Bundesrepublik zu beseitigen und Westdeutschland mit der Ostzone zu einem satellitenartigen Staatengebilde zu vereinigen.

Hält man dies mit den gleichlautenden öffentlichen Erklärungen der ostzonalen Politiker Pieck und Ulbricht zusammen, so muß man annehmen, daß in der Ostzone Vorbereitungen zu einem Unternehmen getroffen werden, das unter vielen Gesichtspunkten an den Ablauf der Aktion in Korea mahnt. [. . .]

III. Als Gegenkräfte stehen in Westdeutschland diesen Gegnern je zwei amerikanische und britische Divisionen und einige französische Verbände gegenüber. [. . .]

Für einen Einsatz gegen einen organisierten inneren Feind oder gar gegen einen Eingriff der Volkspolizei sind die Polizeikräfte völlig unzureichend. [. . .] Auch die von den Alliierten zugestandenen Polizeireserven in einer Gesamthöhe von 10 000 Mann, die sich auf die einzelnen Länder verteilen sollen, bedeuten keine Verbesserung der geschilderten Lage. [. . .]

IV. Das Problem der Sicherheit des Bundes stellt sich zunächst unter dem äußeren Gesichtspunkt. Die Verteidigung des Bundes nach außen liegt in erster Linie in den Händen der Besatzungstruppen. Der Bundeskanzler hat wiederholt um die Verstärkung dieser Besatzungstruppen gebeten und erneuert diese Bitte hiermit in dringendster Form. Denn die Verstärkung der alliierten Besatzungstruppen in Westeuropa kann allein der Bevölkerung sichtbar den Willen der Westmächte kundtun, daß Westdeutschland im Ernstfall auch verteidigt wird. [. . .]

Der Bundeskanzler hat ferner wiederholt seine Bereitschaft erklärt, im Falle der Bildung einer internationalen westeuropäischen Armee einen Beitrag in Form eines deutschen Kontingents zu leisten. Damit ist eindeutig zum Ausdruck gebracht, daß der Bundeskanzler eine Remilitarisierung Deutschlands durch Aufstellung einer eigenen nationalen militärischen Macht ablehnt.

Klaus von Schubert (Hrsg.), Sicherheitspolitik der Bundesrepublik Deutschland. Dokumentation 1945–1977, Teil I, Bonn 1977, S. 79 ff.

1. *Wie schildert Adenauer die Sicherheitslage in Deutschland und Europa?*
2. *Warum hätte Adenauer ohne den Ausbruch des Korea-Krieges im Sommer 1950 ein solches offizielles Memorandum nicht unterbreiten können?*
3. *Fassen Sie die Forderungen und das Angebot Adenauers zusammen und erläutern Sie die politische Brisanz, die damit verbunden war.*

Europäische Armee unter deutscher Beteiligung

M 2

In seiner Regierungserklärung am 24. 10. 1950 erläuterte der französische Ministerpräsident Pleven den französischen Plan einer Europäischen Verteidigungsgemeinschaft. Nach Unterzeichnung des Montanunion-Vertrages sollte ein entsprechendes Vertragswerk zur militärischen Zusammenarbeit in Angriff genommen werden.

Sobald diese Unterschrift erreicht ist, fordert die französische Regierung, daß das Problem des deutschen Beitrags zur Aufstellung einer europäischen Streitkraft (force européenne) in einer Weise gelöst wird, die den grausamen Lehren der Vergangenheit und der Entwicklung [. . .] Rechnung trägt.

Sie schlägt für eine gemeinsame Verteidigung die Schaffung einer europäischen Armee vor, die mit den politischen Institutionen des geeinten Europas verbunden ist. [. . .]

Die Aufstellung einer europäischen Armee könnte sich nicht einfach aus der Zusammenfassung nationaler Militäreinheiten ergeben, die in Wirklichkeit nur eine Koalition alten Typs verschleiern würde. Unzweifelhaft gemeinsamen Aufgaben können nur gemeinsame Organismen gerecht werden. Eine Armee des geeinten Europas, gebildet aus Männern der verschiedenen europäischen Nationen, soll, soweit dies irgend möglich ist, eine vollständige Verschmelzung der Mannschaften und der Ausrüstung herbeiführen, die unter einer einheitlichen politischen und militärischen europäischen Autorität zusammengefaßt werden.

Ein Verteidigungsminister würde von den Regierungen der angeschlossenen Staaten ernannt werden und unter Bedingungen, die noch zu bestimmen sind, den Regierungen und einer europäischen Versammlung verantwortlich sein. [...]

Die Mitgliedstaaten, die über eigene nationale Streitkräfte verfügen, würden ihre Befehlsgewalt über den Teil ihrer Truppen, die der europäischen Armee nicht eingegliedert werden, behalten.

Klaus-Jörg Ruhl (Hrsg.), „Mein Gott, was soll aus Deutschland werden?" Die Adenauer-Ära 1949–1963, München 1985, S. 97 ff.

1. *Erläutern Sie die französische Interessenlage in der Frage der deutschen Wiederbewaffnung. Inwiefern dient der Pleven-Plan diesen Interessen?*
2. *Erläutern Sie die Bedeutung des Integrationskonzeptes auf militärischem Gebiet.*
3. *Warum interpretierten die USA den Pleven-Plan als „Verzögerungstaktik" einer deutschen Wiederbewaffnung, wie sie Washington forderte?*

M 3 Regierung und Opposition zur Frage eines deutschen Wehrbeitrages

In der ersten großen Wehrdebatte im Deutschen Bundestag am 8. 11. 1950 prallten die unterschiedlichen Standpunkte von Regierung und Opposition aufeinander.

Bundeskanzler Adenauer:

Nach den Erfahrungen, die wir Deutschen mit dem totalitären Regime der Nazizeit gemacht haben, nach den Erfahrungen, die die Welt mit dem totalitären Sowjetrußland seit 1944 gemacht hat, [...] sollte eines die gemeinsame Überzeugung aller Deutschen sein: Totalitäre Staaten, insbesondere Sowjetrußland, kennen nicht wie die demokratischen Staaten als wesentliche Faktoren des Zusammenlebens der Menschen und der Völker Recht und Freiheit; sie kennen nur einen maßgebenden Faktor: das ist die Macht. Mit einem totalitären Staat können daher Verhandlungen zur Regelung internationaler Fragen mit Aussicht auf Erfolg nur geführt werden, wenn derjenige, der diese Verhandlungen – mit

Oppositionsführer Schumacher:

Wir sind erstaunt und nicht erfreut darüber, daß der Herr Bundeskanzler die Erklärung Plevens als eine Diskussionsgrundlage betrachtet. Wir Sozialdemokraten betrachten sie nicht als das Fundament einer Auseinandersetzung. Uns ist gewiß wichtig und von größter Bedeutung das Zusammenarbeiten mit dem französischen Volke. Aber ich glaube, diesen Geist der Zusammenarbeit kann man nicht dadurch erreichen, daß man widerspruchslos eine politische Konzeption in Frankreich hinnimmt, die, alle Leiden und Enttäuschungen eingerechnet, doch unmöglich ist, weil sie so tut, als ob das eine Volk mit seinen Interessen allein da wäre und das andere Volk gar nicht in seinen Interessen und in seinen

Sowjetrußland – führt, ebenso stark, wenn nicht noch stärker ist als Sowjetrußland. [. . .]

Die Deutschen müssen sich darüber klar sein, daß sie unmöglich erwarten können, daß die Vereinigten Staaten, Kanada und die westeuropäischen Länder die Opfer, die mit der Schaffung einer solchen Abwehrfront verbunden sind, auf sich nehmen, während Deutschland selbst nichts dazu beiträgt. (Sehr richtig! bei der CDU. Erneuter lebhafter Beifall bei den Regierungsparteien.) Und um nichts anderes handelt es sich!

Für jeden Deutschen, meine Damen und Herren, mit gesundem Empfinden muß es auch ein zwingendes Gebot sein, seine Heimat und seine Freiheit zu verteidigen. (Lebhafter Beifall bei den Regierungsparteien.) [. . .]

Ich bin der Auffassung, daß auf diesem Wege, auf dem Wege der Bildung einer solchen Abwehrfront, auch die Wiedervereinigung mit unseren deutschen Brüdern und Schwestern in der Sowjetzone zu erreichen ist. [. . .]

Die Bundesregierung ist der Auffassung, daß die Bundesrepublik Deutschland, wenn sie von den westlichen Mächten dazu aufgefordert werden wird, bereit sein muß, einen angemessenen Beitrag zu dem Aufbau dieser Abwehrfront zu leisten, und zwar um ihren Fortbestand, die Freiheit ihrer Bewohner und die Weitergeltung der westlichen Kulturideale zu sichern.

Voraussetzung für die Leistung eines solchen Beitrags ist die völlige Gleichberechtigung Deutschlands in dieser Abwehrfront mit den übrigen an ihr teilnehmenden Mächten und ferner eine Stärke dieser Abwehrfront, die genügt, um jede russische Aggression unmöglich zu machen.

besten Empfindungen zu berücksichtigen wäre. (Sehr richtig! bei der SPD.)
[. . .]

Denn der Geist des Planes Pleven ist nicht der Geist der Aussöhnung. [. . .]

Was uns nämlich in der bisherigen Konzeption zugemutet wird – haben Sie doch den Mut, meine Damen und Herren, diesen Dingen ins Gesicht zu sehen –, ist doch die Ungleichheit, die praktische Ungleichheit der Opfer, die Ungleichheit im Risiko, die Ungleichheit in der Chance für unser Volk gegenüber anderen Völkern. Aber für die Deutschen ist nur die Gleichheit im Tatsächlichen und die Unlöslichkeit der Verbindungen und Verkettungen mit den anderen Nationen die positive Voraussetzung. Eine andere positive Voraussetzung gibt es nicht, weil keine andere Voraussetzung die Möglichkeit des Erfolges in sich trägt. [. . .]

Nun bin ich überzeugt, daß alle hier versammelten Damen und Herren den gemeinsamen Wunsch im Herzen tragen, Deutschland nicht zum Vorfeld der Verteidigung anderer Länder werden zu lassen. Aber ein Jetzt-Hineinschlittern in eine voraussetzungslose Militarisierung kann ja nicht die Fakten erfolgreicher Abwehr schaffen, sondern vergrößert die Gefahren deutscher Vernichtung oder Beeinträchtigung bis ins Gigantische hinein. Nur – das ist die Meinung der Sozialdemokratie – wenn die demokratischen Streitkräfte hier in Deutschland so stark sind, daß sie die Kraft haben, bei einem Angriff aus dem Osten im sofortigen Gegenstoß die Kriegsentscheidung außerhalb der deutschen Grenzen zu tragen, nur dann kann das deutsche Volk seinen militärischen Beitrag für die Verteidigung der Freiheit in der Welt leisten.

Deutscher Bundestag, Stenographische Berichte. 98. Sitzung, 8. 11. 1950, S. 3564 ff.

1. *Analysieren Sie die Argumente der Bundesregierung und der Opposition zur Frage der deutschen Wiederbewaffnung.*
2. *Worin bestand Konsens und worin Dissens zwischen Adenauer und Schumacher?*

M 4

Die Stalin-Note vom 10. 3. 1952

Die Sowjetregierung unterbreitete mit dieser Note den drei Westmächten den Entwurf eines Friedensvertrages mit Deutschland.

Politische Leitsätze

1. Deutschland wird als einheitlicher Staat wiederhergestellt. Damit wird der Spaltung Deutschlands ein Ende gemacht, und das geeinte Deutschland gewinnt die Möglichkeit, sich als unabhängiger, demokratischer, friedliebender Staat zu entwickeln.
2. Sämtliche Streitkräfte der Besatzungsmächte müssen spätestens ein Jahr nach Inkrafttreten des Friedensvertrages aus Deutschland abgezogen werden. Gleichzeitig werden sämtliche ausländischen Militärstützpunkte auf dem Territorium Deutschlands liquidiert.
3. Dem deutschen Volk müssen die demokratischen Rechte gewährleistet sein, damit alle unter deutscher Rechtsprechung stehenden Personen ohne Unterschied der Rasse, des Geschlechts, der Sprache oder der Religion die Menschenrechte und die Grundfreiheiten genießen, einschließlich der Redefreiheit, der Pressefreiheit, des Rechts der freien Religionsausübung, der Freiheit der politischen Überzeugung und der Versammlungsfreiheit.
4. In Deutschland muß den demokratischen Parteien und Organisationen freie Betätigung gewährleistet sein; sie müssen das Recht haben, über ihre inneren Angelegenheiten frei zu entscheiden, Tagungen und Versammlungen abzuhalten, Presse- und Publikationsfreiheit zu genießen.
5. Auf dem Territorium Deutschlands dürfen Organisationen, die der Demokratie und der Sache der Erhaltung des Friedens feindlich sind, nicht bestehen.
6. Allen ehemaligen Angehörigen der deutschen Armee, einschließlich der Offiziere und Generale, allen ehemaligen Nazis, mit Ausnahme derer, die nach Gerichtsurteil eine Strafe für von ihnen begangene Verbrechen verbüßen, müssen die gleichen bürgerlichen und politischen Rechte wie allen anderen deutschen Bürgern gewährt werden zur Teilnahme am Aufbau eines friedliebenden, demokratischen Deutschland.
7. Deutschland verpflichtet sich, keinerlei Koalitionen oder Militärbündnisse einzugehen, die sich gegen irgendeinen Staat richten, der mit seinen Streitkräften am Krieg gegen Deutschland teilgenommen hat.

Das Territorium

Das Territorium Deutschlands ist durch die Grenzen bestimmt, die durch die Beschlüsse der Potsdamer Konferenz der Großmächte festgelegt wurden.

Wirtschaftliche Leitsätze

Deutschland werden für die Entwicklung seiner Friedenswirtschaft, die der Hebung des Wohlstandes des deutschen Volkes dienen soll, keinerlei Beschränkungen auferlegt. Deutschland werden auch keinerlei Beschränkungen in bezug auf den Handel mit anderen Ländern, die Seeschiffahrt und den Zutritt zu den Weltmärkten auferlegt.

Militärische Leitsätze

1. Es wird Deutschland gestattet sein, eigene nationale Streitkräfte (Land-, Luft- und Seestreitkräfte) zu besitzen, die für die Verteidigung des Landes notwendig sind.
2. Deutschland wird die Erzeugung von Kriegsmaterial und -ausrüstung gestattet werden, deren Menge oder Typen nicht über die Grenzen dessen hin-

ausgehen dürfen, was für die Streitkräfte erforderlich ist, die für Deutschland durch den Friedensvertrag festgesetzt sind.

Eberhard Jäckel (Hrsg.), Die deutsche Frage 1952–1956. Notenwechsel und Konferenzdokumente der vier Mächte, Frankfurt 1957, S. 23 f.

1. *Nennen und erläutern Sie die wichtigsten Aussagen dieser diplomatischen Note. Zeigen Sie die Vieldeutigkeit mancher Formulierungen.*
2. *Warum legte die Sowjetunion zu diesem Zeitpunkt ihr Neutralisierungskonzept vor?*
3. *Vergleichen Sie das Angebot in seinen Einzelheiten mit der Interessenlage des Westens einschließlich der Bundesrepublik.*
4. *Adenauer sah in der Note Stalins die Gefahr einer Rückkehr zum System von Potsdam angelegt, also einer Einigung der vier Siegermächte über Deutschland ohne dessen Mitwirkung. Zeigen Sie, worauf sich diese Interpretation bezog.*

Erste Antwortnote der Westmächte auf das sowjetische Angebot (25. 3. 1952)

M 5

2. Der Abschluß eines gerechten und dauerhaften Friedensvertrages, der die Teilung Deutschlands beendet, ist stets ein wesentliches Ziel der amerikanischen Regierung gewesen und wird es bleiben. Der Abschluß eines derartigen Friedensvertrages macht, wie die Sowjetregierung selbst anerkennt, die Bildung einer gesamtdeutschen Regierung erforderlich, die den Willen des deutschen Volkes zum Ausdruck bringt. Eine derartige Regierung kann nur auf der Grundlage freier Wahlen in der Bundesrepublik, der sowjetischen Besatzungszone und in Berlin erschaffen werden. Derartige Wahlen können nur unter Verhältnissen stattfinden, die die nationalen und individuellen Freiheiten des deutschen Volkes gewährleisten. [. . .]

3. Die Vorschläge der Sowjetischen Regierung geben keinen Hinweis auf die internationale Stellung einer gesamtdeutschen Regierung vor dem Abschluß eines deutschen Friedensvertrages. Die amerikanische Regierung ist der Ansicht, daß es der gesamtdeutschen Regierung sowohl vor wie nach Abschluß eines Friedensvertrages freistehen sollte, Bündnisse einzugehen, die mit den Grundsätzen und Zielen der Vereinten Nationen in Einklang stehen.

4. Mit der Unterbreitung ihrer Vorschläge für einen deutschen Friedensvertrag verlieh die Sowjetregierung ihrer Bereitschaft Ausdruck, auch weitere Vorschläge zu erörtern. Die amerikanische Regierung hat von dieser Erklärung Kenntnis genommen. Nach ihrer Ansicht wird es nicht möglich sein, sich auf ins einzelne gehende Diskussionen über einen Friedensvertrag einzulassen, bis die Voraussetzungen für freie Wahlen geschaffen sind und eine freie gesamtdeutsche Regierung gebildet worden ist, die an derartigen Erörterungen teilnehmen könnte. Es bestehen verschiedene grundsätzliche Fragen, die gleichfalls gelöst werden müßten.

5. So stellt die amerikanische Regierung fest, daß die sowjetische Regierung erklärt, das deutsche Hoheitsgebiet werde durch die Grenzen bestimmt, die durch die Entscheidungen der Potsdamer Konferenz festgelegt wurden. Die amerikanische Regierung möchte daran erinnern, daß in Wirklichkeit keine endgültigen deutschen Grenzen in den Potsdamer Entscheidungen festgelegt wurden, die eindeutig vorsehen, daß die endgültige Entscheidung territorialer Fragen einer Friedensregelung vorbehalten bleiben muß.

6.[. . .] Von der Notwendigkeit einer Politik der europäischen Einheit überzeugt, gibt die amerikanische Regierung Plänen ihre volle Unterstützung, die die Beteiligung Deutschlands an einer rein defensiven europäischen Gemeinschaft sichern, die Freiheit wahren, eine Aggression verhüten und das Wiederaufleben des Militarismus ausschließen sollen. Die amerikanische Regierung ist der Auffassung, daß der Vorschlag der sowjetischen Regierung zur Aufstellung nationaler deutscher Streitkräfte mit der Erreichung dieser Ziele nicht zu vereinbaren ist.

Eberhard Jäckel (Hrsg.), a.a.O., S. 24 f.

1. *Erläutern Sie den Tenor der Antwort der Westmächte. Zeigen Sie, daß der Westen an Verhandlungen zu diesem Zeitpunkt nicht interessiert war.*
2. *Diskutieren Sie die Gründe für das Verhalten der Westmächte.*

M 6 Zur Problematik des „Auslotens"

In einem Zeitungsartikel, 30 Jahre nach der Veröffentlichung der Stalin-Note, faßt Botschafter a. D. Wilhelm Grewe, damals enger Mitarbeiter Adenauers, die Gesichtspunkte zusammen, die gegen Verhandlungen mit Moskau zum damaligen Zeitpunkt sprachen.

Die von den Sowjets vorgeschlagene Neutralisierung Deutschlands fand nirgends Zustimmung, weder bei den Westmächten noch bei der deutschen Bevölkerung oder den Parteien des Bundestages; niemand wollte eine solche andere Lösung. Niemand hatte jedoch einen anderen Vorschlag, über den hätte verhandelt werden können. Das galt insbesondere auch für die SPD, die mit besonderem Nachdruck auf das „Ausloten" gedrängt hatte.
Adenauer hat, das steht außer Zweifel, den bevorstehenden Abschluß der Verhandlungen über das Vertragswerk – Deutschland- und EVG-Vertrag – auf keinen Fall durch diplomatische Sondierungen oder gar eine Vierer-Konferenz verzögern lassen wollen. Er hat alle darauf gerichteten Bestrebungen sofort und kurz entschlossen abgewürgt. Wenn darin ein „Versäumnis" gelegen hat – wie schwer wiegt es im Rückblick nach dreißig Jahren?
Dreierlei ist dazu zu sagen. Erstens: Adenauer hat seine eigene Politik mit dieser Entscheidung schwer belastet. Sie hat jenen unausrottbaren Mythos entstehen lassen, daß damals die letzte wirkliche Chance für eine Wiedervereinigung vertan worden sei. Das wirkt bis auf den heutigen Tag nach.
Zweitens: Er hätte – auch wenn er diese Folgen geahnt hätte – nicht anders handeln können. Die Vorstellung, die Bonner Regierung hätte damals, ohne die Westverträge zum Scheitern zu bringen, zunächst in Moskau diplomatisch sondieren oder eine Vierer-Konferenz fordern können, ist völlig wirklichkeitsfremd. Die Bundesrepublik stand noch unter einem Besatzungsstatut, das die Außenpolitik zunächst in vollem Umfang den Besatzungsbehörden vorbehielt, seit der Revision vom 6. März 1951 ihr insoweit begrenzte Handlungsfreiheit einräumte, als es die den Besatzungsmächten weiterhin vorbehaltenen Befugnisse erlaubten – zu den letzteren gehörten aber vor allem die Fragen, die sich auf Deutschland als Ganzes bezogen, das heißt gerade die in der Stalin-Note berührten Fragen. Diplomatische Beziehungen zur Sowjetunion, eine Botschaft in Moskau, gab es nicht. Adressat der Note waren die Westmächte, nicht die Bundesregierung – wenngleich ihr Inhalt natürlich auch auf Wirkung in der Bundesrepublik berechnet war, vor allem auf Wirkung in der Bevölkerung und in der öffentlichen Meinung.

Hätte man geheime Emissäre nach Moskau schicken sollen? Hätte sich ein diplomatischer Vertreter der Bundesrepublik in der Hauptstadt eines dritten Landes (dort gab es solche 1952 bereits) insgeheim mit dem dortigen Sowjetbotschafter treffen sollen, um zu „sondieren" oder „auszuloten"? Abenteuerliche Vorstellungen, wenn man sich die psychologischen Effekte im Westen im Falle eines Bekanntwerdens solcher Kontakte vorstellt – oder die der sowjetischen Seite damit verschaffte Möglichkeit, Bonn mit der Drohung einer Indiskretion zu erpressen. [. . .]
Oder hätte man den formell korrekten Weg beschreiten und die westlichen Besatzungsmächte (die Adressaten der Note) bitten sollen, durch ihre Botschafter in Moskau zu sondieren? Die diplomatischen Vertreter von Regierungen also, die kein Hehl daraus machten, daß die Schaffung eines neutralisierten Gesamtdeutschland das letzte war, was sie sich wünschten und zulassen würden? Eine Antwort erübrigt sich.
Die gleichen Gründe, die sie überflüssig machen, ergeben sich auch bei der Frage, ob die Bundesregierung bei den Westmächten auf Einberufung einer Viermächte-Konferenz hätte drängen sollen. In welcher Form hätte sie sich abspielen können? [. . .]
Als dritte Möglichkeit hätte man an das Modell der Potsdamer Konferenz mit gewissen Modifikationen denken können. [. . .] Das hätte dann eine Konferenz sein können, die nicht ein für die Öffentlichkeit bestimmtes Schauspiel gewesen wäre, sondern echte Verhandlung. Mit guten Gründen aber fürchtete man in der Bundesrepublik nichts mehr als eine Rückkehr zu der Konstellation von Potsdam, das heißt zur Einigkeit der vier Siegermächte auf deutsche Kosten.
Welche Form des „Auslotens" die Bonner Regierung auch immer gewählt hätte: Die Aussichten auf greifbare Ergebnisse wären minimal, das Risiko, sich zwischen alle Stühle zu setzen, wäre maximal gewesen. [. . .]
In dieser Situation sprach alles dafür, einen Aufschub der Vertragsverhandlungen für eine hochgradige Gefährdung des Zustandekommens der Verträge überhaupt zu halten – zumal wenn sie durch eine im Westen Mißtrauen erweckende Initiative der Deutschen bewirkt worden wäre.

Wilhelm Grewe, Ein zählebiger Mythos: Stalins Note vom März 1952, in: Frankfurter Allgemeine Zeitung, 10. März 1982

1. *Wo sieht Grewe Probleme, die gegen eine Politik des Auslotens sprechen?*
2. *Welche Indizien führt er für die Zwecklosigkeit einer solchen Politik an?*

Kontroverse Schlußfolgerungen

M 7

Neuere Untersuchungen, die sich auf britische und amerikanische Quellen stützen, kommen zu unterschiedlichen Ergebnissen, was die Ernsthaftigkeit des sowjetischen Angebots betrifft.

Fassen wir zusammen: 1952 gab es eine Chance zur Wiedervereinigung – abgesehen von ein paar Neutralisten war aber im Westen niemand daran interessiert. Nach allem, was wir über die sowjetische Politik wissen, war das Angebot Stalins ernst gemeint. Da auch die Westmächte nach anfänglichem Zögern

So lassen sich auch aus dem Ablauf der Ereignisse wohl folgende Schlüsse ziehen: Erstens hat die Sowjetunion zu keinem Zeitpunkt im Jahre 1952 die Wiedervereinigung zu akzeptablen Bedingungen, nämlich die Opferung der SED-Herrschaft in freien gesamtdeutschen Wahlen, angeboten. Die Noten-

davon überzeugt waren, ist ihre Reaktion besonders interessant. Sie waren nicht bereit, diese „sehr gefährliche" Lösung der deutschen Frage zu akzeptieren. Sie wollten kein neutralisiertes Gesamtdeutschland, da dies zu große Risiken und Nachteile mit sich brachte. Die Westintegration der Bundesrepublik war in jedem Fall die bessere Lösung, die im Frühjahr 1952 mit Nachdruck betrieben wurde, auch um vollendete Tatsachen zu schaffen. Entsprechend lautete ihre Forderung: freie Wahlen und Handlungsfreiheit einer gesamtdeutschen Regierung. Über den ersten Punkt hätte Stalin möglicherweise mit sich reden lassen, der zweite war unannehmbar, denn damit wäre für ganz Deutschland das möglich geworden, was er mit seinem Angebot ja schon für die Bundesrepublik hatte verhindern wollen: die Integration in den Westen. So waren die Positionen von Ost und West von Anfang an unvereinbar. Da Adenauer für sich die Alternative Westintegration oder „Einheit in Freiheit" ausschloß, vielmehr das erste im Vertrauen auf den Westen als die Voraussetzung für das zweite betrachtete und entsprechend handelte, gab es auch für die Westmächte keinerlei Veranlassung, von ihrer Position abzurücken, obwohl sie die Problematik Westintegration-Wiedervereinigung sehr deutlich sahen. Die ganze „Notenschlacht" 1952 war dann lediglich Taktik, damit wurde sozusagen ein Nebenkriegsschauplatz eröffnet, um insbesondere in der deutschen Öffentlichkeit die forcierte Westintegration abzusichern. Daß nicht einmal versucht wurde, in direkten Verhandlungen „auszuloten", wie weit Stalin wirklich bereit gewesen wäre zu gehen, was – bei aller Problematik – ohne Gefährdung der Westintegration möglich gewesen wäre, bleibt das historische Versäumnis jenes Frühjahrs 1952.

Rolf Steininger, Deutsche Geschichte 1945–1961. Darstellung und Dokumente in zwei Bänden, Band 2, Frankfurt 1983, S. 427 f.

kampagne sollte vielmehr die Initiative im Propagandakrieg zurückgewinnen und hinter dem Schirm einer Schuldzuweisung an den Westen die Stabilisierung – nicht zuletzt die militärische Stabilisierung – der DDR als Glied des Sowjetblocks erleichtern. Außerdem wollte sie gewiß den westlichen Gegnern der westeuropäischen Integrationspolitik den Rücken stärken. Zweitens war der Einfluß der Bundesregierung und des Bundeskanzlers auf die Notenpolitik der Westmächte minimal, auch wenn im Laufe des Notenwechsels die Position der Bundesrepublik eine unverkennbare Aufwertung erfuhr. Aus diesen beiden Gründen ist drittens die Behauptung, im Jahre 1952 sei vor allem auch auf Grund der Haltung des Bundeskanzlers eine Chance zur Wiedervereinigung vertan worden, nicht haltbar. Viertens hat der Notenwechsel bei den Westdeutschen, vom harten Kern der neutralistischen Gruppen abgesehen, im Herbst 1952 nicht das Gefühl hinterlassen, es sei eine Chance zur Wiedervereinigung vom Westen verpaßt worden, sondern Enttäuschung über die Haltung der Sowjetunion und die mehr oder weniger resignierte Erkenntnis, daß der Weg in die Integration Westeuropas unvermeidlich geworden sei. Mithin ist fünftens die Legende von der verpaßten Gelegenheit, auch wenn sie 1952 von der Sowjetunion gezeugt wurde, nicht 1952 geboren worden, sondern 1956, als Paul Sethe[1]) sein Buch „Zwischen Bonn und Moskau" veröffentlichte; wiedergeboren wurde sie dann in der großen Bundestagsdebatte vom Januar 1958. Die tatsächliche politische Wirkung der sowjetischen Notenkampagne bestand im übrigen darin, daß die Bereitschaft zur Unterzeichnung des EVG-Vertrags – namentlich in Frankreich – erheblich gefördert wurde, daß sich der Zusammenhalt der

[1]) Journalist; Mitherausgeber der Frankfurter Allgemeinen Zeitung von 1949 bis 1955.

westlichen Allianz in der gemeinsamen Arbeit an den Antwortnoten – trotz aller Meinungsverschiedenheiten im Detail – wesentlich festigte und daß die Bundesrepublik auf dem Wege zur gleichberechtigten Partnerschaft in der westlichen Allianz spürbare Fortschritte verzeichnen konnte. Die historische Bedeutung des Notenwechsels ist hingegen vielleicht darin zu sehen, daß er, obwohl er einen heute noch fühlbaren Stachel hinterließ, die Bevölkerung der Bundesrepublik und ihre politische Repräsentanten mit der Aussicht auf eine längere Dauer der Spaltung Deutschlands und mit den daraus folgenden politischen Konsequenzen vertrauter machte.

Hermann Graml, Die Legende von der verpaßten Gelegenheit. Zur sowjetischen Notenkampagne des Jahres 1952, Vierteljahreshefte für Zeitgeschichte, Heft 3, 1981, S. 340 f.

1. *Arbeiten Sie die zentralen Argumente heraus, mit denen die beiden Autoren ihr unterschiedliches Urteil begründen. Welches Gewicht messen Sie selbst diesen Argumenten bei?*
2. *Wofür hätten Sie in der damaligen Situation plädiert? Begründen Sie Ihre Meinung.*

Einbindung in die Bündnissysteme von Ost und West

Die Pariser Verträge

Den Ausweg aus der EVG-Krise fand der britische Außenminister *Eden*. Es war eine Lösung im Rahmen der NATO, wie sie von der US-Regierung schon 1950 favorisiert worden war, aber damals am französischen Widerstand scheiterte. Eden entwickelte den Plan, den Brüsseler Pakt vom 17. 3. 1948 durch den Beitritt der Bundesrepublik und Italiens zu einer *Westeuropäischen Union (WEU)* mit einem Rüstungskontrollsystem zu erweitern, um damit den französischen Sicherheitsinteressen gegenüber der Bundesrepublik Rechnung zu tragen. Gleichzeitig sollte die Bundesrepublik Mitglied der NATO werden.
Auf der Londoner Neun-Mächte-Konferenz (Frankreich, Großbritannien, USA, Beneluxstaaten, Italien, Bundesrepublik und Kanada) vom 28. September bis 3. Oktober 1954 einigte man sich auf diese Lösung, nachdem die Bundesrepublik den Verzicht auf die Herstellung von atomaren, bakteriellen und chemischen Waffen und schweren Rüstungsgütern angeboten und damit den Status einer Nicht-Kernwaffenmacht akzeptiert hatte. Außerdem verpflichtete sich die Bundesrepublik, nicht gewaltsam eine Wiedervereinigung Deutschlands oder eine Änderung der Grenzen zu erstreben. Die USA und Großbritannien garantierten ihre weitere militärische Präsenz auf dem Kontinent einschließlich der Bundesrepublik. Auf weiteren Konferenzen in Paris (19. bis 23. Oktober 1954) wurde die Beendigung des Besatzungsregimes und die Neuformulierung des Deutschland-Vertrages ausgehandelt und unterzeichnet (▷M 1). Als Preis für die Zustimmung der französischen Regierung zu diesem Vertragswerk mußte Adenauer die Europäisierung des Saargebietes mit starker wirtschaftlicher Bindung an Frankreich zugestehen – vorbehaltlich einer Abstimmung der saarländischen Bevölkerung. (Diese fand ein Jahr später statt

und fiel im Gegensatz zu den Befürchtungen Adenauers und den Hoffnungen des französischen Regierungschefs zu Gunsten eines Anschlusses des Saarlandes an die Bundesrepublik aus.)
Die Bundesrepublik war nunmehr als gleichberechtigter Vertragspartner des westlichen Verteidigungsbündnisses anerkannt und hatte den Status eines souveränen Landes unter gewissen Vorbehalten erreicht. Die alliierten Vorbehalte betrafen insbesondere die Sonderrechte für ihre Truppen auf dem Boden der Bundesrepublik, die Rechte der Westmächte hinsichtlich Berlins und „Deutschland als Ganzes" bei einem späteren Friedensvertrag. Die Ratifikationsprozedur in den nationalen Parlamenten zog sich bis ins Frühjahr 1955 hin, begleitet von parteipolitischen Auseinandersetzungen (▷M 2) und öffentlichen Aktionen (*„Paulskirchen-Bewegung"* von SPD, DGB und Kreisen der evangelischen Kirche) gegen die Schaffung einer *Bundeswehr*. Gegen die Stimmen der SPD wurden die Pariser Verträge schließlich am 27. Februar 1955 vom Bundestag mit großer Mehrheit ratifiziert, die dann am 5. Mai 1955 in Kraft traten. Vier Tage später, zehn Jahre nach der Kapitulation, trat die Bundesrepublik als 15. Mitglied der NATO bei.

Einbeziehung der DDR in den Ostblock

Bereits am 25. März 1954, kurz nach der ergebnislosen Berliner Viermächtekonferenz (siehe Seite 110), hatte die Sowjetunion die DDR für souverän erklärt. Mitglied des *„Rates für gegenseitige Wirtschaftshilfe" (Comecon)*, einer bis dahin noch wenig effektiven Organisation zur Förderung der wirtschaftlichen Zusammenarbeit zwischen der UdSSR und den östlichen Volksdemokratien unter sowjetischer Führung, war die DDR schon seit Anfang 1950.
Die Blockbildung in Europa und Deutschland wurde abgeschlossen mit der Gründung des *Warschauer Paktes* am 14. Mai 1955, zu dessen Unterzeichnerstaaten auch die DDR gehörte. Einen Tag später beschloß das Zentralkomitee der SED die Aufstellung bewaffneter Streitkräfte, die jedoch im Kern bereits seit Jahren in Gestalt der kasernierten Volkspolizei existierten. Entsprechend rasch gingen die Aufstellung der *Nationalen Volksarmee* und die Schaffung eines Ministeriums für nationale Verteidigung vor sich. Anfang 1956 beschlossen die Warschauer Vertragsstaaten, die Nationale Volksarmee in die Streitkräfte des Warschauer Paktes aufzunehmen. Damit war die DDR auch militärisch voll in den Ostblock integriert.
Im Sommer 1955 hatte die neue sowjetische Führung unter Ministerpräsident *Bulganin* und Parteichef *Chruschtschow* in Ost-Berlin bereits ihre sogenannte *„Zweistaatentheorie"* entwickelt. Zugleich wurde öffentlich klargestellt, daß es für die Sowjetunion eine Wiedervereinigung nur unter Wahrung der „sozialistischen Errungenschaften" der DDR geben könne. Im September 1955, unmittelbar nach Aufnahme diplomatischer Beziehungen mit der Bundesrepublik, bekräftigte die Sowjetunion in dem *Vertrag über die Beziehungen zwischen der DDR und der UdSSR* die Souveränität der DDR und ersetzte die sowjetische Kontrollkommission durch einen Botschafter. Gleichzeitig wurde vereinbart, daß auch weiterhin Sowjettruppen in der DDR stationiert blieben.

Das bedeutete eine politische Aufwertung der ehemaligen Besatzungszone, die für Moskau lange Zeit vor allem ein wirtschaftliches Ausbeutungsobjekt gewesen war. Als strategisch und ökonomisch wichtiger Eckpfeiler des östlichen Bündnisses wurde das von der Bevölkerung abgelehnte SED-Regime unter Walter Ulbricht zu einem zuverlässigen Partner des von der Sowjetunion beherrschten Ostblocks. Somit hatten die Sowjetunion und die USA 1955 ihre Einflußsphären konsolidiert, das Ringen um Deutschland war vorerst beendet.

Zwei Staaten in Deutschland

Im Streit der Sieger war die nationale Einheit Deutschlands zerbrochen. Dieser Konflikt bot jedoch dem größeren Teil Deutschlands die Chance, früher als erhofft selbständig zu werden. In Westdeutschland mit seinen demokratischen Einrichtungen und nicht im diktatorischen Regime der SED sahen die Deutschen ihre Zukunft, wie der ständige Flüchtlingsstrom aus der Ostzone zeigte. In Deutschland waren 1949 zwei Staaten entstanden, die sich wechselseitig das Recht absprachen, für Gesamtdeutschland zu sprechen, und gleichzeitig die Wiedervereinigung nach eigenem Modell propagierten. Die praktische Politik in Ost und West war freilich auf die Konsolidierung des eigenen Herrschaftsbereiches und auf die Einbeziehung in die beiden feindlichen Blöcke gerichtet. Alle politischen Kräfte im Bundestag (mit Ausnahme der Kommunisten) begriffen die Bundesrepublik als den deutschen *Kernstaat*, der auch die Belange der in der DDR lebenden Deutschen zu vertreten hatte. Dieser *Alleinvertretungsanspruch*, von den drei Westmächten feierlich bestätigt, blieb nahezu zwei Jahrzehnte die maßgebliche Maxime für das Verhältnis der Bundesrepublik zur DDR. Die politische, wirtschaftliche und soziale Stabilisierung der Bundesrepublik wurde unter diesen Prämissen von der Regierung Adenauer immer auch als notwendiger Beitrag für das längerfristige Ziel der Wiedervereinigung begründet, während die Gegner Adenauers darin vor allem die Festschreibung der Teilung Deutschlands erblickten.

Das Ende der Besatzungszeit

M 1

Vertrag über die Beziehungen zwischen der Bundesrepublik Deutschland und den drei Westmächten vom 26. Mai 1952 in der Fassung vom 23. Oktober 1954 (Deutschlandvertrag):

Artikel 1

(1) Mit dem Inkrafttreten dieses Vertrags werden die Vereinigten Staaten von Amerika, das Vereinigte Königreich von Großbritannien und Nordirland und die Französische Republik (in diesem Vertrag und in den Zusatzverträgen auch als „Drei Mächte" bezeichnet) das Besatzungsregime in der Bundesrepublik beenden, das Besatzungsstatut aufheben und die Alliierte Hohe Kommission sowie die Dienststellen der Landeskommissare in der Bundesrepublik auflösen.

(2) Die Bundesrepublik wird demgemäß die volle Macht eines souveränen Staates über ihre inneren und äußeren Angelegenheiten haben.

Artikel 2
Im Hinblick auf die internationale Lage, die bisher die Wiedervereinigung Deutschlands und den Abschluß eines Friedensvertrags verhindert hat, behalten die Drei Mächte die bisher von ihnen ausgeübten oder innegehabten Rechte und Verantwortlichkeiten in bezug auf Berlin und auf Deutschland als Ganzes einschließlich der Wiedervereinigung Deutschlands und einer friedensvertraglichen Regelung. [. . .]

Artikel 5
(1) Für die in der Bundesrepublik stationierten Streitkräfte gelten bis zum Inkrafttreten der Abmachungen über den deutschen Verteidigungsbeitrag die folgenden Bestimmungen:
a) Die Drei Mächte werden die Bundesregierung in allen die Stationierung dieser Streitkräfte betreffenden Fragen konsultieren, soweit es die militärische Lage erlaubt. [. . .]
b) Die Drei Mächte werden nur nach vorheriger Einwilligung der Bundesrepublik Truppen eines Staates, der zur Zeit keine Kontingente stellt, als Teil ihrer Streitkräfte im Bundesgebiet stationieren. [. . .]

Artikel 6
(1) Die Drei Mächte werden die Bundesrepublik Deutschland hinsichtlich der Ausübung ihrer Rechte in bezug auf Berlin konsultieren. [. . .]

Artikel 7
(1) Die Unterzeichnerstaaten sind darüber einig, daß ein wesentliches Ziel ihrer gemeinsamen Politik eine zwischen Deutschland und seinen ehemaligen Gegnern frei vereinbarte friedensvertragliche Regelung für ganz Deutschland ist, welche die Grundlage für einen dauerhaften Frieden bilden soll. Sie sind weiterhin darüber einig, daß die endgültige Festlegung der Grenzen Deutschlands bis zu dieser Regelung aufgeschoben werden muß.
(2) Bis zum Abschluß der friedensvertraglichen Regelung werden die Unterzeichnerstaaten zusammenwirken, um mit friedlichen Mitteln ihr gemeinsames Ziel zu verwirklichen: Ein wiedervereinigtes Deutschland, das eine freiheitlich-demokratische Verfassung ähnlich wie die Bundesrepublik Deutschland besitzt und das in die europäische Gemeinschaft integriert ist.
(3) (gestrichen)
(4) Die Drei Mächte werden die Bundesrepublik Deutschland in allen Angelegenheiten konsultieren, welche die Ausübung ihrer Rechte in bezug auf Deutschland als Ganzes berühren.

Das Auswärtige Amt (Hrsg.), Die auswärtige Politik der Bundesrepublik Deutschland, Köln 1972, S. 262 ff.

1. *Welche Funktionen hatte die Alliierte Hohe Kommission? Zeigen Sie an diesem Beispiel, wie wichtig es für die Bundesrepublik war, wieder uneingeschränkte Handlungsvollmacht zu erhalten.*
2. *Vergleichen Sie die zentralen Aussagen von M 3 auf Seite 30 und M 1 auf Seite 99 mit Artikel 1 Absatz 2 des Deutschlandvertrages.*
3. *Warum haben sich die Alliierten sogenannte „Vorbehaltsrechte" gesichert? Worin liegt deren Bedeutung?*
4. *Wie souverän ist die Bundesrepublik? Was bedeutet staatliche Souveränität in der heutigen Welt? Denken Sie dabei an Artikel 24 Grundgesetz.*

Würdigung der Pariser Verträge

M 2

Anläßlich der 1. Lesung der Pariser Verträge im Bundestag gab Konrad Adenauer am 15. 12. 1954 eine Regierungserklärung ab. Sie wurde beantwortet von Erich Ollenhauer, dem Oppositionsführer der SPD.

Adenauer:

Das Vertragswerk macht die Bundesrepublik erst fähig, die Spaltung Deutschlands zu beseitigen und die sich mit der Wiedervereinigung stellenden Aufgaben zu bewältigen. [. . .]

Die *großen Mächte* werden sich entsprechend ihren vertraglichen Verpflichtungen bei kommenden Verhandlungen für unsere *Wiedervereinigung* solidarisch einsetzen. [. . .] Sie erklären also, daß die Schaffung eines völlig freien und vereinigten Deutschlands durch friedliche Mittel ein grundlegendes Ziel ihrer Politik ist. Ich sehe nicht, meine Damen und Herren, wie heute eine bessere Basis für die Wiedervereinigung Deutschlands gewonnen werden könnte. (Beifall bei den Regierungsparteien.)

Die Politik, die die Bundesrepublik sowohl als Mitglied der Westeuropäischen Union als auch des Nordatlantikpaktes verfolgen wird, indem sie getreu den Satzungen dieser Organisationen ihre Rechte ausübt und ihre Pflichten erfüllt, enthält keinerlei Elemente, die einer internationalen Entspannung abträglich sein könnten. [. . .]

Die *sowjetische Propaganda* versucht im Zusammenhang mit der jüngsten Konferenz der Ostblockstaaten den Eindruck zu erwecken, daß Sowjetrußland bedroht werde. Es kann aber kein Zweifel daran bestehen, meine Damen und Herren, daß die Westmächte mit ihren Verteidigungsanstrengungen erst begonnen haben, nachdem klar erwiesen war, daß die Sowjetunion nicht daran dachte, ihre hochgerüsteten Streitkräfte zu vermindern, und daß sie bereit war, diese Streitkräfte mindestens psychologisch für die Verfolgung ihrer unverändert expansiven Politik einzusetzen. (Lebhafte Zustimmung in der Mitte.)

Ollenhauer:

Wir waren und wir sind der Meinung, daß nach dem Scheitern der EVG-Politik und vor der Beratung und Entscheidung über andere Formen eines militärischen Beitrags der Bundesrepublik zunächst ein neuer ernsthafter Versuch unternommen werden sollte, in *Vier-Mächte-Verhandlungen* die Möglichkeiten einer *befriedigenden Lösung der deutschen Frage* zu prüfen. (Sehr gut! bei der SPD.) Das Resultat dieses Versäumnisses ist, daß es in London bei einer Grundsatzerklärung über die deutsche Wiedervereinigung blieb.

[. . .] In Paris ist zwar nicht schriftlich, aber tatsächlich festgelegt worden, daß neue Verhandlungen mit der Sowjetunion über das Problem der deutschen Einheit erst nach der Ratifizierung der Verträge ins Auge gefaßt werden sollen. Der Herr Bundeskanzler hat sich diese These wiederholt und ausdrücklich zu eigen gemacht, auch in seiner heutigen Rede. Damit ist eindeutig der *Aufrüstung* der Bundesrepublik der *Vorrang vor der Wiedervereinigung* gegeben worden. [. . .]

Diese Politik basiert auf der Annahme, daß ohne die Einheit des Westens erfolgreiche Verhandlungen mit der Sowjetunion nicht möglich seien und daß die Sowjetunion nach der Ratifizierung der Pariser Verträge eine größere Bereitwilligkeit zu Verhandlungen über eine für den Westen und für das deutsche Volk tragbare Lösung der europäischen und deutschen Probleme zeigen werde. [. . .]

Nicht weniger beunruhigend ist auf der anderen Seite die *Haltung der Sowjetunion.* Selbstverständlich verfolgt die Sowjetunion mit ihren letzten Noten seit dem Scheitern des EVG-Vertrags ein taktisches Ziel. Sie hat das Interesse, die

Es ist, meine Damen und Herren, eine alte Taktik des Kommunismus, den Angriff stets in der Sprache der Verteidigung zu führen. (Beifall in der Mitte und rechts.)
Das heißt, man bereitet den Angriff vor, und wenn der, dem dieser Angriff gelten soll, daraufhin seinerseits entsprechende, defensive Maßnahmen trifft, sagen die Kommunisten, man bedrohe sie. (Beifall in der Mitte und rechts.)
Dieser Taktik folgend hat die Sowjetunion gegen Ende der Berliner Konferenz[1]) und seitdem mehrmals *Vorschläge für ein System kollektiver Sicherheit* gemacht, das die Verteidigungsorganisationen des Westens in Europa auflösen, die Vereinigten Staaten ausschalten, die militärische Einheit des Ostblocks aber aufrechterhalten und die Sowjetunion zur vorherrschenden Militärmacht eines ganz Europa umfassenden Systems machen würde. (Zustimmung in der Mitte.)
Ein derartiges System würde ihr nicht nur den lange angestrebten Einfluß auf ganz Deutschland, sondern auf die Dauer auch auf alle anderen freien Staaten Europas gewährleisten. (Sehr wahr! in der Mitte.)

Ratifizierung der Pariser Verträge zu verhindern, weil sie eine Aufrüstung der Bundesrepublik nicht wünscht. Die Interessen der Sowjetunion sind nicht identisch mit unseren deutschen Interessen, und ihre Argumente sind nicht unsere Argumente. Aber vergessen wir nie, die Sowjetunion ist eine der vier Besatzungsmächte, und ohne ihre Zustimmung und ohne ihre Mitwirkung ist eine Wiedervereinigung Deutschlands ebenso unmöglich wie ohne die Zustimmung und die Mitwirkung der Westmächte. (Lebhafte Zustimmung bei der SPD.)
Es kann und darf uns daher nicht gleichgültig sein, welche Konsequenzen die Sowjetunion aus einer Einbeziehung der Bundesrepublik in die NATO im Hinblick auf ihre Deutschlandpolitik ziehen wird.
[. . .]
Aber die *eindeutige Ankündigung,* daß dann *Verhandlungen über die deutsche Frage zwecklos* sein werden, können und dürfen wir nicht ignorieren.

Verhandlungen des Deutschen Bundestages, 2. Wahlperiode 1953–1957, Band 22, S. 3135 ff.

1. *Analysieren Sie beide Reden und erläutern Sie die Unterschiede in den jeweiligen außenpolitischen Positionen.*
2. *Welche Argumente überzeugen Sie? Begründen Sie Ihre Meinung.*

M 3 Die DDR als Teil des Ostblocks

In der parteioffiziellen Geschichtsschreibung der DDR gelten der Warschauer Pakt (1955) und der deutsch-sowjetische Staatsvertrag (1955) als Grundlage für die „allseitige Stärkung der DDR als fester Bestandteil des sozialistischen Weltsystems". Hier ein Auszug aus einer neueren Darstellung zur Geschichte der DDR:

Das Jahr 1955 war ein Schlüsseljahr in der Auseinandersetzung zwischen Sozialismus und Imperialismus. In Europa hatte der Sozialismus in den Volksdemokratien und in der DDR feste Wurzeln geschlagen.

[1]) vom 25. 1. bis 18. 2. 1954; die Viermächte-Außenkonferenz in Berlin endete in der Deutschlandfrage mit dem Austausch der bekannten gegensätzlichen Positionen.

[. . .] Auf die Veränderungen im Kräfteverhältnis reagierte der Imperialismus mit einer weiteren Forcierung seiner Politik des kalten Krieges. Mit den Pariser Verträgen schob sich die NATO, das wichtigste und aggressivste imperialistische Paktsystem, direkt bis an die Westgrenze des sozialistischen Weltsystems vor. Besonders die DDR lag im Visier ihrer Aggressionsvorbereitungen. Die herrschenden Kreise der BRD verkündeten offen, daß sie in den Pariser Verträgen das entscheidende Instrument sahen, um die Staats- und Gesellschaftsordnung in der DDR mit Hilfe der NATO zu beseitigen und die Ergebnisse des zweiten Weltkrieges zu revidieren. Dadurch erhöhte sich die Kriegsgefahr. [. . .] Die sozialistischen Staaten standen vor schwerwiegenden Entscheidungen im Kampf für Frieden und Sicherheit in Europa.

[. . .] Sie unterzeichneten am 14. Mai 1955 den „Vertrag über Freundschaft, Zusammenarbeit und gegenseitigen Beistand" [. . .].

Das *Kernstück des Vertrages ist die Beistandsklausel* des Art. 4, wonach im Fall eines bewaffneten Angriffs in Europa auf einen oder mehrere Vertragspartner seitens eines anderen Staates oder einer Staatengruppe jeder Signatarstaat individuell und kollektiv sofortigen Beistand, einschließlich der militärischen Hilfe, leistet. Damit machten die Partner des Warschauer Vertrages deutlich, daß sie jede *imperialistische Aggression gegen den Sozialismus mit allen ihnen zu Gebote stehenden Mitteln* zurückschlagen werden.

[. . .] Als wichtigstes militärisches Führungsorgan bildeten sie das Vereinte Kommando der Streitkräfte mit Sitz in Moskau.

[. . .] Im Gegensatz zur NATO hat die Organisation der Warschauer Vertragsstaaten ausschließlich Verteidigungscharakter.

[. . .] *Die Mitgliedschaft im Warschauer Vertrag bot der DDR wirksamen Schutz gegen alle imperialistischen Aggressionspläne und gab ihr zugleich die Möglichkeit, wirksamer zur gemeinsamen Verteidigung des Sozialismus und des Friedens beizutragen.*

Im Ergebnis von Regierungsverhandlungen wurde am 20. September 1955 in Moskau der „Vertrag über die Beziehungen zwischen der Deutschen Demokratischen Republik und der Union der Sozialistischen Sowjetrepubliken" abgeschlossen. Dieser Vertrag, der als Staatsvertrag in die Geschichte eingegangen ist, regelte die Beziehungen beider Staaten auf der Grundlage völliger Gleichberechtigung, gegenseitiger Achtung der Souveränität und der Nichteinmischung in die inneren Angelegenheiten. In Übereinstimmung damit wurde *die DDR* frei *in der Entscheidung über ihre Innen- und Außenpolitik,* einschließlich der Beziehungen zur BRD.

Rolf Badstübner u.a., Geschichte der Deutschen Demokratischen Republik, Ostberlin 1981, S. 173 ff.

1. *Wie wird in dieser Darstellung die Herausbildung des Ostblocks begründet?*
2. *Welches Interesse hatte die Sowjetunion an der Schaffung dieses Bündnisses? Welche Interessen verfolgten die kommunistischen Parteien der Mitgliedsländer?*

Die Bundesrepublik Deutschland im Wandel der internationalen Beziehungen

Gründung des Europarats am 5. Mai 1949 in London. Die Bundesrepublik wurde 1950 assoziiertes Mitglied der in Straßburg ansässigen Institution, 1951 Vollmitglied.

Die Entwicklung der europäischen Integration

Hoffnungen nach dem Krieg

Der Prozeß der westeuropäischen Integration nach dem Zweiten Weltkrieg war die positive Antwort auf ein Problembündel, dem sich die westlichen Staaten gegenübergestellt sahen. Der wirtschaftliche Wiederaufbau des vom Kriege zerstörten Europa schien ohne eine Zusammenfassung aller Kräfte nicht möglich. Die Furcht vor den hegemonialen Bestrebungen der sowjetischen Militärmacht verlangte ebenso nach geeigneten Maßnahmen wie das Interesse des Westens an einer geregelten Zusammenarbeit mit Westdeutschland zur Stärkung der westlichen Welt. Für die Deutschen schließlich, die dem sowjetischen Zugriff entzogen waren, bot der europäische Zusammenschluß die Chance zur alsbaldigen Wiedergewinnung internationaler Reputation, einer neuen Identität nach einer Zeit des übersteigerten Nationalismus und vor allem die Möglichkeit, einen Interessenausgleich mit Frankreich zu finden. Viele Europäer hofften außerdem, daß ein vereintes (West-)Europa sich als dritte Kraft zwischen den Weltmächten etablieren und deren gefährliche Konfrontation verhindern könnte. Die Bundesrepublik sah in einem vereinten Westeuropa die Chance zu einer Partnerschaft mit den USA, die den Westeuropäern eine ihrem wirtschaftlichen Gewicht entsprechende Mitsprache bei den gemeinsamen (auch militärischen) Angelegenheiten eröffnen würde. Alles in allem stieß die Idee eines vereinten Europa in den Bevölkerungen deshalb auf große Zustimmung, weil viele Menschen davon überzeugt waren, daß die kommenden politischen und wirtschaftlichen Aufgaben nur noch gemeinsam gelöst werden konnten.

Wege zur Integration

Die 1948 gegründete Organisation zur Verwaltung der Marshall-Plan-Hilfe OEEC (Organization for European Economic Cooperation) war die erste europäische zwischenstaatliche Einrichtung mit originär wirtschaftlichen Zielsetzungen (siehe Seite 45).
Der 1949 von zehn westeuropäischen Staaten gegründete Europarat war ein erster Schritt zur politischen Einigung Westeuropas. Im Gegensatz zu den hochgesteckten Erwartungen vieler namhafter Vertreter der „Europäischen Bewegung", einer privaten europäischen Bürgerinitiative zur Schaffung der „Vereinigten Staaten von Europa", blieb der Europarat jedoch ein Beratungsorgan von Parlamentariern (Beratende Versammlung) und Regierungsvertretern (Ministerrat) ohne Entscheidungsbefugnis. Vor allem England war nicht bereit, staatliche Befugnisse an die Straßburger Organisation zu übertragen. Die heute 21 Mitgliedsländer schufen sich mit dieser Organisation ein Instrument zur – unverbindlichen – wechselseitigen Information und Konsultation, das im übrigen durch eine große Anzahl von zwischenstaatlichen Vereinbarungen (Konventionen) zur Verbesserung der Zusammenarbeit der Mitgliedsländer auf zahlreichen Rechtsgebieten beiträgt. Die wichtigste Vereinbarung ist die *„Europäische Konvention zum Schutz der Menschenrechte und Grundfreiheiten"*. Für die Bundesrepublik war der Europarat der 50er Jahre das erste und wichtigste internationale Forum, auf dem deutsche Politiker sich wieder Gehör und Anerkennung verschaffen konnten.
Die am 18. April 1951 gegründete Europäische Gemeinschaft für Kohle und Stahl (Montanunion) ging von der funktionalistischen Annahme aus, daß eine politische Union nur aus wirtschaftlichen Sachzwängen erwachsen würde (siehe Seite 98). Großbritannien lehnte allerdings einen Beitritt zur EGKS wegen ihrer supranationalen Kompetenzen ab.

Die Europäische Wirtschaftsgemeinschaft

Mit der Abnahme der Furcht vor der Sowjetunion und mit dem wirtschaftlichen Aufschwung in Europa gewannen die nationalstaatlichen Egoismen und Interessen wieder an Boden. Die schnellen Erfolge der Europäischen Gemeinschaft für Kohle und Stahl bewogen deshalb die Vertreter der sechs Mitgliedsstaaten der Montanunion (Kerneuropa), zunächst auf weitere Versuche zur Schaffung einer politischen Union zu verzichten und Europa auf wirtschaftlichem Gebiet weiter zu bauen.

Das Ergebnis war die Gründung der *Europäischen Wirtschaftsgemeinschaft (EWG)* und der *Europäischen Atomgemeinschaft (Euratom)* durch die *Verträge von Rom* vom 25. März 1957 (▷M 1). Die unmittelbaren Ziele des EWG-Vertrages waren der Aufbau einer *Zollunion*, um den freien Warenverkehr zwischen den Mitgliedsstaaten zu ermöglichen, und langfristig die Schaffung einer *Wirtschafts- und Währungsunion*. Großbritannien, das wegen seinen besonderen Beziehungen zu den Ländern des Commonwealth der EWG nicht beitrat, und weitere sechs Mitgliedsstaaten des OEEC gründeten am 3. Mai 1960 die *Europäische Freihandelsassoziation (EFTA)*, die nach dem Abbau der Zölle ab 1967 ein Freihandelsmarkt für Industrieerzeugnisse war.

1962 einigten sich die Mitgliedsländer der EWG über die Einführung einer *gemeinsamen Agrarpolitik*. Ab 1964 wurden für die meisten Agrarerzeugnisse gemeinsame Marktordnungen geschaffen, die garantierte Mindestpreise mit Abnahmegarantien durch die staatlichen Stellen vorsahen. Zur Stabilisierung der europäischen Landwirtschaft werden die Einfuhrpreise aus billig produzierenden Drittländern auf das europäische Niveau angehoben. Dieses liegt wesentlich über den Weltmarktpreisen für Agrarprodukte, trägt zwar wegen seines materiellen Anreizes für die Bauern zur Versorgungssicherheit bei, bewirkt aber auch die schwierigen Probleme der Überproduktion (Butterberg, Weinsee).

Die Finanzierung der europäischen Agrarpolitik führte zur ersten politischen Krise. Anfang 1966 sollte die EWG laut Vertrag eigene Einnahmen aus Abschöpfungen auf Einfuhren aus Drittländern erhalten. Vor allem sollte jedoch bei Entscheidungen des Ministerrats das Mehrheitsprinzip gelten. Dagegen legte der französische Staatspräsident General de Gaulle Einspruch ein und zog sich ein halbes Jahr von der Mitarbeit in Brüssel zurück. Diese für die EWG gefährliche Krise wurde schließlich durch einen Kompromiß beigelegt. In wichtigen Fragen wurde das Einstimmigkeitsprinzip im Ministerrat festgeschrieben, was Entscheidungsprozesse bis zum heutigen Tag sehr schwierig macht.

Der französische Staatspräsident de Gaulle widersetzte sich allen Bestrebungen, im Rahmen der Europäischen Gemeinschaft die nationalstaatliche Souveränität der Mitgliedsländer zu beschränken. Statt dessen vertrat er den Standpunkt, daß Europa nur aus einer engen Zusammenarbeit der beteiligten Nationalstaaten (*„Europa der Vaterländer“*) entstehen könne, wobei er Frankreich eine Führungsrolle zuwies und zugleich auf eine enge Zusammenarbeit mit der Bundesrepublik Wert legte (deutsch-französischer Freundschaftsvertrag von 1963). Der antiamerikanische Akzent seiner Europapolitik war ebenso unübersehbar wie seine strikte Ablehnung der Beitrittsgesuche von Großbritannien zur EWG (1961 und 1967).

Wirtschaftliche und politische Bedeutung der EG

Erst nach dem Rücktritt de Gaulles kam es 1973 zur Erweiterung der Europäischen Gemeinschaft durch den Beitritt Großbritanniens, Irlands, Dänemarks; 1981 folgte die Aufnahme Griechenlands; der Beitritt Spaniens und Portugals (seit 1977 beantragt) erfolgte 1986. Der wirtschaftliche Erfolg der *Europäischen Gemeinschaft (EG)* – 1967 wurden EGKS, EWG und Euratom zu einer Gemeinschaft zusammengefaßt – hatte diese Beitrittsbewegung in Gang gesetzt. Bereits 1968 war die Zollunion verwirklicht (keine Zölle zwischen den Mitgliedsländern und ein gemeinsamer Zolltarif gegenüber Drittländern). Es ist ein gemeinsamer Markt für heute 320 Millionen Menschen entstanden, dessen Wirtschaftskraft gemessen am Bruttosozialprodukt unmittelbar hinter den USA rangiert, während 1957 das Bruttosozialprodukt der USA noch fast dreimal so hoch wie das der Gründungsstaaten der EG war (▷ M 2, M 3). Wirtschaftlich gesehen ein Riese, blieb die Europäische Gemeinschaft dennoch ein politischer Zwerg. Dem sollen die seit 1975 dreimal im Jahr stattfindenden Gipfelkonferenzen der Staats- und Regierungschefs *(Europäischer Rat)* abhelfen. Was die Organe der EG nicht schaffen, sollen die Regierungschefs lösen, die außerdem dem Ziel verpflichtet sind, Europa nach außen mit einer Stimme sprechen zu lassen. Der Europäische Rat der Regierungschefs sowie die 1972 vereinbarte *„Europäische politische Zusammenarbeit"* (EPZ) der nationalen Außenminister zeigen deutlich, daß der ursprüngliche Integrationsgedanke an Schubkraft verloren hat zugunsten einer Praxis der zwischenstaatlichen Zusammenarbeit.

Fraglos war dafür auch die ernste Wirtschaftskrise der 70er Jahre ursächlich, die zu einem raschen Auseinanderentwickeln der Wirtschafts- und Währungspolitik innerhalb der Mitgliedsländer geführt hat. Das 1979 eingeführte *Europäische Währungssystem (EWS)* mit einer eigenen Währungseinheit *(ECU)* ist der Versuch, in Europa eine stabile Währungszone mit gewissen zugelassenen Schwankungen zu schaffen. Ohne eine solche Währungszone ist das langfristige Ziel einer gemeinsamen Wirtschaftspolitik nicht möglich. Ein Lichtblick in dieser von Stagnation gekennzeichneten Entwicklung der europäischen Integration (dazu gehört auch die Tatsache, daß die gemeinsame Agrarpolitik der EG rund 64 Prozent des gesamten EG-Haushalts in Anspruch nimmt und für die ebenfalls geplante Sozial-, Struktur- und Industriepolitik zu wenig Mittel übrig läßt) ist zweifellos die Übertragung von mehr Rechten an das Europäische Parlament durch die *seit 1979 praktizierte Direktwahl der Europaparlamentarier.*

Aus der Sicht der Bundesrepublik war und ist die Europäische Gemeinschaft stets dreierlei: gemeinsamer Markt und Wirtschaftsgemeinschaft, multilateraler Rahmen für die Aufhebung des deutsch-französischen Sicherheitskonfliktes und Wegbereiter für eine politische Union Westeuropas. Obgleich die EG diese Ziele bislang nur zum Teil verwirklichen konnte – vor allem deshalb, weil die Mitgliedsstaaten wenig Neigung zeigen, auf ihre Souveränität zu verzichten –, gibt es für die Bundesrepublik keine Alternative zu dieser in der europäischen Geschichte einmaligen Form der wirtschaftlichen und politischen Zusammenarbeit, durch die in Westeuropa eine wirtschaftlich prosperierende Friedenszone entstanden ist.

M 1

Die Ziele der Europäischen Wirtschaftsgemeinschaft

Der Vertrag zur Gründung der Europäischen Wirtschaftsgemeinschaft (EWG) vom 25. März 1957, der am 1. 1. 1958 in Kraft getreten ist, umfaßt 248 Artikel. In Artikel 3 werden die zentralen Ziele aufgelistet.

Artikel 3
Die Tätigkeit der Gemeinschaft im Sinne des Artikels 2 umfaßt nach Maßgabe dieses Vertrages und der darin vorgesehenen Zeitfolge:
a) die Abschaffung der Zölle und mengenmäßigen Beschränkungen bei der Ein- und Ausfuhr von Waren sowie aller sonstigen Maßnahmen gleicher Wirkung zwischen den Mitgliedsstaaten;
b) die Einführung eines Gemeinsamen Zolltarifs und einer gemeinsamen Handelspolitik gegenüber dritten Ländern;
c) die Beseitigung der Hindernisse für den freien Personen-, Dienstleistungs- und Kapitalverkehr zwischen den Mitgliedsstaaten;
d) die Einführung einer gemeinsamen Politik auf dem Gebiet der Landwirtschaft;
e) die Einführung einer gemeinsamen Politik auf dem Gebiet des Verkehrs;
f) die Errichtung eines Systems, das den Wettbewerb innerhalb des Gemeinsamen Marktes vor Verfälschungen schützt;
g) die Anwendung von Verfahren, welche die Koordinierung der Wirtschaftspolitik der Mitgliedsstaaten und die Behebung von Störungen im Gleichgewicht ihrer Zahlungsbilanzen ermöglichen;
h) die Angleichung der innerstaatlichen Rechtsvorschriften, soweit dies für das ordnungsgemäße Funktionieren des Gemeinsamen Marktes erforderlich ist;
i) die Schaffung eines Europäischen Sozialfonds, um die Beschäftigungsmöglichkeiten der Arbeitnehmer zu verbessern und zur Hebung ihrer Lebenshaltung beizutragen;
j) die Errichtung einer Europäischen Investitionsbank, um durch Erschließung neuer Hilfsquellen die wirtschaftliche Ausweitung in der Gemeinschaft zu erleichtern;
k) die Assoziierung der überseeischen Länder und Hoheitsgebiete, um den Handelsverkehr zu steigern und die wirtschaftliche und soziale Entwicklung durch gemeinsame Bemühungen zu fördern.

Europa. Verträge und Gesetze, Bonn 1972, S. 75 f.

1. *Erläutern Sie die ökonomische Bedeutung einer Zollunion für die Mitgliedsstaaten.*
2. *Welche der aufgeführten Ziele der EWG sind Bestandteile einer Wirtschaftsunion?*
3. *Warum sind bisher alle Versuche gescheitert, die EG zu einer Wirtschaftsunion weiterzuentwickeln? Welche nationalen Kompetenzen müssen zu diesem Zweck den Gemeinschaftsorganen übertragen werden?*

M 2

Europa nach dem zweiten Weltkrieg

Bruttosozialprodukt (zu Marktpreisen 1957):	insgesamt in Mrd. $	pro Kopf in $
BR Deutschland (ohne Saarland und West-Berlin)	51,49	1 000
Belgien	10,34	1 139
Frankreich	56,91	1 264
Italien	27,33	559
Luxemburg	0,44	1 414
Niederlande	9,26	821
Gemeinschaft der Sechs	155,77	938
Vereinigte Staaten	447,90	2 640

Die Europäische Gemeinschaft. Informationen zur politischen Bildung (1983) Nr. 154/155, S. 7

M 3

Die Gemeinschaft der Zehn – Strukturdaten (1981)

	Einwohner in Mio.	*Fläche 1000 km²*	*Erwerbstätige in Prozent* Landw.	Industrie	Dienstl.	*BSP in Mrd. ECU[1])*
BR Deutschland	61,57	249	5,9	44,1	50,0	614,2
Frankreich	53,71	544	8,6	35,2	56,2	512,3
Italien	57,07	301	13,3	37,4	49,3	315,2
Niederlande	14,15	41	5,0	30,2	64,8	126,3
Belgien	9,86	31	3,0	33,4	63,6	85,5
Luxemburg	0,37	3	5,6	37,4	57,0	3,5
Großbritannien	56,01	244	2,8	36,3	60,9	447,9
Irland	3,40	70	19,2	32,4	48,4	15,0
Dänemark	5,12	43	8,5	27,1	64,4	52,3
Griechenland	9,60	132	30,3	30,2	39,5	33,0
EG der 10	270,86	1658	8,1	37,3	54,6	2 205,1
Verein. Staaten	227,66	9 369	3,5	30,1	66,4	2 603,1
Japan	116,78	378	10,0	35,3	54,7	1 013,8
UdSSR	265,54	22 402	20,0	39,0	41,0	

Die Europäische Gemeinschaft. Informationen zur politischen Bildung (1983) Nr. 154/155, S. 9

1. *Analysieren Sie anhand der Tabellen und Schaubilder die wirtschaftliche Entwicklung der EG seit 1958.*
2. *Nur 8 Prozent der Erwerbstätigen der EG sind in der Landwirtschaft tätig, die etwa 3,5 Prozent des Bruttosozialproduktes erwirtschaftet. Welche Gründe sprechen dennoch dafür, daß die gemeinsame Agrarpolitik einen so hohen Anteil des EG-Haushalts beansprucht? Nennen Sie die besonderen Schwierigkeiten einer gemeinsamen Agrarpolitik. Welche unerträglichen Probleme haben sich inzwischen ergeben? Welche Lösungen werden diskutiert? Wie beurteilen Sie in diesem Zusammenhang die Interessenlage der Bundesrepublik?*

[1]) Bruttoinlandsprodukt zu Marktpreisen; 1 ECU = 2,51 DM (Jahresmittel 1981). ECU ist die Währungseinheit der EG.

M 4

Die Europäische Gemeinschaft als Modell für den Frieden

Der Bonner Politikwissenschaftler Karl Dietrich Bracher würdigt die Europäische Gemeinschaft in historischer Perspektive.

Die Stimme Europas aber, die seiner Wirtschaftskraft und dem Gewicht seiner freiheitlichen Demokratie in einer von Diktaturen überschwemmten Welt entspräche, muß sich noch zu artikulieren lernen: auf andere Weise als in den Jahrhunderten, da Weltpolitik europäische Politik war und das Zeitalter Europas die Weltgeschichte bedeutete. In einer von Unterdrückung und Zerspaltung geplagten Welt kann Europa mit der Autorität seiner geistigen und materiellen Kultur doch noch eine entscheidende Rolle für die Zukunft der Menschheit spielen, wenn es seine Möglichkeiten erkennt und praktiziert, Beispiele zu setzen und Erfahrungen zu vermitteln. Vor allem in zweierlei Hinsicht: als Hort einer voll entwickelten, höchstmöglich freiheitlichen und sozialen Demokratie, in der allein Konflikte friedlich ausgetragen und Fortschritte ohne Unterdrückung vorangetrieben werden können; und als Experiment eines ersten supranationalen Integrationsprozesses, der in Freiheit und Selbstbestimmung erfolgt und eine lange Geschichte imperialer und nationalistischer Auseinandersetzungen abschließt, indem die Lösung außenpolitischer Konflikte durch zwischenstaatliche, supranationale Organe erfolgt. Europa könnte damit einen exemplarischen Beitrag leisten zu der Annäherung ungezügelter staatlicher Machtpolitik an demokratische und rechtsstaatliche Weltinnenpolitik. Wenn Supranationalismus und Föderalismus in einem Kontinent verwirklicht würden, der so verschiedene Sprachen und Strukturen, so eigenständige und konfliktreiche historische Traditionen aufweist, dann müßte das Ausstrahlungskraft auch auf andere Staaten und Regionen der Welt besitzen.

Karl Dietrich Bracher, Geschichte und Gewalt. Zur Politik im 20. Jahrhundert, Berlin 1981, S. 319 f.

1. *Erläutern Sie die politische Bedeutung der EG.*
2. *Zeigen Sie anhand der deutsch-französischen Beziehungen der letzten 100 Jahre, daß die europäische Integration trotz aller Unzulänglichkeiten eine völlig neue Qualität in die zwischenstaatlichen Beziehungen in Westeuropa gebracht hat.*
3. *Hat die EG die politische Ausstrahlungskraft entwickelt, die sich der Autor wünscht?*
4. *Wie beurteilen Sie die Supranationalität als Bauprinzip eines Vereinten Europas? Welche Unterschiede bestehen zu rein zwischenstaatlichen Abkommen?*

Deutschlandpolitik im Zeichen veränderter Ost-West-Beziehungen

Alleinvertretungsanspruch der Bundesrepublik

Nach der Einbeziehung der Bundesrepublik in das atlantische Militärbündnis und der DDR in den Warschauer Pakt verfolgte die sowjetische Führung unter Nikita Chruschtschow das Ziel der Anerkennung der DDR als souveräner Staat durch den Westen (Zwei-Staaten-Theorie). An diesem Ziel hielt die Sowjetunion, die im September 1955 diplomatische Beziehungen mit der Bundesrepublik aufnahm, konsequent fest. Die sowjetische Deutschlandpolitik bewegte sich zwischen Konferenzdiplomatie und ultimativen Forderungen hinsichtlich Westberlins, das in eine „selbständige politische Einheit" umgewandelt werden sollte (Berlin-Ultimatum vom 27. November 1958).

Dieser Politik hielt die Bundesrepublik ihren *Alleinvertretungsanspruch* entgegen. Dieser wurde zu dem außenpolitischen Grundsatz verdichtet, daß die Bundesrepublik keine Beziehungen zu Staaten unterhalte, die durch Aufnahme diplomatischer Beziehungen die DDR anerkannten (*Hallstein-Doktrin*). Im Falle der Sowjetunion hatte die Bundesrepublik allerdings bereits eine wichtige Ausnahme zugelassen. Im übrigen hielt sie bis 1966 an der Hallstein-Doktrin fest, die den Anspruch auf Wiederherstellung der staatlichen Einheit Deutschlands sichern sollte. Bis zu diesem Zeitpunkt konnte die Bundesregierung eine allgemeine internationale Anerkennung der DDR verhindern, allerdings um den Preis der außenpolitischen Selbstbeschränkung im Hinblick auf die Staaten des Ostblocks.

Bis 1958 gelang es der Bundesrepublik, die Westmächte auf eine Politik der freien Wahlen in Gesamtdeutschland als den ersten Schritt zur Wiedervereinigung und damit als Vorbedingung für ein europäisches Sicherheitssystem festzulegen. Die Sowjetunion lehnte die westlichen Vorbedingungen ab. Im Gegenzug drohte Chruschtschow wiederholt mit dem Abschluß eines Separatfriedensvertrages mit der DDR, wenn die Westmächte ihre Truppen nicht aus Westberlin abziehen würden, und verschärfte damit die internationale Krise um Berlin 1959/60.

Globale Gleichgewichtspolitik der USA und ihre Folgen in Deutschland

Im Zusammenhang mit der Berlin-Krise wurde auch die neue Linie des Westens in der Deutschlandfrage deutlich. Angesichts des atomaren Patts der beiden Weltmächte war die westliche Verteidigungsstrategie der „massiven Abschreckung" (jeder sowjetische, auch konventionell geführte Übergriff wird mit einem atomaren Gegenschlag beantwortet) unglaubwürdig geworden, was sich schon bei der Ungarn-Krise (1956) gezeigt hatte. Für die Freiheit Berlins war niemand im Westen bereit, eine kriegerische Auseinandersetzung mit der Sowjetunion zu riskieren.

Um wenigstens Westberlin gegenüber kommunistischen Pressionsversuchen zu sichern und eine bedrohliche Eskalation der Ost-West-Beziehungen abzuwenden, orientierte der amerikanische Präsident *John F. Kennedy* (Amtsantritt am 20. Januar 1961) die amerikanische Außenpolitik neu. Es ging ihm um einen Ausgleich mit der Sowjetunion auf der Grundlage des Status quo in Europa. Dies schloß die Anerkennung der Hegemonialstellung der Sowjetunion in ihrem Bereich, einschließlich der DDR, ein. Die USA nahmen damit Abschied von dem bisherigen – in der Praxis nur deklamatorischen – Konzept der Zurückdrängung des Kommunismus in der Welt und setzten auf eine Stabilisierung der vorhandenen Einflußsphären der beiden Weltmächte. Die Sicherheitspolitik orientierte sich nunmehr am Konzept der „flexiblen Reaktion", womit Kennedy die militärstrategische Konsequenz aus dem atomaren Patt zwischen der Sowjetunion und den USA zog.
Die Konsequenzen aus dieser Neujustierung der amerikanischen Außenpolitik waren die drei „essentials" (25. Juli 1961), mit denen Kennedy seinen Willen zu einem Übereinkommen mit der Sowjetunion über Berlin zum Ausdruck brachte:

1. Das Recht auf westalliierte Truppenstationierung in Westberlin,
2. der freie Zugang von und nach Westberlin und
3. die Lebensfähigkeit Westberlins einschließlich der Freiheit der dort lebenden Menschen, über ihre Lebensform frei zu entscheiden.

Stillschweigend wurde Ostberlin damit dem sowjetischen Einflußgebiet zugerechnet und der Vier-Mächte-Status Groß-Berlins aufgegeben. In der Logik dieser Politik lag es, daß nach dem *Bau der Berliner Mauer* am 13. August 1961, durch den Walter Ulbricht den für die DDR bedrohlichen Flüchtlingsstrom in den Westen endgültig stoppen wollte, die Westmächte nicht intervenierten. (Bis zum August 1961 waren insgesamt fast 2,7 Millionen Menschen, davon die Hälfte Jugendliche unter 25 Jahren, aus der DDR geflohen [▷ M 1, M 2] .)
Nach der Kuba-Krise[1]) im Oktober 1962, die die Welt an den Rand eines atomaren Krieges geführt hatte, strebten die Sowjetunion und die USA endgültig mittels bilateraler Verträge und Rüstungskontrollverhandlungen ein weltweites Arrangement auf der Basis der Anerkennung der östlichen und westlichen Interessensphären an. Ohne daß der Rüstungswettlauf gestoppt wurde, waren die beiden Supermächte nunmehr daran interessiert, direkte Konfrontationen zu verhindern, was als *„Entspannung"* in die öffentliche Diskussion einging.
Vor diesem Hintergrund verlor die Deutschlandfrage ihre weltpolitische Bedeutung. Beide Supermächte hatten sich auf den Status quo festgelegt. Die Sicherheits- und Abrüstungsproblematik trat ins Zentrum der internationalen

[1]) Die Absicht der Sowjetunion, Raketen auf dem Boden des prosowjetischen Kuba Fidel Castros zu installieren, um die USA zum Abzug ihrer Raketen aus der Türkei bzw. Westeuropas zu zwingen und das Kräftegleichgewicht zwischen den Supermächten zugunsten der Sowjetunion zu verschieben, beantwortete Präsident Kennedy mit einer Seeblockade Kubas. Moskau und Washington verständigten sich schließlich, eine weitere Eskalation der Kuba-Krise zu verhindern. Kennedy wurde vor allem wegen der klugen Dosierung von Drohung und Verständigungsbereitschaft in dieser Situation gerühmt.

Die Berliner Mauer: Mit Stacheldraht und Beton riegelt die SED-Führung am 13. August 1961 Ostberlin vom Westteil der Stadt ab.

Diskussion. Für die Bundesrepublik bedeutete dies, daß sie sich im Gefolge des neuen Kurses der Führungsmacht der westlichen Allianz umorientieren mußte. Offiziell hielt Adenauer an seiner Überzeugung fest, die Wiedervereinigung sei nur aus einer Position der Stärke mit Rückendeckung der Westmächte möglich. Durch informelle Fühlungnahme mit der Sowjetunion zeigte er jedoch, daß er die Notwendigkeit eines Übereinkommens mit der sowjetischen Großmacht einsah. Dies mußte eine Anerkennung der Realitäten in der DDR und in Osteuropa einschließen. Bis weit in die 60er Jahre hinein war jedoch eine solche Politik in der Bundesrepublik nicht mehrheitsfähig, so daß die deutsche Außenpolitik in der Endphase der Ära Adenauer (Rücktritt Adenauers im Jahr 1963) und auch unter seinem Nachfolger Ludwig Erhard (Bundeskanzler von 1963 bis 1966) in eine gewisse Stagnation geriet.

M 1

Flüchtlingsstrom aus der DDR

Jahr	Gesamtzahl	Jahr	Gesamtzahl
1947	130 000	1955	252 870
1948	150 000	1956	279 189
1949	129 245	1957	261 622
1950	197 788	1958	204 092
1951	165 648	1959	143 917
1952	182 393	1960	199 117
1953	331 390	1961	133 700, die in den ersten 7 Monaten in Westberlin eintrafen.
1954	184 198		47 433, die vom 1. bis 13. August in Westberlin eintrafen.

Herbert Lilge (Hrsg.), Deutschland 1945–1963, Hannover 1967, S. 226

M 2

Der Berliner Mauerbau am 13. August 1961

Der Historiker Andreas Hillgruber faßt die heutige Kenntnis über die Umstände der Teilung Berlins zusammen.

Im Zusammenspiel mit der DDR-Spitze wurde die Eskalation vorangetrieben. Am 15. Juni 1961 erklärte Ulbricht auf einer Pressekonferenz: „Niemand hat die Absicht, eine Mauer zu bauen." Es lag nahe, daß die schon seit dem

Chruschtschow-Ultimatum Ende 1958 einsetzende, 1959 während der Genfer Außenministerkonferenz angestiegene neue große Fluchtbewegung aus der DDR jetzt gewaltig anschwellen würde, da das ja von niemandem provozierte Dementi eines Mauerbaus den Verdacht bestätigte, daß irgendeine Abriegelung Westberlins geplant war. Diese Wirkung seiner Worte war zweifellos von Ulbricht einkalkuliert worden. Obwohl eine systematische Kontrolle in Ostberlin – an den Zufahrtswegen aus der DDR – leicht möglich gewesen wäre, wurden die Kontrollen sehr großzügig gehandhabt; denn der Flüchtlingsstrom sollte ja weiter anschwellen, um die Notwendigkeit eines rigorosen Einschreitens zwecks Erhaltung des „Friedens“ zu demonstrieren.
In einer Rundfunkansprache vom 25. Juli 1961 verkündete Kennedy der Öffentlichkeit seine These von den „three essentials“. Die Konsequenzen, die die amerikanische Presse aus dieser und anderen Äußerungen, u. a. auch prominenter amerikanischer Besucher bei Chruschtschow, zog, kamen in der sich verbreitenden Auffassung zum Ausdruck, daß es im Interesse der Sowjetunion, aber auch der USA und des allgemeinen Friedens liege, den Flüchtlingsstrom durch eine Absperrung zwischen Ost- und Westberlin zu stoppen. Die tägliche Veröffentlichung von Flüchtlingszahlen tat ein übriges, die Besorgnis zu schüren, es könnte ein zweiter Aufstand, ein neuer „17. Juni“, bevorstehen. Dies zu verhindern, nicht aber eine Absperrung zwischen Ost- und Westberlin unmöglich zu machen, wurde zum Hauptziel der amerikanischen Politik in der akuten Krise. Die Befürchtung, durch die Deutschen in Ost und West in einen kriegerischen Konflikt hineingezogen zu werden – über ein zweites „Sarajewo“ oder „Danzig“ –, bestimmte die damaligen Bemühungen der amerikanischen Diplomatie. Wieweit zwischen den beiden Weltmächten vor der Abriegelung eine mehr oder weniger klar formulierte Absprache erzielt werden konnte, wieweit die amerikanische Seite vom Stand der Vorbereitungen der DDR informiert war, muß vorerst offen bleiben. Die Bundesregierung war [. . .] durch Meldungen ihrer Nachrichtendienste davon unterrichtet, daß etwas im Gange war, [. . .].
Der Termin für die Aktion der DDR mit Rückendeckung durch die Staaten des „Warschauer Pakts“, die Nacht vom 12./13. August, von einem Samstag auf Sonntag, war geschickt gewählt. Kein westlicher Regierungschef befand sich an seinem Platz; in der Bundesrepublik herrschte Wahlkampf für die Bundestagswahlen am 17. September 1961. Die Hilflosigkeit der Westmächte trat daher sofort in erstaunlich offener Form zutage. Sehr schnell stand fest, daß am 13. August 1961 in der Deutschland-Frage eine irreversible Entscheidung gefallen war, daß die totale Abschnürung der beiden deutschen Staaten voneinander von den Westalliierten und der Bundesrepublik hingenommen wurde, daß die weitere Geschichte der deutschen Nation sich nicht nur – wie viele bisher gehofft hatten – vorübergehend, sondern für sehr lange Zeit in zwei Staaten mit diametral entgegengesetzter Gesellschaftsordnung vollziehen würde.

Andreas Hillgruber, Deutsche Geschichte 1945–1982, Stuttgart 1983, S. 75 f.

1. *Nennen Sie Gründe, warum so viele Menschen aus der DDR flohen.*
2. *Erläutern Sie anhand der Zahlen die Folgen dieser Fluchtbewegung für das SED-Regime.*
3. *Warum nahmen die Westmächte den Mauerbau in Berlin hin?*

Die Bundesrepublik und ihre östlichen Nachbarn

Kurskorrektur

Unter Bundeskanzler Erhard fehlte es nicht an deutschen Initiativen, behutsam auf die Linie der amerikanischen Entspannungspolitik einzuschwenken (▷ M 1). Letztlich scheiterten diese Versuche jedoch daran, daß die DDR ausgenommen blieb von den Bemühungen der Bundesregierung, die Beziehungen zur Sowjetunion und zu den Ostblockstaaten auf neue Grundlagen zu stellen. Erhards Angebot zum Austausch von Gewaltverzichtserklärungen mit der Sowjetunion und den osteuropäischen Staaten (März 1966) wurde daher vom sowjetischen Ministerpräsidenten *Kossygin* mit der Forderung nach Anerkennung der Unantastbarkeit der bestehenden Grenzen einschließlich der Oder-Neiße-Grenze und der Anerkennung zweier deutscher Staaten beantwortet.

Die neue Bundesregierung der *Großen Koalition* aus CDU/CSU und SPD (1966 bis 1969) bemühte sich um einen flexibleren Kurs in ihrer Deutschland- und Ostpolitik. Bundeskanzler *Kiesinger* erneuerte das Angebot zum Austausch von *Gewaltverzichtserklärungen* mit den osteuropäischen Staaten und bezog darin die DDR mit ein, wenn auch in etwas verklausulierter Form. Allerdings hielt die Bundesregierung nach wie vor am Alleinvertretungsanspruch der Bundesrepublik fest (▷ M 2). Über Absichtserklärungen einer von deutscher Seite angestrebten Aussöhnung mit Polen und der Tschechoslowakei kam die Regierung der Großen Koalition nicht hinaus, weil die Sowjetunion die Anerkennung der DDR verlangte.

Der polnische Parteichef *Gomulka* verlangte seinerseits die endgültige Anerkennung der Oder-Neiße-Linie als polnische Westgrenze, bevor Polen in Verhandlungen über eine Normalisierung des Verhältnisses zur Bundesrepublik eintreten wollte. Der deutsche Rechtsstandpunkt, die polnische Westgrenze könne erst in einem Friedensvertrag endgültig festgelegt werden, wurde zwar von den westlichen Alliierten geteilt, doch hinderte dies den französischen Staatspräsidenten de Gaulle nicht daran, im September 1967 die Oder-Neiße-Linie als Westgrenze Polens ausdrücklich anzuerkennen.

In den innerdeutschen Beziehungen signalisierte die Bundesregierung zwar ihr Interesse an „Maßnahmen zur Erleichterung des täglichen Lebens für die Menschen in beiden Teilen Deutschlands", doch die DDR antwortete mit der Forderung nach Verhandlungen über die Aufnahme diplomatischer Beziehungen zwischen den beiden deutschen Staaten. Der weitere Briefwechsel zwischen der Regierung der DDR und der Bundesregierung im Jahr 1967 brachte keine Fortschritte. Die gewaltsame *Besetzung der Tschechoslowakei* durch Truppen des Warschauer Paktes im Jahr 1968 und das gewaltsam herbeigeführte Ende des Reformkurses der dortigen Kommunistischen Partei unter Parteichef *Dubček* bereiteten den ostpolitischen Entspannungsbemühungen der Bundesrepublik ein vorläufiges Ende.

Die Ostpolitik der sozialliberalen Koalition

Mit der Bildung der *sozialliberalen Koalition* (1969–1982) unter Bundeskanzler *Willy Brandt* (SPD) und Außenminister *Walter Scheel* (F.D.P.) im Oktober 1969 begann die eigentliche Phase der *neuen Bonner Ostpolitik*, die zwar atmosphärisch bereits in früheren Jahren vorbereitet worden war, aber erst jetzt zur vollen Entfaltung kam (▷ M 3). Vor dem Hintergrund des mit dem Regierungsantritt des amerikanischen Präsidenten *Richard Nixon* (1969) intensivierten sowjetisch-amerikanischen Dialogs zur Schaffung eines globalen Gleichgewichtssystems zwischen den beiden Weltmächten unter Einbeziehung Chinas entwickelte die Bundesregierung ihre neue Ostpolitik: Sie zielte auf ein Arrangement mit der Sowjetunion durch eine Gewaltverzichtserklärung, die Respektierung der polnischen Gebietsansprüche und die Anerkennung der DDR als zweiten deutschen Staat. Die westlichen Bündnispartner unterstützten die Bundesregierung in ihrem Bemühen, zu einer Klärung ihrer Beziehungen zu den östlichen Nachbarstaaten zu gelangen. Nach schwierigen Verhandlungen mit der Sowjetunion, mit Polen und der Tschechoslowakei kam es zum Abschluß einer Serie von Verträgen, durch die die Bundesrepublik den territorialen Status quo in Osteuropa anerkannte.
Der am 12. August 1970 unterzeichnete deutsch-sowjetische Vertrag (*Moskauer Vertrag*) verknüpfte den wechselseitigen Gewaltverzicht mit der Unverletzlichkeit der Grenzen aller Staaten in Europa einschließlich der Oder-Neiße-Linie und der Grenze zwischen der Bundesrepublik und der DDR. In einem „Brief zur deutschen Einheit" an die Sowjetunion unterstrich die Bundesregierung das Recht des deutschen Volkes, „in freier Selbstbestimmung seine Einheit" wiederzuerlangen. Damit sollte dem Wiedervereinigungsgebot des Grundgesetzes (Präambel) Rechnung getragen werden.

Bundeskanzler Willy Brandt und der sowjetische Ministerpräsident Alexej Kossygin unterzeichnen am 12. August 1970 im Kreml das deutsch-sowjetische Gewaltverzichtsabkommen.

Am 7. Dezember 1970 unterzeichneten die polnische und die deutsche Regierung den *Warschauer Vertrag* (▷ M 4), in dem beide Staaten die Unverletzlichkeit ihrer bestehenden Grenzen bekräftigten und erklärten, daß sie – auch in Zukunft – gegeneinander keine Gebietsansprüche erheben. Die polnische Regierung erklärte sich bereit, die Umsiedlung Deutscher, die aus Polen auszureisen wünschten, zu gewähren.
Nach leidenschaftlichen innenpolitischen Auseinandersetzungen, in deren Verlauf die oppositionelle CDU/CSU der Bundesregierung vorwarf, das Wiedervereinigungsgebot des Grundgesetzes nicht beachtet, friedensvertragliche Regelungen vorweggenommen und den Vertragspartnern größere Zugeständnisse gemacht zu haben, als dies für das auch von der Opposition gewünschte Ziel der Aussöhnung mit dem Osten nötig gewesen wäre, billigte der Bundestag den Moskauer und den Warschauer Vertrag am 17. Mai 1972 (die meisten Unionsabgeordneten enthielten sich der Stimme). Beide Verträge traten zusammen mit dem Berliner Vier-Mächte-Abkommen am 3. Juni 1972 in Kraft. Der letzte der Ostverträge wurde mit der Tschechoslowakei (11. Dezember 1973) in Prag abgeschlossen, durch den das Münchner Abkommen von 1938 „als nichtig" bezeichnet, gleichzeitig aber nachteilige Rechtsfolgen für die Betroffenen (vor allem die Sudetendeutschen) ausgeschlossen wurden.

Alliierte Verhandlungen über Berlin

In einem inneren Zusammenhang mit diesen Vertragsabschlüssen standen die Verhandlungen der vier Mächte über Berlin, da die Bundesregierung von Anfang an deutlich gemacht hatte, daß ohne eine befriedigende Berlin-Regelung der Deutsche Bundestag die Verträge nicht ratifizieren würde. Es ging dabei vor allem um die Sicherung der Zugangswege nach Berlin, die Unterbindung willkürlicher Störungen durch die DDR, die Anerkennung der „Bindungen" zwischen der Bundesrepublik und Berlin sowie das Recht der Bundesregierung, Berlin nach außen zu vertreten.
Am 3. September 1971 unterzeichneten die vier Mächte das *Berlin-Abkommen*. Trotz unterschiedlicher Rechtsstandpunkte und ohne Änderung der Eingliederung Ost-Berlins in die DDR sowie unter Anerkennung alliierter Berlin-Rechte wurden darin „praktische Verbesserungen der Lage" von „Berlin (West)" festgelegt. Gemäß diesem Abkommen wurde der Transitverkehr erleichtert, die „Bindungen" Berlins zur Bundesrepublik bekräftigt, außerdem sollten durch innerdeutsche Absprachen die Kontakte zwischen Berlin und der DDR konkretisiert werden. Die Sowjetunion konnte mit Zustimmung der Westmächte durchsetzen, daß West-Berlin kein Bestandteil der Bundesrepublik ist. Ihrerseits stimmte sie aber der Vertretung West-Berlins durch die Bundesrepublik zu. Damit war es dem Westen gelungen, die frühere sowjetische Dreistaatentheorie (West-Berlin als besondere politische Einheit) zu unterlaufen. Allerdings sind die zahlreichen Formelkompromisse des Berliner Vier-Mächte-Abkommens keineswegs frei von möglichen konträren Ausdeutungen.

M 1

Die Nachkriegszeit ist zu Ende!

Aus der Regierungserklärung von Bundeskanzler Ludwig Erhard am 10. November 1965:

Die Nachkriegszeit ist zu Ende!
Deutschland ist geteilt, ist zur Hälfte dem Machtanspruch einer Siegernation unterworfen. So wahr das ist und so schwer wir das empfinden, würden wir uns dennoch irren, wollten wir darauf bauen, für die Völker der Erde sei das geteilte Deutschland ein politisches Gebiet, das wegen seiner Teilung ohne weiteres auf Sympathie und Hilfe rechnen könne.
Die Wiedervereinigung Deutschlands wird nicht zuletzt von unserer Fähigkeit abhängen, die uns freundschaftlich verbundenen und die uns vorerst indifferent begegnenden, ja sogar gegnerischen Mächte an dieser Wiedervereinigung politisch und wirtschaftlich zu interessieren. [. . .]
Der Sowjetunion gegenüber hat sich die Bundesregierung mehrfach bereit erklärt, falls eine Einigung über das wichtigste zwischen uns und der Sowjetunion bestehende Problem, nämlich die Wiedervereinigung, nicht sofort möglich sei, doch Schritte zur Verbesserung des gegenseitigen Verhältnisses zu unternehmen. Sie hat zu erkennen gegeben, daß sie über vieles mit sich reden lasse!
[. . .] Das deutsche Volk und jede gesamtdeutsche Regierung werden bereit sein, dafür Garantien zu geben, daß Rußland und unseren östlichen Nachbarn aus der Wiedervereinigung Deutschlands keine Gefahr erwächst.
Die Bundesregierung wird alles tun, um den inneren Zusammenhalt zwischen den beiden Teilen unseres getrennten Volkes zu festigen, aber sie wird, um der Klarheit vor aller Welt willen, keinen politischen Preis dafür zahlen. Insbesondere werden wir uns zu keinen Maßnahmen bereit finden, die geeignet sind, die Bedingungen für eine Wiedervereinigung in Freiheit zu verschlechtern. Denn wir haben auch für unsere Landsleute in der Zone einzustehen und für deren große Hoffnung, eines Tages endlich wieder unter einer freiheitlichen und demokratischen Ordnung in einem wiedervereinigten Deutschland leben zu dürfen. [. . .]
Ein Regime, das aus Angst um seine Existenz dazu greift, in der geteilten Hauptstadt Berlin eine Mauer zu errichten und sich mit Stacheldraht und Wachtürmen zu umgeben, verurteilt sich selbst und kann nur Ablehnung und Verachtung finden.
Die Bundesregierung hält seit ihrem Bestehen an ihrem Alleinvertretungsrecht für alle Deutschen fest. Das heißt, daß wir in einer Anerkennung oder einer internationalen Aufwertung der Zone einen unfreundlichen Akt erblicken würden, der sich gegen die Wiederherstellung der deutschen Einheit richtet. Wir werden in unseren Anstrengungen, eine solche Entwicklung zu verhindern, nicht nachlassen, selbst auf die Gefahr hin, da oder dort als störendes Element zu gelten. [. . .]
Die Bundesregierung wird auch in Zukunft bestrebt sein, die Beziehungen zu den Staaten in Ost- und Südosteuropa weiterzuentwickeln, den Handel zu fördern, die kulturellen Kontakte zu verstärken und gegenseitiges Verständnis zu wecken.

Klaus von Beyme (Hrsg.), Die großen Regierungserklärungen der deutschen Bundeskanzler von Adenauer bis Schmidt, München 1979, S. 192 ff.

1. *Wie will die Bundesregierung unter Bundeskanzler Ludwig Erhard die Beziehungen zur Sowjetunion und zu den osteuropäischen Staaten gestalten?*
2. *Welches Konzept von einer Wiedervereinigung Deutschlands ist dieser Regierungserklärung zu entnehmen?*

Gesprächsbereitschaft mit dem Osten

M 2

Aus der Regierungserklärung von Bundeskanzler Kurt Georg Kiesinger am 13. Dezember 1966:

Wir sind entschlossen, mit allen Völkern Beziehungen zu unterhalten, die auf Verständigung, auf gegenseitiges Vertrauen und auf den Willen der Zusammenarbeit gegründet sind.
Dies gilt auch für unser Verhältnis zur Sowjetunion, obwohl unsere Beziehungen immer noch durch das ungelöste Problem der Wiedervereinigung unseres Volkes belastet sind.
[. . .] Die letzte Bundesregierung hat in der Friedensnote vom März dieses Jahres auch der Sowjetunion den Austausch von Gewaltverzichtserklärungen angeboten, um erneut klarzustellen, daß sie nicht daran denke, unsere Ziele anders als mit friedlichen Mitteln anzustreben. Die Bundesregierung wiederholt heute dieses auch an die anderen osteuropäischen Staaten gerichtete Angebot. Sie ist bereit, das ungelöste Problem der deutschen Teilung in dieses Angebot einzubeziehen.
[. . .] Es liegt uns darum daran, das Verhältnis zu unseren östlichen Nachbarn, die denselben Wunsch haben, auf allen Gebieten des wirtschaftlichen, kulturellen und politischen Lebens zu verbessern und, wo immer dies nach den Umständen möglich ist, auch diplomatische Beziehungen aufzunehmen.
In weiten Schichten des deutschen Volkes besteht der lebhafte Wunsch nach einer Aussöhnung mit Polen, dessen leidvolle Geschichte wir nicht vergessen haben und dessen Verlangen, endlich in einem Staatsgebiet mit gesicherten Grenzen zu leben, wir im Blick auf das gegenwärtige Schicksal unseres eigenen geteilten Volkes besser als in früheren Zeiten begreifen. Aber die Grenzen eines wiedervereinigten Deutschlands können nur in einer frei vereinbarten Regelung mit einer gesamtdeutschen Regierung festgelegt werden, einer Regelung, die die Voraussetzungen für ein von beiden Völkern gebilligtes, dauerhaftes und friedliches Verhältnis guter Nachbarschaft schaffen soll.
Auch mit der Tschechoslowakei möchte sich das deutsche Volk verständigen. Die Bundesregierung verurteilt die Politik Hitlers, die auf die Zerstörung des tschechoslowakischen Staatsverbands gerichtet war. Sie stimmt der Auffassung zu, daß das unter Androhung von Gewalt zustande gekommene Münchener Abkommen nicht mehr gültig ist.

Klaus von Beyme (Hrsg.), a.a.O., S. 243 ff.

1. *Zeigen Sie die Unterschiede, die sich in der ostpolitischen Konzeption der Regierung Erhard (M 1) und der Regierung Kiesinger/Brandt (Große Koalition) nachweisen lassen.*
2. *Welcher Stellenwert wird der DDR in diesem außenpolitischen Konzept eingeräumt?*

M 3

Neue Ost- und Deutschlandpolitik

Aus der Regierungserklärung von Bundeskanzler Willy Brandt am 28. Oktober 1969:

Diese Regierung geht davon aus, daß die Fragen, die sich für das deutsche Volk aus dem zweiten Weltkrieg und aus dem nationalen Verrat durch das Hitlerregime ergeben haben, abschließend nur in einer europäischen Friedensordnung beantwortet werden können. Niemand kann uns jedoch ausreden, daß die Deutschen ein Recht auf Selbstbestimmung haben, wie alle anderen Völker auch.

Aufgabe der praktischen Politik in den jetzt vor uns liegenden Jahren ist es, die Einheit der Nation dadurch zu wahren, daß das Verhältnis zwischen den Teilen Deutschlands aus der gegenwärtigen Verkrampfung gelöst wird.

Die Deutschen sind nicht nur durch ihre Sprache und ihre Geschichte – mit ihrem Glanz und ihrem Elend – verbunden; wir sind alle in Deutschland zu Haus. Wir haben auch noch gemeinsame Aufgaben und gemeinsame Verantwortung: für den Frieden unter uns und in Europa.

20 Jahre nach Gründung der Bundesrepublik Deutschland und der DDR müssen wir ein weiteres Auseinanderleben der deutschen Nation verhindern, also versuchen, über ein geregeltes Nebeneinander zu einem Miteinander zu kommen. [. . .]

Die Bundesregierung setzt die im Dezember 1966 durch Bundeskanzler Kiesinger und seine Regierung eingeleitete Politik fort und bietet dem Ministerrat der DDR erneut Verhandlungen beiderseits ohne Diskriminierung auf der Ebene der Regierungen an, die zu vertraglich vereinbarter Zusammenarbeit führen sollen. Eine völkerrechtliche Anerkennung der DDR durch die Bundesregierung kann nicht in Betracht kommen. Auch wenn zwei Staaten in Deutschland existieren, sind sie doch füreinander nicht Ausland; ihre Beziehungen zueinander können nur von besonderer Art sein.

Anknüpfend an die Politik ihrer Vorgängerin erklärt die Bundesregierung, daß die Bereitschaft zu verbindlichen Abkommen über den gegenseitigen Verzicht auf Anwendung oder Androhung von Gewalt auch gegenüber der DDR gilt.

Die Bundesregierung wird den USA, Großbritannien und Frankreich raten, die eingeleiteten Besprechungen mit der Sowjetunion über die Erleichterung und Verbesserung der Lage Berlins mit Nachdruck fortzusetzen. Der Status der unter der besonderen Verantwortung der vier Mächte stehenden Stadt Berlin muß unangetastet bleiben. Dies darf nicht daran hindern, Erleichterungen für den Verkehr in und nach Berlin zu suchen. [. . .]

Unser nationales Interesse erlaubt es nicht, zwischen dem Westen und dem Osten zu stehen. Unser Land braucht die Zusammenarbeit und Abstimmung mit dem Westen und die Verständigung mit dem Osten.

Auf diesem Hintergrund sage ich mit starker Betonung: Das deutsche Volk braucht den Frieden im vollen Sinne dieses Wortes auch mit den Völkern der Sowjetunion und allen Völkern des europäischen Ostens. Zu einem ehrlichen Versuch der Verständigung sind wir bereit, damit die Folgen des Unheils überwunden werden können, das eine verbrecherische Clique über Europa gebracht hat.

Dabei geben wir uns keinen trügerischen Hoffnungen hin: Interessen, Machtverhältnisse und gesellschaftliche Unterschiede sind weder dialektisch aufzulösen noch dürfen sie vernebelt werden. Aber unsere Gesprächspartner müssen auch dies wissen: Das Recht auf Selbstbestimmung, wie es in der Charta der Vereinten Nationen niedergelegt ist, gilt auch für das deutsche Volk. Dieses Recht und dieser Wille, es zu behaupten, können kein Verhandlungsgegenstand sein.

Klaus von Beyme (Hrsg.), a.a.O., S. 253 ff.

1. *Arbeiten Sie die zentralen Aussagen heraus, durch die sich das politische Programm der Bundesregierung unter Willy Brandt (sozialliberale Koalition) von ihren Vorgängerinnen unterscheidet.*
2. *Warum schließt der Bundeskanzler eine „völkerrechtliche Anerkennung der DDR“ aus? Welche Politik wünscht die sozialliberale Koalition gegenüber der DDR einzuschlagen?*
3. *Zeigen Sie anhand der Auszüge aus drei Regierungserklärungen zwischen 1965 und 1969 den Kurswechsel, den die Bundesrepublik in dieser Zeit in ihrer Ost- und Deutschlandpolitik einleitete. Beachten Sie dabei die besondere Wortwahl, durch die das Maß der Verständigungsbereitschaft signalisiert wird.*

Warschauer Vertrag

M 4

Vertrag zwischen der Bundesrepublik Deutschland und der Volksrepublik Polen vom 7. Dezember 1970 über die Grundlagen der Normalisierung ihrer gegenseitigen Beziehungen:

Artikel I

(1) Die Bundesrepublik Deutschland und die Volksrepublik Polen stellen übereinstimmend fest, daß die bestehende Grenzlinie, deren Verlauf im Kapitel IX der Beschlüsse der Potsdamer Konferenz vom 2. August 1945 von der Ostsee unmittelbar westlich von Swinemünde und von dort die Oder entlang bis zur Einmündung der Lausitzer Neiße und die Lausitzer Neiße entlang bis zur Grenze mit der Tschechoslowakei festgelegt worden ist, die westliche Staatsgrenze der Volksrepublik Polen bildet.

(2) Sie bekräftigen die Unverletzlichkeit ihrer bestehenden Grenzen jetzt und in der Zukunft und verpflichten sich gegenseitig zur uneingeschränkten Achtung ihrer territorialen Integrität.

(3) Sie erklären, daß sie gegeneinander keinerlei Gebietsansprüche haben und solche auch in Zukunft nicht erheben werden.

Artikel II

(1) [. . .]

(2) Demgemäß werden sie entsprechend den Artikeln 1 und 2 der Charta der Vereinten Nationen alle ihre Streitfragen ausschließlich mit friedlichen Mitteln lösen und sich in Fragen, die die europäische und internationale Sicherheit berühren, sowie in ihren gegenseitigen Beziehungen der Drohung mit Gewalt oder der Anwendung von Gewalt enthalten.

Artikel III

(1) Die Bundesrepublik Deutschland und die Volksrepublik Polen werden weitere Schritte zur vollen Normalisierung und umfassenden Entwicklung ihrer gegenseitigen Beziehungen unternehmen, deren feste Grundlage dieser Vertrag bildet.

(2) Sie stimmen darin überein, daß eine Erweiterung ihrer Zusammenarbeit im Bereich der wirtschaftlichen, wissenschaftlichen, wissenschaftlich-technischen, kulturellen und sonstigen Beziehungen in ihrem beiderseitigen Interesse liegt.

Europa-Archiv, Folge 1/1971, D. 26

1. *Arbeiten Sie die zentralen Festlegungen des Vertrages mit Polen heraus und achten Sie dabei auf die verwendeten Begriffe.*
2. *Worin liegt die Bedeutung des Vertrages für die Bundesrepublik und für Polen?*
3. *Welche Verpflichtungen gehen beide Vertragspartner ein?*

Die Neugestaltung der Beziehungen zwischen der Bundesrepublik und der DDR

Kontakte und Verhandlungen

Die neue Ostpolitik und die Neugestaltung der Beziehungen der Bundesrepublik zur DDR standen in einem inneren Zusammenhang. Um humanitäre Erleichterungen in den innerdeutschen Beziehungen zu erreichen, war die sozialliberale Koalition bereit, die DDR als einen der beiden Staaten in Deutschland anzuerkennen. Dabei wurde das besondere Verhältnis beider Staaten zueinander unterstrichen, die „füreinander nicht Ausland" sein sollten. Die Führung der DDR antwortete auf die westdeutsche Gesprächsbereitschaft mit Maximalforderungen nach einer völkerrechtlichen Anerkennung der DDR einschließlich des Austauschs von Botschaftern.
Die beiden Treffen von Bundeskanzler Brandt mit dem Ministerpräsidenten der DDR, *Stoph*, in Erfurt (März 1970) und Kassel (Mai 1970), die in der Öffentlichkeit von großen Erwartungen begleitet wurden, brachten keine Annäherungen der unterschiedlichen Standpunkte. Während die Bundesregierung in ihrem „20-Punkte-Programm" detailliert Möglichkeiten für vertragliche Regelungen zwischen den beiden deutschen Staaten vorlegte, beharrte die DDR auf ihrer Forderung nach völkerrechtlicher Anerkennung.
Da die Sowjetunion sehr daran interessiert war, die ostpolitische Kurskorrektur der Bundesregierung nicht zu gefährden, bot die DDR Ende Oktober 1970 der Bundesregierung eine Fortsetzung der Kontakte auf Staatssekretärebene an, und zwar ohne ihre bekannten Vorbedingungen. Dieser „Meinungsaustausch", der sich über Monate hinzog, blieb zunächst ohne Ergebnis und mündete erst nach dem Abschluß des Berliner Vier-Mächte-Abkommens in konkrete Verhandlungen. Im Auftrag der Alliierten handelten die beiden Staatssekretäre *Bahr* (Bundesrepublik) und *Kohl* (DDR) die Einzelheiten der Ausführungsbestimmungen für den Transitverkehr von und nach Berlin aus, während gleichzeitig Vertreter der DDR und des Berliner Senats innerstädtische Fragen des Berlinverkehrs berieten. Beide Abkommen wurden im Dezember 1971 in Bonn bzw. Ostberlin unterzeichnet.

Am 19. März 1970 kamen in Erfurt die Regierungschefs der beiden deutschen Staaten, Bundeskanzler Willy Brandt und der DDR-Ministerpräsident Willi Stoph, zum ersten Mal zu Gesprächen über die Verbesserung der innerdeutschen Beziehungen zusammen.

Vertragliche Beziehungen zwischen beiden deutschen Staaten

Nicht mehr im Auftrag der vier Alliierten, sondern in eigener Verantwortung setzten die Bundesrepublik und die DDR ihre Verhandlungen auf Staatssekretärebene im Jahre 1972 fort. Aus diesen Verhandlungen ging als erster Vertrag zwischen der Bundesrepublik und der DDR der *Verkehrsvertrag* (26. Mai 1972) hervor, der die Rechtsgrundlagen für den Verkehr von Personen und Gütern auf Straßen, Schienen und Wasserwegen zwischen beiden Staaten schuf. Beide Seiten verpflichteten sich, „den Verkehr in und durch ihre Hoheitsgebiete entsprechend der üblichen internationalen Praxis auf der Grundlage der Gegenseitigkeit und Nichtdiskriminierung in größtmöglichem Umfang zu gewähren, zu erleichtern und möglichst zweckmäßig zu gestalten". Meinungsverschiedenheiten sollten durch eine gemeinsame Kommission geschlichtet werden. Seither sind Touristenreisen in die DDR möglich, was bald zu einem drastischen Anschwellen der Besucherzahlen aus der Bundesrepublik führte und die DDR zu intensivierten ideologischen Abgrenzungsbemühungen veranlaßte.

Unmittelbar nach Abschluß des Verkehrsvertrages begannen die Verhandlungen über den sogenannten *Grundlagenvertrag*, durch den beide Seiten ihr wechselseitiges Verhältnis auf der Grundlage der Gleichberechtigung und

gutnachbarlicher Beziehungen festlegen wollten. Mit dem am 21. Dezember 1972 in Ostberlin unterzeichneten Vertragswerk (▷ M 1) kamen beide Staaten überein, unbeschadet unterschiedlicher Auffassungen, ihre Beziehungen zueinander auf der Grundlage der Gleichberechtigung zu entwickeln; unter Bezugnahme auf die Ziele und Prinzipien der UN-Charta verzichteten sie auf die Anwendung von Gewalt, bekräftigten die Unverletzlichkeit der deutsch-deutschen Grenze und verpflichteten sich, durch weitere Abkommen humanitäre Fragen zu regeln und die Zusammenarbeit auf den Gebieten der Wirtschaft, Wissenschaft, der Technik, des Verkehrs, des Fernmeldewesens, des Umweltschutzes u. a. zu fördern. Die Bundesrepublik gab ihren seit 1949 erhobenen Alleinvertretungsanspruch auf (Art. 4 des Grundlagenvertrages) und erkannte ausdrücklich die Gleichberechtigung der DDR an. Gleichzeitig setzte sie durch den Austausch von „ständigen Vertretungen" an Stelle von Botschaftern ihren Standpunkt von den „besonderen Beziehungen" zwischen den beiden deutschen Staaten durch, die nicht mit den völkerrechtlichen Beziehungen zu irgendeinem anderen Staat auf eine Stufe gestellt werden dürfen. Die Formulierung „normale gutnachbarliche Beziehungen" in Artikel 1 des Vertrages bringt das ebenfalls zum Ausdruck. In einem „Brief zur deutschen Einheit" unterstrich die Bundesregierung, wie auch anläßlich des Moskauer Vertrages, das Selbstbestimmungsrecht der Deutschen hinsichtlich einer späteren friedensvertraglichen Regelung (▷ M 2). Außerdem dokumentierte sie in einer weiteren Protokollerklärung ihren Standpunkt, demzufolge es für alle Deutschen nur eine Staatsangehörigkeit gebe.
In einer Reihe weiterer Zusatzdokumente, die zum Grundlagenvertrag gehörten, wurden Einzelheiten über die geplante Normalisierung der Beziehungen zwischen der Bundesrepublik und der DDR in praktischen und humanitären Fragen festgelegt. Gleichzeitig beantragten beide Staaten die Aufnahme in die Vereinten Nationen. In einem besonderen Briefwechsel der Bundesrepublik mit den drei Westmächten und der DDR mit der Sowjetunion wurde deren gemeinsame Verantwortung für „Deutschland als Ganzes" unterstrichen.

Besondere Beziehungen

Der Vertrag brachte für die DDR die lange Zeit vergeblich angestrebte internationale diplomatische Anerkennung. Während der Grundlagenvertrag von vielen Kommentatoren im Ausland als Teilungsvertrag interpretiert und deshalb auch von der Opposition im Deutschen Bundestag abgelehnt wurde, legte die Bundesregierung Wert darauf, daß der Vertrag nichts an der rechtlichen Lage in Deutschland ändere: Er sei vielmehr „ein Vertrag für die Menschen und die Zukunft in Deutschland. Wir wollen die Bindungen zwischen den beiden Teilen Deutschlands stärken und wir wollen wieder Kontakte zwischen den Menschen möglich machen".[1]) Am 11. Mai 1973 wurde der Grundlagenvertrag im Bundestag mit 268 (SPD, F.D.P. und vier CDU-Abgeordnete) gegen 217 Stimmen der CDU/CSU gebilligt.

[1]) Erklärung von Bundesaußenminister Scheel im November 1972

In einem Grundsatzurteil (Juli 1973) lehnte das Bundesverfassungsgericht den Antrag des Freistaates Bayern ab, den Grundlagenvertrag als verfassungswidrig aufzuheben. Das Bundesverfassungsgericht unterstrich die Gültigkeit des Wiedervereinigungsgebots des Grundgesetzes, das auch durch das Vertragswerk mit der DDR nicht außer Kraft gesetzt worden sei, und legte mit seiner ausführlichen Begründung einen verbindlichen Interpretationsrahmen für das Vertragswerk fest, an den jede Bundesregierung gebunden sei und in dessen Rahmen sie allein ihre praktische Politik mit der DDR konkretisieren könne. Unter anderem unterstrich das Karlsruher Gericht auch die „Besonderheit" in den Beziehungen zwischen den beiden deutschen Staaten, die „auf dem Fundament des noch existierenden Staates ‚Deutschland als Ganzes' existieren" und erklärte ausdrücklich die gegenwärtige Praxis an der Grenze zwischen beiden Staaten, „also Mauer, Stacheldraht, Todesstreifen und Schießbefehl", für schlechthin unvereinbar mit dem Geist des Vertrages (▷ M 3).
Mit der Aufnahme der Bundesrepublik und der DDR in die UNO als Vollmitglieder der Weltorganisation (18. September 1973) hatte die DDR ein wichtiges Ziel erreicht – nämlich international anerkannt zu werden. Aber auch die Bundesrepublik konnte nunmehr in der UNO die ihrem politischen und wirtschaftlichen Gewicht zukommende Rolle spielen und ihren Beitrag im Rahmen der internationalen Entwicklungshilfepolitik zur Regelung des an Gefährlichkeit zunehmenden Konflikts zwischen den Industriestaaten und den Entwicklungsländern leisten. Beide deutsche Staaten sind bestrebt, durch die Förderung ihrer kulturellen und wirtschaftlichen Beziehungen mit den Ländern der Dritten Welt dort politischen Einfluß zu gewinnen. Zwar konkurrieren Bundesrepublik und DDR auf ideologisch-politischem Feld, gleichzeitig sind sie sich jedoch ihrer gemeinsamen Verantwortung für die Erhaltung des Friedens in der Welt bewußt.

Ein weiteres Ergebnis der Entspannungspolitik in den 70er Jahren war die in Helsinki tagende *Konferenz über Sicherheit und Zusammenarbeit in Europa* (KSZE). Mit dem am 1. August 1975 unterzeichneten Schlußdokument verpflichteten sich die 33 Teilnehmerstaaten aus Europa (einschließlich der beiden deutschen Staaten), die USA und Kanada, den Status quo in Europa anzuerkennen (gegenseitige Respektierung der Souveränität, der Grenzen, Gewaltverzicht, Nichteinmischung), Maßnahmen zur engeren Zusammenarbeit zu ergreifen und die Menschenrechte zu respektieren und in ihrem Geist „humanitäre Fragen" zu lösen. Damit war es der Sowjetunion und den Ostblockstaaten gelungen, eine Garantie des seit 1945 entstandenen territorialen Besitzstandes zu erhalten. Der Westen konnte durchsetzen, daß die kommunistischen Staaten Reiseerleichterungen, Maßnahmen zur Zusammenführung von Familien, den erleichterten Austausch von Informationen und mehr Freizügigkeit für die eigene Bevölkerung gewährten oder diesbezügliche Forderungen zumindest nicht einfach als gesetzeswidrig ablehnen konnten.

Ausblick

Die Weiterentwicklung der deutsch-deutschen Beziehungen in den 70er Jahren war von Rückschlägen nicht frei. Die SED-Führung fürchtete die unkontrollierbaren Auswirkungen der innerdeutschen Kontakte auf das eigene System und antwortete mit bürokratischen Schikanen. Auch die Verschlechterung der Ost-West-Beziehungen seit Ende der 70er Jahre wirkte sich negativ aus. Die sowjetische *Besetzung Afghanistans* (27. Dezember 1979) sowie die massive Aufrüstungspolitik Moskaus (Mittelstreckenraketen vom Typ SS 20) zur Zeit der offiziellen Entspannungspolitik der 70er Jahre führten zu einem Umschwung der westlichen Sicherheitspolitik. US-Präsident *Ronald Reagan* setzte seit seinem Amtsantritt im Jahre 1981 auf eine Politik der Stärke gegenüber der Sowjetunion, und im Rahmen der NATO kam es zu Nachrüstungsmaßnahmen, die allerdings von Teilen der westeuropäischen Öffentlichkeit heftig kritisiert wurden (Friedensbewegung).
Dennoch erwiesen sich die in den letzten zehn Jahren geknüpften Beziehungen zwischen den beiden deutschen Staaten einschließlich des intensiven wirtschaftlichen Austauschs als dauerhaft und tragfähig. An ihrer Festigung und Weiterentwicklung muß die Bundesrepublik ein großes Interesse haben. Der Historiker Michael Stürmer hat dafür die folgende Formulierung gefunden: „Deutschland bleibt zerbrochenes Haus . . . Antagonistischen[1]) Machtblöcken zugehörig, gegensätzlichen Wertsystemen und Herrschaftsordnungen loyal, werden die Erben der deutschen Geschichte, ob sie wollen oder nicht, von diesem Antagonismus ebenso gefährdet wie geprägt. Das Dilemma bleibt, daß die deutsche Teilung zu den stabilen Elementen einer instabilen Welt gehört und daß die beiden Staaten in Deutschland für West und Ost Schlüsselfunktion haben: Erbschaft aus europäischer Geographie."[2])

M 1 Grundlagenvertrag zwischen der Bundesrepublik und der DDR

Am 21. Dezember 1972 unterzeichneten die Vertreter der Bundesrepublik und der DDR in Ostberlin den Vertrag über die Grundlagen der Beziehungen zwischen der Bundesrepublik Deutschland und der Deutschen Demokratischen Republik, der am 6. Juni 1973 in Kraft trat.

Artikel 1

Die Bundesrepublik Deutschland und die Deutsche Demokratische Republik entwickeln normale gutnachbarliche Beziehungen zueinander auf der Grundlage der Gleichberechtigung.

Artikel 2

Die Bundesrepublik Deutschland und die Deutsche Demokratische Republik werden sich von den Zielen und Prinzipien leiten lassen, die in der Charta der Vereinten Nationen niedergelegt sind, insbesondere der souveränen Gleichheit aller Staaten, der Achtung der Unabhängigkeit, Selbständigkeit und territorialen Integrität, dem Selbstbestimmungsrecht, der Wahrung der Menschenrechte und der Nichtdiskriminierung.

---

1) feindlich
2) Hartmut Bockmann, Heinz Schilling, Hagen Schulze, Michael Stürmer, Mitten in Europa. Deutsche Geschichte, Berlin 1984, S. 409.

Artikel 3

Entsprechend der Charta der Vereinten Nationen werden die Bundesrepublik Deutschland und die Deutsche Demokratische Republik ihre Streitfragen ausschließlich mit friedlichen Mitteln lösen und sich der Drohung mit Gewalt oder der Anwendung von Gewalt enthalten.
Sie bekräftigen die Unverletzlichkeit der zwischen ihnen bestehenden Grenze jetzt und in der Zukunft und verpflichten sich zur uneingeschränkten Achtung ihrer territorialen Integrität.

Artikel 4

Die Bundesrepublik Deutschland und die Deutsche Demokratische Republik gehen davon aus, daß keiner der beiden Staaten den anderen international vertreten oder in seinem Namen handeln kann.

Artikel 5

Die Bundesrepublik Deutschland und die Deutsche Demokratische Republik werden friedliche Beziehungen zwischen den europäischen Staaten fördern und zur Sicherheit und Zusammenarbeit in Europa beitragen.
Sie unterstützen die Bemühungen um eine Verminderung der Streitkräfte und Rüstungen in Europa, ohne daß dadurch Nachteile für die Sicherheit der Beteiligten entstehen dürfen.
Die Bundesrepublik Deutschland und die Deutsche Demokratische Republik werden mit dem Ziel einer allgemeinen und vollständigen Abrüstung unter wirksamer internationaler Kontrolle der internationalen Sicherheit dienende Bemühungen um Rüstungsbegrenzung und Abrüstung, insbesondere auf dem Gebiet der Kernwaffen und anderen Massenvernichtungswaffen, unterstützen.

Artikel 6

Die Bundesrepublik Deutschland und die Deutsche Demokratische Republik gehen von dem Grundsatz aus, daß die Hoheitsgewalt jedes der beiden Staaten sich auf sein Staatsgebiet beschränkt. Sie respektieren die Unabhängigkeit und Selbständigkeit jedes der beiden Staaten in seinen inneren und äußeren Angelegenheiten.

Artikel 7

Die Bundesrepublik Deutschland und die Deutsche Demokratische Republik erklären ihre Bereitschaft, im Zuge der Normalisierung ihrer Beziehungen praktische und humanitäre Fragen zu regeln. Sie werden Abkommen schließen, um auf der Grundlage dieses Vertrages und zum beiderseitigen Vorteil die Zusammenarbeit auf dem Gebiet der Wirtschaft, der Wissenschaft und Technik, des Verkehrs, des Rechtsverkehrs, des Post- und Fernmeldewesens, des Gesundheitswesens, der Kultur, des Sports, des Umweltschutzes und auf anderen Gebieten zu entwickeln und zu fördern. Einzelheiten sind in dem Zusatzprotokoll geregelt.

Artikel 8

Die Bundesrepublik Deutschland und die Deutsche Demokratische Republik werden ständige Vertretungen austauschen. Sie werden am Sitz der jeweiligen Regierung errichtet. [. . .]

Europa-Archiv, Folge 1/1973, D. 13 ff.

M 2 Brief zur deutschen Einheit

Anläßlich der Unterzeichnung des Grundlagenvertrages übergab der Bundesminister für besondere Aufgaben beim Bundeskanzler, Egon Bahr, seinem Verhandlungspartner, dem Staatssekretär beim Ministerrat der DDR, Michael Kohl, diesen Brief.

Sehr geehrter Herr Kohl!
Im Zusammenhang mit der heutigen Unterzeichnung des Vertrages über die Grundlagen der Beziehungen zwischen der Bundesrepublik Deutschland und der Deutschen Demokratischen Republik beehrt sich die Regierung der Bundesrepublik Deutschland festzustellen, daß dieser Vertrag nicht im Widerspruch zu dem politischen Ziel der Bundesrepublik Deutschland steht, auf einen Zustand des Friedens in Europa hinzuwirken, in dem das deutsche Volk in freier Selbstbestimmung seine Einheit wiedererlangt.

Mit vorzüglicher Hochachtung
Bahr

Europa-Archiv, Folge 1/1973, D. 13

1. *Welche Ziele verfolgten die Bundesrepublik und die DDR mit diesem Vertrag?*
2. *Welche Vereinbarungen dienen vor allem den Interessen der DDR, welche den Interessen der Bundesrepublik? Gibt es Bereiche gemeinsamer Interessen?*
3. *Welche Bedeutung hat der Brief zur deutschen Einheit?*
4. *Warum wurde über diesen Vertrag in der Bundesrepublik heftig gestritten?*
5. *Zeigen Sie den Zusammenhang zwischen der Entwicklung der Ost-West-Beziehungen und der neuen Ostpolitik der Bundesregierung Anfang der 70er Jahre.*

M 3 Das Bundesverfassungsgericht zum Grundlagenvertrag

Am 31. Juli 1973 wies das Bundesverfassungsgericht die Normenkontrollklage der Bayerischen Staatsregierung gegen den Grundlagenvertrag zurück und erklärte den Vertrag für mit dem Grundgesetz vereinbar. Zugleich legten die Verfassungsrichter in ihrer Urteilsbegründung detailliert fest, in welchem vom Grundgesetz bestimmten Rahmen die deutsch-deutschen Beziehungen verbleiben müssen. Dabei spielt vor allem das Wiedervereinigungsgebot der Präambel und die daraus folgende „Besonderheit" der Beziehungen mit der DDR eine wichtige Rolle.

2. Zum Wiedervereinigungsgebot und Selbstbestimmungsrecht, das im Grundgesetz enthalten ist, hat das Bundesverfassungsgericht bisher erkannt und daran hält der Senat fest: Dem Vorspruch des Grundgesetzes kommt nicht nur politische Bedeutung zu, er hat auch rechtlichen Gehalt. Die Wiedervereinigung ist ein verfassungsrechtliches Gebot. Es muß jedoch den zu politischem Handeln berufenen Organen der Bundesrepublik überlassen bleiben zu entscheiden, welche Wege sie zur Herbeiführung der Wiedervereinigung als politisch richtig und zweckmäßig ansehen. [. . .]
Das bedarf in folgender Richtung hier noch einer näheren Präzisierung: Aus dem Wiedervereinigungsgebot folgt zunächst: Kein Verfassungsorgan der Bundesrepublik Deutschland darf die Wiederherstellung der staatlichen Einheit als politisches Ziel aufgeben, alle Verfassungsorgane sind verpflichtet in ihrer Politik auf die Erreichung dieses Zieles hinzuwirken – das schließt die Forderung ein, den Wiedervereinigungsanspruch im Innern wachzuhalten und

nach Außen beharrlich zu vertreten – und alles zu unterlassen, was die Wiedervereinigung vereiteln würde. Die Bundesregierung hat allerdings in eigener Verantwortung zu entscheiden, mit welchen politischen Mitteln und auf welchen politischen Wegen sie das nach dem Grundgesetz rechtlich gebotene Ziel der Wiedervereinigung zu erreichen oder ihm wenigstens näherzukommen versucht. Die Abschätzung der Chancen ihrer Politik ist ihre und der sie tragenden parlamentarischen Mehrheit Sache. Hier hat das Gericht weder Kritik zu üben noch seine Auffassung über die Aussichten der Politik zu äußern. Die politische Verantwortung dafür liegt allein bei den politischen Instanzen. Eine Grenze, die allerdings das Bundesverfassungsgericht deutlich zu machen, zu bestimmen und unter Umständen durchzusetzen hat, liegt im Rechts- und Verfassungsstaat der Bundesrepublik Deutschland darin, daß die Verfassung verbietet, daß die Bundesrepublik auf einen *Rechtstitel* (eine Rechtsposition) aus dem Grundgesetz verzichtet, mittels dessen sie in Richtung auf Verwirklichung der Wiedervereinigung und der Selbstbestimmung wirken kann, oder einen mit dem Grundgesetz unvereinbaren Rechtstitel schafft oder sich an der Begründung eines solchen Rechtstitels beteiligt, der ihr bei ihrem Streben nach diesem Ziel entgegengehalten werden kann. Es ist ein Unterschied, ob man – solange daraus nicht die Gefahr der Verwirkung des Rechtstitels erwächst – *politisch* von einem Rechtstitel keinen Gebrauch macht oder ihn derzeit oder für absehbare Zeit nicht als politisches Instrument für tauglich hält, sich also damit abfindet, daß mit ihm kein politischer Erfolg erzielt werden kann, oder ob man auf ihn im Rechtssinn verzichtet. Man kann sich in diesem Sinne also politisch mit Realitäten abfinden. Das Grundgesetz verlangt aber, daß insoweit kein in ihm begründeter Rechtstitel preisgegeben wird, der jetzt oder später ein Argument zur Förderung des Bestrebens nach Wiedervereinigung bieten kann.

3. [. . .] Das Besondere dieses Vertrags ist, daß es zwar ein bilateraler Vertrag zwischen zwei Staaten ist, für den die Regeln des Völkerrechts gelten und der die Geltungskraft wie jeder andere völkerrechtliche Vertrag besitzt, aber zwischen zwei Staaten, die Teile eines noch immer existierenden, wenn auch handlungsunfähigen, weil noch nicht reorganisierten umfassenden Staates Gesamtdeutschland mit einem einheitlichen Staatsvolk sind, dessen Grenzen genauer zu bestimmen hier nicht nötig ist. Daraus ergibt sich die besondere rechtliche Nähe, in der die beiden Staaten zueinander stehen, daraus ergibt sich folgerichtig die Regelung in Artikel 8, wonach beide Staaten nicht Botschafter, sondern ständige Vertretungen am Sitz der jeweiligen Regierung austauschen, daraus ergibt sich die Besonderheit des Ratifikationsverfahrens, das nicht endet mit dem Austausch von Ratifikationsurkunden auf Grund Vollmacht des Bundespräsidenten, sondern mit dem Austausch „entsprechender Noten", von denen die eine auf der Seite der Bundesrepublik Deutschland von der Bundesregierung ausgefertigt wird, und ergibt sich schließlich die Gesamttendenz des Vertrags, zu einer möglichst engen Zusammenarbeit zwischen den Vertragspartnern mit dem Ziele einer Verbesserung der menschlichen Beziehungen über die gemeinsame Grenze hinweg zu gelangen.
[. . .] Der Vertrag hat also einen *Doppel*charakter, er ist seiner Art nach ein völkerrechtlicher Vertrag, seinem spezifischen Inhalt nach ein Vertrag, der vor allem inter-se-Beziehungen[1]) regelt. Inter-se-Beziehungen in einem völker-

---

[1]) Beziehungen „unter sich"

rechtlichen Vertrag zu regeln, kann vor allem dann nötig sein, wenn eine staatsrechtliche Ordnung, wie hier wegen der Desorganisation des Gesamtstaats, fehlt.

Entscheidungen des Bundesverfassungsgerichts, Band 36, Tübingen 1974, S. 17 ff.

1. *Beschreiben Sie den Rahmen, den das Bundesverfassungsgericht für die Deutschlandpolitik jeder Bundesregierung gezogen hat. Was darf die Regierung, was darf sie nicht?*
2. *Worin besteht die „Besonderheit" der Beziehungen zwischen der Bundesrepublik und der DDR? Halten Sie dies für eine nur juristische Formel oder für eine politisch-historisch richtige Entscheidung?*
3. *Warum kritisierte das parteioffizielle Ost-Berliner „Neue Deutschland" das Urteil als „Träumereien einiger Karlsruher Richter"? Was lehnt die SED-Regierung aus welchen Gründen an der Karlsruher Interpretation des Vertrages ab?*

M 4 Keine Illusionen

Aus der Regierungserklärung von Bundeskanzler Helmut Schmidt am 16. Dezember 1976:

Wir sind uns dabei bewußt, daß die Gegensätze und Unterschiede zwischen den beiden deutschen Staaten und Gesellschaftsordnungen nicht durch Vertragspolitik aus der Welt geschafft werden können. Verträge und Vereinbarungen schaffen jedoch eine Ebene der partiellen Zusammenarbeit und der gegenseitigen Respektierung von Interessen. [. . .]

Uns schmerzt die Grenze, die mitten durch Deutschland geht und die Menschen trennt, an der immer wieder auf Menschen geschossen wird. Wir haben unsere Meinung darüber nie verschwiegen. Das Vorgehen der DDR an der Grenze durch Deutschland ist ohne Beispiel in Europa. Wir gefährden oder bedrohen die Sicherheit an dieser Grenze nicht. Die Verantwortung für den Schußwaffengebrauch liegt nur bei der DDR. [. . .]

Meine Damen und Herren, unsere Deutschlandpolitik ist frei von Illusionen. Wir werden durch zähe und geduldige Arbeit den Zusammenhalt der Menschen in Deutschland wahren. Dem dient die Politik, die wir gegenüber dem anderen deutschen Staat auf der Basis des Grundlagenvertrags verfolgen. Jeder weiß, daß es das Ziel unserer Politik ist, auf einen Zustand des Friedens in Europa hinzuwirken, in dem das deutsche Volk in freier Selbstbestimmung seine Einheit wiedererlangt.

Die DDR-Führung zielt auf lange Sicht auf eine Ablösung, auf eine Niederlage unserer politischen Ordnung. Wir wissen das, aber wir können diese Vorstellungen der SED ertragen. Umgekehrt wird die SED-Führung, wird die DDR-Führung ertragen müssen, daß wir an der einen Nation festhalten. Wir vertrauen auf die friedliche Entwicklung für Europa und damit für unser eigenes Volk.

Wir sehen die DDR, wie sie ist. Die DDR muß uns auch sehen, wie wir sind und wie unser pluralistisches System ist, zu dem die offene Debatte, die öffentliche Debatte aller großen Fragen unserer Gesellschaft, unseres Volkes gehört, also auch die große öffentliche Debatte über die Lage der einen Nation.

Klaus von Beyme (Hrsg.), Die großen Regierungserklärungen der deutschen Bundeskanzler von Adenauer bis Schmidt, München 1979, S. 386 ff.

Deutsch-deutsche Beziehungen aus der Sicht der DDR-Führung

M 5

Im „Neuen Deutschland" vom 14. 12. 1978 wurde der Bericht des Politbüros der SED an die 9. Tagung des Zentralkomitees wiedergegeben.

Wir lassen uns davon leiten, daß für die Lage auf unserem Kontinent die Beziehungen zwischen der DDR und der BRD von nicht zu unterschätzender Bedeutung sind, denn hier stehen sich die beiden großen Bündnissysteme des Warschauer Vertrages und der NATO unmittelbar gegenüber. Deshalb ist unser Bemühen stets darauf gerichtet, mit der Verbesserung der bilateralen Beziehungen zwischen beiden Staaten zugleich dem Frieden in Europa zu dienen. Das setzt natürlich voraus, daß diese konstruktive Politik von beiden Seiten betrieben wird und jede Einmischung in die inneren Angelegenheiten des anderen Staates unterbleibt. Grundlage der Beziehungen zwischen der DDR und der BRD ist der unverrückbare Tatbestand, daß es sich um Beziehungen zwischen zwei souveränen, voneinander unabhängigen Staaten handelt.

Unverzichtbarer Grundsatz normaler Beziehungen zwischen der DDR und der BRD ist die Achtung und Unverletzlichkeit der Staatsgrenzen. Dieses völkerrechtliche Prinzip erhält besonderes Gewicht an dieser Nahtstelle in Europa, wo, wie Genosse Erich Honecker[1]) erklärte, „das Barometer der Entspannung besonders empfindlich reagiert". Deshalb kommt der am 29. November in Bonn erfolgten Unterzeichnung eines Protokolls zwischen den Regierungen der DDR und der BRD über die Markierung der Staatsgrenze auf einer Länge von rund 1300 Kilometern große Bedeutung zu. Diese Markierung der Staatsgrenze entspricht der Anwendung des Völkerrechts in den Beziehungen zwischen souveränen Staaten. Damit ist ohne Zweifel ein wichtiger Schritt im Sinne des Grundlagenvertrages zwischen der DDR und der BRD sowie der Schlußakte von Helsinki[2]) getan worden.

Neues Deutschland, 14. 12. 1978

1. *Warum warnt Bundeskanzler Helmut Schmidt vor Illusionen in der Deutschlandpolitik? Woran denkt er dabei?*
2. *Zeigen Sie anhand des Textes aus der DDR, daß auch für die SED-Führung ihre Politik der deutsch-deutschen Kooperation nicht problemlos ist. Worin bestehen diese Probleme?*
3. *Warum legt die DDR so großen Wert auf ihre „Souveränität"?*
4. *In welchem Punkt stimmen beide Texte überein?*
5. *Die Formel von „Wandel durch Annäherung" (Egon Bahr) lag der ursprünglichen Konzeption der neuen Ostpolitik der Bundesrepublik unter der sozialliberalen Koalition zugrunde. Für wie realistisch halten Sie diese Zielsetzung angesichts der heutigen Situation?*

---

[1]) Generalsekretär der SED seit 1971

[2]) Konferenz über die Sicherheit und Zusammenarbeit in Europa; das Schlußdokument wurde am 1. 8. 1975 unterzeichnet.

M 6 Aussöhnung mit Polen – Verläßlichkeit gegenüber der DDR

Aus dem Bericht von Bundeskanzler Kohl zur „Lage der Nation" im Deutschen Bundestag am 27. Februar 1985:

Die Deutschlandpolitik der Bundesregierung bleibt bestimmt durch
- das Grundgesetz für die Bundesrepublik Deutschland,
- den Deutschlandvertrag,
- den Moskauer und den Warschauer Vertrag von 1970,
- das Vier-Mächte-Abkommen von 1971,
- die Briefe zur deutschen Einheit sowie die gemeinsame Entschließung des Deutschen Bundestages vom 17. Mai 1972,
- den Grundlagenvertrag mit der DDR und die Entscheidungen des Bundesverfassungsgerichts vom Juni 1973 und vom Juli 1975.

Diese Dokumente bekräftigen unmißverständlich die deutschen Rechtspositionen, das Festhalten am Friedensvertragsvorbehalt ebenso wie unsere Bereitschaft zum Ausgleich und zur Verständigung mit unseren östlichen Nachbarn. [. . .]

An Polen gerichtet ist auch heute zu sagen: Wir wollen Aussöhnung und Verständigung. Wir bekräftigen jetzt und für die Zukunft den Warschauer Vertrag und die darin zwischen der Bundesrepublik Deutschland und der Volksrepublik Polen verankerte „Unverletzlichkeit der Grenzen und die Achtung der territorialen Integrität und der Souveränität aller Staaten in Europa in ihren gegenwärtigen Grenzen" als „eine grundlegende Bedingung für den Frieden".

Wir, die Bundesrepublik Deutschland und die Volksrepublik Polen, haben gegeneinander keinerlei Gebietsansprüche und werden solche auch in Zukunft nicht erheben. In den Gebieten jenseits der polnischen Westgrenze leben heute polnische Familien, denen diese Landschaften in zwei Generationen zur Heimat geworden sind. Wir werden dies achten und niemals in Frage stellen. Auch dieses Wort an unsere polnischen Nachbarn gehört als Standortbestimmung in diesen Bericht zur Lage der Nation im geteilten Deutschland.

Ich vergesse dabei nicht das Schicksal von Millionen unserer Landsleute, für die das Kriegsende den Verlust der Heimat bedeutete, der sie sich auch heute noch verbunden fühlen. Auf der Flucht und bei der Vertreibung fanden zwei Millionen Männer, Frauen und Kinder den Tod. [. . .]

Fragen der deutschen Staatsangehörigkeit stehen nicht zur Disposition. Für uns gibt es nur eine deutsche Staatsangehörigkeit. [. . .]

Indem wir an der einheitlichen deutschen Staatsangehörigkeit festhalten, tragen wir unserer gemeinsamen Vergangenheit, dem Fortbestehen der deutschen Nation und der Tatsache Rechnung, daß die deutsche Frage nicht gelöst ist. Auch die fortbestehenden Viermächterechte und -verantwortlichkeiten sind ein völkerrechtlich wesentliches Element für den Fortbestand der gemeinsamen deutschen Staatsangehörigkeit.

Unsere Beziehungen zur DDR sind besonderer Art. Wir sind für die DDR nicht ein Staat wie jeder andere und sie nicht für uns. Auch die DDR kann daran kein Interesse haben. Beide Staaten können die deutsche Geschichte nicht ausschlagen wie eine unerwünschte private Erbschaft.

In 35 Jahren hat sich das Verhältnis der beiden Staaten zueinander mehrfach geändert. Eines ist in allem Wandel immer deutlicher geworden: Es besteht eine besondere Beziehung. Das gilt für die Form des Verhältnisses. Das gilt ebenso für die Substanz: die gemeinsame Sprache, die gemeinsame Kultur, das starke Band menschlicher Beziehungen und die gemeinsame Geschichte, deren Ertrag und Verpflichtung unteilbar bleiben.

Die Beziehungen zwischen der Bundesrepublik Deutschland und der DDR lassen sich nicht herauslösen aus dem Kräftefeld des West-Ost-Verhältnisses.

Das Parlament, 16. 3. 1985, S. 1 ff.

1. *Zeigen Sie, daß die Koalition aus CDU/CSU und F.D.P. unter Bundeskanzler Helmut Kohl (seit 1982) trotz der ursprünglichen Kritik an der Deutschland- und Ostpolitik der sozialliberalen Koalition (1969 bis 1982) die abgeschlossenen Verträge voll respektiert.*
2. *In der öffentlichen Diskussion gibt es immer noch Streit darüber, ob die deutsche Frage „offen" oder „nicht mehr offen" sei. Was ist darunter zu verstehen? Welche Argumente fallen Ihnen zu beiden Positionen ein? Begründen Sie Ihren Standpunkt.*

Zeittafel

1945	Februar	Konferenz von Jalta
	7./8. Mai	Bedingungslose Kapitulation der Deutschen Wehrmacht in Reims und Berlin-Karlshorst
	Juni	Übernahme der obersten Regierungsgewalt in Deutschland durch die vier Siegermächte
		Zulassung von Parteien und Gewerkschaften in der sowjetischen Zone
		Gründung der Vereinten Nationen
	Juli/August	Potsdamer Konferenz
	August/Sept.	Zulassung von Parteien und Gewerkschaften in den Westzonen
		Bodenreform in der sowjetischen Besatzungszone
	September	Länderneugründung in der US-Zone
1946	Januar	Erste Kommunalwahlen in der US-Zone
	März	Gesetz zur Befreiung von Nationalsozialismus und Militarismus
	April	In der US-Zone werden die Lebensmittelrationen auf täglich 1200 Kalorien heruntergesetzt
	Mai	General Clay stoppt Demontagelieferungen an die UdSSR (und Frankreich)
	Juli/November	Länderneugründung in der britischen Besatzungszone
	September	US-Außenminister Byrnes in Stuttgart
	Oktober	Urteilsverkündung im Nürnberger Hauptkriegsverbrecherprozeß
	Dezember	Erste Landtagswahlen und Volksabstimmungen über die Verfassung in Bayern und Groß-Hessen
1947	Januar	Bildung der Bizone
	März	Truman-Doktrin
		Außenministerkonferenz in Moskau
	Juni	Verkündung des Marshall-Plans
		Münchener Ministerpräsidentenkonferenz
		Gründung des Frankfurter Wirtschaftsrates
	Dezember	Londoner Außenministerkonferenz scheitert
		Volkskongreßbewegung in der sowjetischen Besatzungszone
1948	Februar	Kommunistischer Staatsstreich in der Tschechoslowakei
	Februar/März	Londoner Sechsmächtekonferenz
	Juni	Währungsrefom
		Berliner Blockade
	Juli	Übergabe der Frankfurter Dokumente an die elf deutschen Ministerpräsidenten durch die westalliierten Militärgouverneure
	August	Verfassungskonvent in Herrenchiemsee
	September	Der Parlamentarische Rat in Bonn nimmt seine Arbeit auf
1949	April	Gründung der NATO
	Mai	Gründung des Europarats in Straßburg
		Verabschiedung des Grundgesetzes durch den Parlamentarischen Rat
	23. Mai	Verkündung des Grundgesetzes in Bonn

	August	Wahlen zum Ersten Bundestag
	September	Konstituierung von Bundestag und Bundesrat, Wahl von Theodor Heuss zum Bundespräsidenten, Wahl von Konrad Adenauer zum Bundeskanzler Inkrafttreten des Besatzungsstatuts
	Oktober	Gründung der DDR durch die provisorische Volkskammer
	November	Petersberger Abkommen
1950	Mai	Schuman-Plan
	Juni	Ausbruch des Koreakrieges
	Oktober	Französischer Vorschlag einer Europäischen Verteidigungsgemeinschaft (Pleven-Plan)
1951	März	Erste Revision des Besatzungsstatuts
	April	Unterzeichnung des Vertrages über die Europäische Gemeinschaft für Kohle und Stahl
1952	März	Stalins Wiedervereinigungsangebot
	Mai	Unterzeichnung des Deutschlandsvertrages und des EVG-Vertrages
1953	17. Juni	Arbeiteraufstand in der DDR
1954	Januar	Berliner Viermächtekonferenz
	August	EVG-Vertrag scheitert an der Französischen Nationalversammlung
	Oktober	Unterzeichnung der Pariser Verträge
1955	5. Mai	Die Bundesrepublik wird souverän
	September	Aufnahme diplomatischer Beziehungen mit der Sowjetunion
	Dezember	Hallstein-Doktrin
1956	Juli	Wehrpflichtgesetz
1957	März	Unterzeichnung des EWG-Vertrages in Rom
1958	November	Berlin-Ultimatum Chruschtschows
1961	13. August	Bau der Berliner Mauer
1963	Januar	Deutsch-französischer Freundschaftsvertrag
	Oktober	Rücktritt von Bundeskanzler Adenauer Wahl Ludwig Erhards zum Bundeskanzler
1966	Dezember	Bildung der Großen Koalition aus CDU/CSU und SPD unter Bundeskanzler Kiesinger
1969	Oktober	Sozial-liberale Regierungskoalition unter Bundeskanzler Brandt
1970	August	Moskauer Vertrag zwischen der Bundesrepublik und der UdSSR
	Dezember	Warschauer Vertrag zwischen Polen und der Bundesrepublik
1971	September	Berlin-Abkommen der vier Mächte
1972	Dezember	Grundlagenvertrag zwischen der Bundesrepublik und der DDR
1973	September	Aufnahme der Bundesrepublik und der DDR in die UNO
1975	August	Schlußakte der Konferenz über Sicherheit und Zusammenarbeit in Europa (KSZE) in Helsinki

Literaturverzeichnis

Abelshauser Werner: Wirtschaft in Deutschland 1945–1948. Rekonstruktion und Wachstumsbedingungen in der amerikanischen und britischen Zone, Stuttgart 1975

Abelshauser Werner: Wirtschaftsgeschichte der Bundesrepublik Deutschland 1945–1980 (Suhrkamp TB 241), Frankfurt 1983

Becker Josef u.a. (Hrsg.): Vorgeschichte der Bundesrepublik Deutschland. Zwischen Kapitulation und Grundgesetz, München 1979

Benz Wolfgang (Hrsg.): Die Bundesrepublik Deutschland. Geschichte in drei Bänden: Politik, Gesellschaft, Kultur (Fischer TB 4312 ff.), Frankfurt 1983

Benz Wolfgang: Von der Besatzungsherrschaft zur Bundesrepublik. Stationen einer Staatsgründung 1946–1949 (Fischer TB 4311), Frankfurt 1984

Benz Wolfgang: Die Gründung der Bundesrepublik. Von der Bizone zum souveränen Staat (dtv 4523), München 1984

Benz Wolfgang (Hrsg.): Die Vertreibung der Deutschen aus dem Osten. Ursachen, Ereignisse, Folgen (Fischer TB 4329), Frankfurt 1985

Benz Wolfgang / Graml Hermann (Hrsg.): Europa nach dem Zweiten Weltkrieg 1945–1982 (Fischer Weltgeschichte TB 35), Frankfurt 1983

Czempiel Ernst-Otto / Schweitzer Carl-Christoph: Weltpolitik der USA nach 1945. Einführung und Dokumente, Opladen 1984

Erdmann Karl Dietrich: Das Ende des Reiches und die Neubildung deutscher Staaten (dtv 4222), München 1980

Eschenburg Theodor: Geschichte der Bundesrepublik Deutschland, Band 1: Jahre der Besatzung 1945–1949, Stuttgart 1983

Graml Hermann: Die Alliierten und die Teilung Deutschlands. Konflikte und Entscheidungen 1941 bis 1948 (Fischer TB 4310), Frankfurt 1985

Grebing Helga u.a.: Die Nachkriegsentwicklung in Westdeutschland 1945–1949, 2 Bände, Frankfurt 1980

von der Groeben Hans: Aufbaujahre der Europäischen Gemeinschaft. Das Ringen um den Gemeinsamen Markt und die Politische Union (1958–1966), Baden-Baden 1982

Gruner Wolf D.: Die deutsche Frage. Ein Problem der europäischen Geschichte seit 1800, München 1985

Harbrecht Wolfgang: Die Europäische Gemeinschaft (UTB 746), Stuttgart/New York 1978

Hildebrand Klaus: Geschichte der Bundesrepublik Deutschland, Band 4: Von Erhard zur Großen Koalition 1963–1969, Stuttgart 1983

Hillgruber Andreas: Europa in der Weltpolitik der Nachkriegszeit 1945–1963, München 1979

Hillgruber Andreas: Deutsche Geschichte 1945–1982. Die „Deutsche Frage" in der Weltpolitik (Urban TB 360), Stuttgart[4] 1983

Kleßmann Christoph: Die doppelte Staatsgründung. Deutsche Geschichte 1945–1955, Göttingen 1982

Lehmann Hans Georg: Chronik der Bundesrepublik Deutschland. 1945/46 bis 1983, München, 2. Auflage 1983

Loth Wilfried: Die Teilung der Welt: Geschichte des Kalten Krieges 1941–1955 (dtv 4012), München 1980

Nolte Ernst: Deutschland und der Kalte Krieg, Stuttgart, 2. Auflage 1985

Overesch Manfred: Deutschland 1945–1949. Vorgeschichte und Gründung der Bundesrepublik. Ein Leitfaden in Darstellung und Dokumenten (Droste TB 7221), Düsseldorf 1979

Overesch Manfred: Die Deutschen und die deutsche Frage 1945–55. Darstellung und Dokumente, Düsseldorf 1985

Ruhl Klaus-Jörg (Hrsg.): Neubeginn und Restauration. Dokumente zur Vorgeschichte der Bundesrepublik Deutschland 1945–1949 (dtv 2932), München 1983

Ruhl Klaus-Jörg (Hrsg.): „Mein Gott, was soll aus Deutschland werden?" Die Adenauer-Ära 1949–1963 (dtv 2941), München 1985

Schwarz Hans-Peter: Die Geschichte der Bundesrepublik Deutschland. Band 2 und Band 3: Die Ära Adenauer 1949–1957 und 1957–1963, Stuttgart 1981 und 1983

Staritz Dietrich: Die Gründung der DDR. Von der sowjetischen Besatzungsherrschaft zum sozialistischen Staat (dtv 4524), München 1984

Staritz Dietrich: Geschichte der DDR 1949–1985 (Suhrkamp TB 1260), Frankfurt 1985

Steininger Rolf: Deutsche Geschichte 1945–1961. Darstellung und Dokumente in zwei Bänden (Fischer TB 4315/4216), Frankfurt 1983

Vogelsang Thilo: Das geteilte Deutschland (dtv 980), München, 10. Auflage 1980

Weber Hermann: Geschichte der DDR (dtv 4430), München 1985

Weber Jürgen (Hrsg.): Geschichte der Bundesrepublik Deutschland.
Analyse und Dokumentation in Text, Bild und Ton, München und Paderborn, 3. Auflage 1985 und 1986
Band 1: Auf dem Wege zur Republik 1945–1947
Band 2: Das Entscheidungsjahr 1948
Band 3: Die Gründung des neuen Staates 1949
Band 4: Die Bundesrepublik wird souverän 1950–1955

Personenverzeichnis

Sachregister